인생은 아침 태양처럼

김선태
행복·희망 에세이

행복, 희망, 사랑을 먹고 사는 존재, 인간

한국상조출판사

긍정적인 인생관은 불가능을 가능으로 만든다.

신념은 기적을 낳고 고난은 천재를 만든다.

주인정신은 성공의 지름길이고

적극적인 삶의 철학은 축복의 샘터이다.

올바른 목표와 이상을 세워 두고 자기 삶에 최선을 다하자.

반드시 승리의 월계관을 쓰는 사람이 되자.

Kim Sun Tae

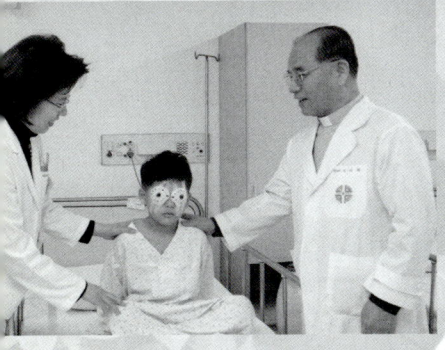

학업의 자리에서

보냄 받은 곳에서

또 다른 사역의 자리에서

나눔의 자리에서

다양한 활동 속에서

감사와 영광의 순간들

사람들과 함께

추억의 시간들

감사의 시간들

김선태 목사 발자취

학업의 자리에서

나는 지금까지 수험생처럼, 농부와 새처럼 부지런하게 삶을 살고 있다. 그 모습을 하나님이 보시고, 어린 시절 고아가 되어 두 눈을 잃고 거지 생활을 하였으나 모든 역경을 이겨 낼 수 있도록 하셨다.

숭실고등학교 시절 ▲▼▶
친구들, 선생님과 다정하게

▲ 명예철학박사
　숭실대학교

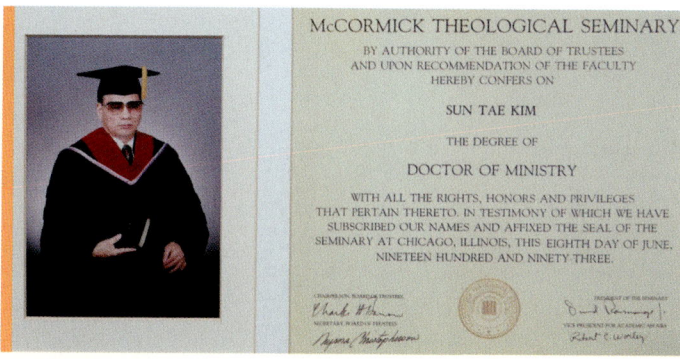

▲ 목회학박사
　매코믹신학교

◀▼ 명예신학박사
　　장로회신학대학교

김선태 목사 발자취

보냄 받은 곳에서

하나님의 도우심과 수없이 많은 분들의 눈물과 기도로 세워진 실로암안과병원은 개원 이래 실명 위기에 있는 형제자매들에게 사랑의 빛을 찾아 주기 위한 선한 사역을 해 오고 있다. 이는 복지관, 요양원까지 확대되었다.

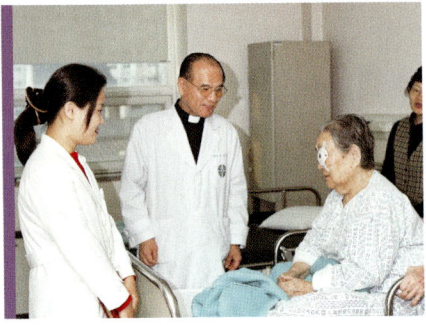

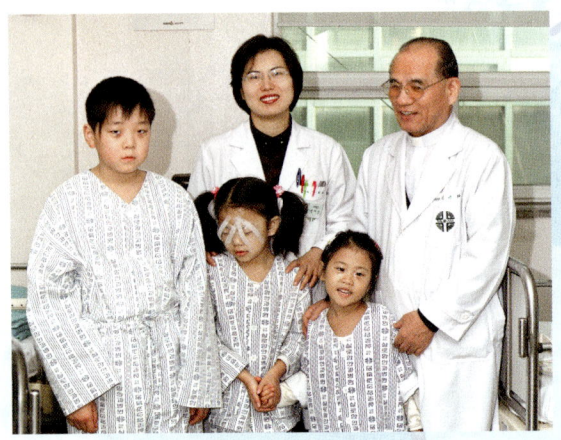

◀ 병원 회진
환자들과 함께

병원 회진 ▶
개안수술한 아이들과 함께

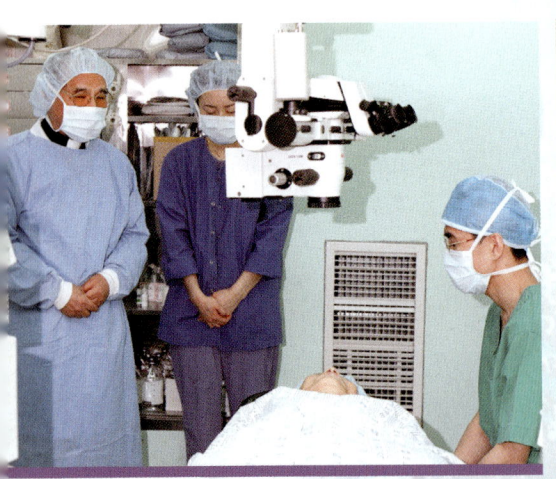

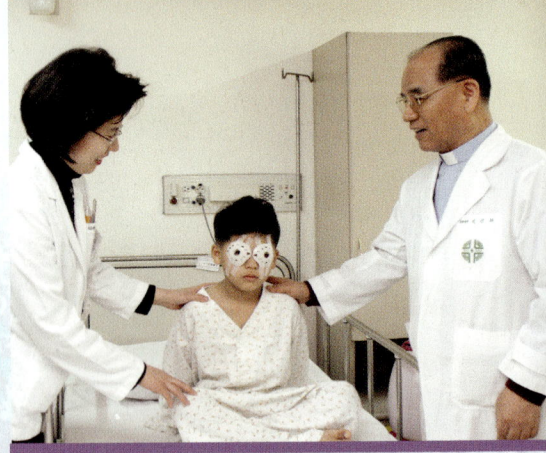

▲ 기도
수술 전·후 기도하는 모습

◀ 실로암안과병원

▼ 실로암시각장애인복지관

▲ 실로암요양원

김선태 목사 발자취

또 다른 사역의 자리에서

용기는 절망을 희망으로 끌어올리는 강하고 굳센 힘이자 씩씩한 정신이며 적극적인 신념이다. 절망의 인생을 희망으로 바꾸는 힘은 용기이며 결심이다. 그러기에 나는 사랑하는 후배들과 제자들이 이렇게 살기를 바란다.

◀ 정신여중 채플

혜원여중 채플 ▶

▲ 충남대에서
  장애학우들과의 면담

강연 ▶

제자들과 함께 ▶

▲ 숭실 개교 116주년 기념식

김선태 목사 발자취

나눔의 자리에서

지도자를 양성하고, 희망을 심어 주는 일은 앞장선 이들의 몫이다. 나는 희망의 꿈을 사는 이들이 강한 신앙과 신념, 그리고 용기를 가지고 과감히 도전하는 인생을 살기를 바란다. 희망의 노래를 부르기 바란다.

▲ 효명장학금 전달식

▲ 청주맹학교 시찰　　▲ 실로암안과병원을 방문한 울릉도 어린이들

▲ 제3차 움직이는 실로암안과병원

2013년 영등포노회 후원금 전달식 ▶

▲ 도서기증식

김선태 목사 발자취

다양한
활동 속에서

하나님께서는 내가 힘써 일할 수 있는 다양한 사역의 일자리를 허락하셨다. 사람은 고생의 험난한 역경을 이겨 내며 사람다운 사람이 된다. 나는 하나님의 도우심으로 열심히 노력하여 오늘날의 지도자가 될 수 있었다.

◀ 광암교회
광암교회 개안수술을 위한 바자회

부산 동래중앙교회 ▶
부산 동래중앙교회 개안수술을 위한 바자회

◀ 카페모아 4호점

▲ 선사교회

복천교회(시각장애인교회) ▶

서울노회▲▼▶
노회장 재임 시

김선태 목사 발자취

감사와 영광의 순간들

하나님께서는 내가 바라는 것 이상을 주셨다. 내가 생각해 보지도 그려 보지도 못했던 신학과 철학, 그리고 목회학박사 학위를 받게 하셨고, 쉽게 받을 수 없는 격조 높은 포상도 받을 수 있게 해 주셨다.

◀▲ 1997년 제3회 세계평화복지지도자대회

◀▼ 1998년 호암상 사회봉사상

◀▼ 2007년 숭실대학교 총동문회
자랑스런 숭실 동문인상

▲ 2007년 제49회 막사이사이상
　사회공헌봉사부문

김선태 목사 발자취

감사와 영광의 순간들

이 모든 상은 나의 손으로 받았지만 나의 것이 아니다. 모든 상들은 하나님께 돌려드려야 할 상이며, 내가 선교할 수 있도록 도와주신 동역자들을 대신하여 받은 상이다. 나와 함께한 모든 분들에게 감사의 인사를 전하고 싶다.

◀ 2008년 국민훈장 모란장

◀▼ 2010년 경민학원 경민대상 실천부문

▲ 2012년 이와하시 타케오상

▲▼ 2012년 총회공로상
사회봉사부문

김선태 목사 발자취

사람들과 함께

따뜻한 봄바람이 불면 얼음이 녹아 샘에서 맑은 물이 흐르고 나무에서 새순이 돋는다. 우리의 마음에도 따뜻한 맑은 바람이 불면 마음에서 선함과 사랑이 나온다. 우리가 바로 그런 사람이 되기를 소망한다.

▼ 사랑하는 나의 스승
고등학교 담임 이정두 선생님과

▲ 존경하는 한경직 목사님과

▲ 사랑하는 나의 스승
숭실대 안병욱 교수님과

◀▼ 대통령과 함께

◀▼ 출판기념회
　　사인회

김선태 목사 발자취

추억의 시간들

우리 모두가 아침의 태양과 함께 힘찬 발걸음으로 미래를 준비하기 바란다. 하루를 설계하며 그 설계를 높은 희망과 아름다운 꿈과 마음 깊은 곳으로부터 끓어오르는 벅찬 기대로 채우기를 바란다.

◀▼ 오르간, 피아노 연주

◀▼ 2005년 라이온스 회원

◀ 캐나다에서 사랑하는 가족과 함께

▼ 나이아가라 폭포 앞에서

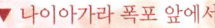

김선태 목사 발자취

감사의
시간들

누가 나에게 "살아가면서 최고의 날이 언제였는가?"라고 묻는다면 하루하루가 모두 나의 최고의 날이라고 대답할 것이다. 기대로 하루하루를 채운다면 그처럼 감격스럽고 기쁜 일은 없을 것이다.

▲ 캐나다에서

◀▼ 행복한 시간들

◀▲▼ 사랑하는 아내와

"나의 달려갈 길과 주 예수께 받은 사명
곧 하나님의 은혜의 복음 증거하는 일을 마치려 함에는
나의 생명을 조금도 귀한 것으로 여기지 아니하노라"
사도행전 20 : 24

"However, I consider my life worth nothing to me,
if only I may finish the race and complete the task the Lord Jesus has given me-
the task of testifying to the gospel of God's grace."
Acts 20 : 24

인생은
아침
태양처럼

김선태
행복·희망 에세이

Like the

Light at

Daybreak

| 머리말 |

아침에 뜨는 태양

　캄캄한 새벽을 두드리던 찬양과 기도 소리가 잦아들고, 동쪽 하늘에서부터 서서히 여명의 햇살이 펼쳐지기 시작하면 유리처럼 맑고 밝은 빛은 점점 찬란해지고, 세상의 어둠은 온통 빛으로 바뀐다. 까맣게 꺼져 버린 나의 두 눈으로는 이 찬란한 아침의 태양을 볼 수 없지만 얼굴에 닿는 그 따스함은 나의 마음을 감격과 희망으로 가득 차오르게 한다.

　어인 일인지 태양의 따스함이 나의 얼굴에 살포시 내려앉으면 우울과 아픔, 근심과 걱정은 모두 사라지고, 하늘처럼 높고 바다처럼 넓은 희망만이 가슴에 가득 채워진다.
　이른 아침에 뜨는 태양을 거부할 이는 아무도 없다. 밤새껏 놀이문화에 취해 죄악에 묻혀 사는 이들과 모두가 잠든 깊은 밤을 틈타는 밤손님만이 아침의 태양을 싫어할 것이다.

　우리 모두는 아침의 태양과 함께 힘찬 발걸음으로 미래를 준비하며, 태양의 아들딸로서 오늘과 내일을 밝고 행복하게 살아갔으면 한다. 아침의 태양은 모든 이들에게 내일의 희망을 안겨 주는 축복의 수호신인 듯하다. 그러므로 밝아 오는 새 아침은 우리의 온 가슴을 환희의 삶으로 채우는 푸른 은총이 아닐 수 없다.

| 서시 |

아침 태양이 주는 향기

효명 김선태

밝아 오는 새 아침!
동쪽 하늘에 잠긴 어두움을 파헤치고
거대한 태양이 온 세상을 비추면
새날이 왔음을 알게 된다

밝아 오는 새 아침!
힘찬 태양이 솟아오르면
깊은 잠에서 눈을 뜨고
가족을 보고
내 자신을 보고
하나님이 지으신 이 세상을 본다

밝아 오는 새 아침!
장엄한 태양이 떠오르면
사람들은 기뻐하고 희망을 노래하고
오늘의 계획을 세우고 설계하며
밝고 아름답고 힘차게
희망을 노래하며 살아야지 결심한다

아침 태양은
사람들에게
새로운 정신과 희망의 양식
밝음의 양식을 풍성하게 안겨 준다

아침에 떠오르는 밝은 태양은
하루하루 행복하게 즐기고
보람 있고 생기 넘치게 살도록
우리를 붙들어 주는 희망의 지주이다

아침 태양은 모든 사람에게 삶의 의욕을 주고
마음 밭에 선의 씨앗을 심도록 해 주고
가슴속에는 축복의 등불을 켜 준다

아침에 뜨는 태양은
창조적 삶을 설계하도록 하는
신비한 향기의 힘이다

우리 모두는 아침의 태양이 되어
모든 이에게 희망을 듬뿍 안겨 주는
사람이 되었으면 한다

| 추천사 1 |

어둠을 여는 빛과 같은 책

　어둠을 빛으로, 절망을 희망으로 바꾸어 많은 사람들에게 하늘의 희망과 행복, 기쁨을 안겨 주는 삶을 실천하고 있는, 실로암안과병원 병원장이자 사회복지법인 실로암시각장애인복지회 이사장 김선태 목사님의 행복·희망 에세이 「인생은 아침 태양처럼」의 출판을 진심으로 축하드리며, 목사님의 끊임없는 정서 생활에 높은 격려를 드립니다.

　이번에 출판하는 김선태 목사님의 에세이는 신앙에 입각한 문학과 철학과 풍부한 경험에서 나온 귀한 내용이 담긴 책입니다. 이 책은 이해하기 쉽고, 읽으면 새로운 사명을 발견하게 될 것입니다. 더불어 고난의 어려움 중에 있는 사람들에게 신앙을 통해 희망과 꿈과 용기를 발견할 수 있도록 하는 격조 높은 책입니다.

　「인생은 아침 태양처럼」의 출판을 다시 한번 진심으로 축하드리며, 마음 속 깊은 곳으로부터 기쁘게 이 책을 추천합니다. 국내의 모든 사람들이 읽고 이 책을 통해 삶의 의미를 발견하며, 고난을 뚫고 나갈 수 있는 희망의 힘을 얻기를 기원합니다.

　　　　　　　　　이연옥(장로, 대한예수교장로회 여전도회전국연합회 명예회장,
　　　　　　　　　　실로암안과병원 법인이사, 실로암의료선교복지연합회 총재)

| 추천사 2 |

빛을 잃은 사람들을 위한 복음의 사도

우리는 저서를 통해 저자가 어떤 사람인지 짐작할 수 있습니다. 그리고 저자를 알고 난 후에야 그의 글을 충분히 이해할 수 있는 경우가 있습니다.

김선태 목사의 저서를 받아들이기 위해서는 그의 자서전 「땅을 잃고 하늘을 찾은 사람」을 먼저 읽는 것이 좋습니다. 그 책이 저자의 삶의 기록이라면, 이번 저서는 김 목사의 사상을 알려 주는 내용에 해당하기 때문입니다.

김 목사를 '우리 시대의 빛과 희망을 잃은 사람들을 위한 복음의 사도' 라고 불러도 좋을 것입니다. 그는 인생을 영(0)으로 시작해서 백(100)까지 걸어간 훌륭한 업적을 남겨 주었습니다. 우리의 삶과 그의 생애를 비교하면, 우리는 영에서 백의 중간 부분을 살다가 끝내는 것과 같은 인상을 받습니다.

그를 잘 아는 모든 사람은 "인생에는 절망이 없습니다. 희망을 버리지 않는 한 하나님은 우리와 함께하십니다."라는 교훈을 깨달아 체험하게 될 것입니다. 그보다 더 낮은 고통의 짐을 지고 산 사람도 적으나, 그보다 더 희망과 환희를 안고 산 사람도 찾아보기 힘듭니다. 그는 주어진 일생을 최선을 다해 성공으로 이끌어 갔습니다. 자신을 위해 가지고 누리고 싶은 모든 것을 이웃과 더불어 나누면서 살았고, 한 걸음 더 나아가 사랑을 필요로 하는 많은 사람들에게 베풀어 주는 삶을 이어 가고 있습니다.

김 목사는 글보다는 말씀을, 설교보다는 사랑을 실천한 분입니다. 그래서 이 책의 내용도 소박하고 단조로워 보이나 그의 삶의 발자취를 엿보게 하는 글들의 묶음입니다. 이 책을 통하여 믿음은 희망을 가져오며, 사랑은 행복을 더해 주며, 희생은 하늘나라를 위한 섬김이라는 뜻을 깨닫는다면, 우리는 그의 생애와 더불어 마음까지도 읽을 수 있을 것입니다.

김 목사는 숭실을 고향으로 삼고 산 숭실인이기도 합니다. 나는 숭실의 선배 중 한 사람으로 김 목사를 자랑스럽고 고마운 동문 중의 한 분으로 여기며 감사하고 있습니다. 숭실인들은 참과 사랑에 사는 사명인들이기도 합니다.

그는 숭실중·고·대학을 다녔습니다. 장애인이라고 해서 갈 학교가 없었을 때 숭실학교에서 받아 주었고, 그도 고등학교를 거쳐 대학까지 숭실의 정신으로 자랐습니다. 그의 글을 읽으면 그가 숭실대학 때 은사였던 안병욱 교수의 제자였음을 엿볼 수 있습니다. 발상과 서술의 방법까지도 닮았다는 생각이 듭니다. 김 목사는 안병욱 교수의 애제자로 변함없는 정을 나누는 특별한 사이입니다. 그리고 김 목사는 주님께서 남기고 가시면서 부탁한 수많은 빛을 잃은 사람들 한가운데서 주님의 일을 이어받고 있습니다. 우리 모두가 뜻은 있으면서도 하지 못하는 일들을 대신 책임지고 수고하십니다.

그래서 우리는 그를 사랑하면서 존경스럽게 대하게 됩니다.

김형석(연세대학교 철학교수, 현 동 대학 명예교수)

| 추천사 3 |

　내가 수십 년간 숭실대학교에서 교수생활을 하면서 학생들을 관찰해 보면 어떤 학생은 큰일을 할 수 있을 거라는 확신을 주는 이들이 있었는데, 대학 4년간 나에게 배운 김선태 학생은 그중 한 명이었습니다. 내가 가르치던 학생들 중에 장애를 가진 몇몇 학생들이 있었지만 6·25전쟁으로 두 눈을 잃은 김선태 학생은 정상인보다 여러 가지로 불리한 조건임에도 불구하고 그의 얼굴에는 웃음과 미소가 있었고, 그의 걸음걸이는 정상인 못지않게 활달하고 씩씩하였습니다. 그는 시각장애인이라고 하여서 다른 사람에게 불편을 주거나 동정의 학점을 바라지 않는 늠름한 학생이었습니다. 그는 자신의 장애로 주저앉지 않고 친구들과 공 던지기나 달리기도 하는 자신감이 있는 학생이었습니다. 나는 그가 장차 국가와 사회의 큰 거목이 될 것으로 확신하였습니다.

　마침내 그는 여러 가지 불편한 조건을 믿음과 신념과 의지로 이겨 내고 다른 사람이 거칠 수 없는 모든 학문의 과정을 거쳐서 뛰어난 지도자가 되었습니다. 그는 이 세상에서 시각장애인임에도 불구하고 안과병원 병원장의 직무를 영예스럽게 잘 수행하고 있습니다. 그는 헬렌 켈러가 지녔던 세 가지 박사학위를 소지한 아시아의 남성 헬렌 켈러로 불려도 손색이 없는 인물입니다. 뿐만 아니라 아시아의 노벨상이라 불리는 막사이사이상을 수상한 동시에 국가로부터 훈장을 두 가지나 받고 대한민국의 권위 있는 상을 다 수상하였습니다. 그는 내가 사랑하고 아끼는 수제자입니다. 그는 여러 권의 전문서적과 명상록을 펴냈습니다. 쉬지 않고 노력한 그가 「인생은 아침 태양처럼」이라는 책을 세상에 내놓게 됨을 자랑스럽게 생각하며 기쁜 마음으로 추천하는 바입니다. 이 책은 신앙과 지성과 희망과 용기를 주는 수준 높은 책입니다. 많은 독자들이 읽고 생애의 양식이 되었으면 합니다.

故 안병욱(숭실대 명예교수)

| 추천사 4 |

영안(靈眼)을 여는 삶의 지혜가 담긴 잠언록

사랑하는 동역자 김선태 목사님의 에세이집 출간을 진심으로 축하드립니다.

제가 옆에서 바라본 김선태 목사님의 삶은 '하나님의 역사하심' 그 자체였습니다. 참혹한 6·25전쟁 중에 고아가 되고 시력을 잃는 크나큰 고통 속에서도, 하나님께서는 그의 영안을 열어 주셨고 오늘날 수십만의 시각장애인들에게 용기와 희망을 주는 인생으로 인도해 주셨습니다.

이 에세이집에 담겨 있는 이야기 하나하나는 김선태 목사님이 일평생 삶으로 체득한 지혜들을 담은 잠언록과 같습니다.

"우리의 돌아보는 것은 보이는 것이 아니요 보이지 않는 것이니 보이는 것은 잠간이요 보이지 않는 것은 영원함이니라"(고후 4 : 18).

우리는 당장 눈앞에 보이는 것에 매여 살 때가 너무나 많습니다. 김선태 목사님은 이 책을 통해 오늘 내가 어떠한 인생길을 걷고 있는지, 어떤 사람이 되어야 할지 고민하고 있는 수많은 이들에게 구체적인 삶의 방향성과 가치관을 제시해 주고 있습니다.

실로암안과병원, 시각장애인복지관 등 그 어느 때보다 바쁘게 사역하는 가운데에서도 영적 성장에 유익한 글을 주심에 감사합니다.

김장환(목사, 극동방송 이사장)

| 추천사 5 |

고난 속에서 피어난 사랑의 향기

내가 만난 김선태 목사님은 아침 태양과 같이 희망과 기쁨을 주시는 분입니다. 김 목사님은 훈훈한 향기를 지닌 분으로, 만날 때마다 사랑과 친절과 지성과 덕성의 향기를 전해 주고 마음을 정결하게 하고 행복을 느끼게 하십니다.

나는 40여 년간 담임목회하던 서강감리교회가 창립 100주년을 맞이하여 여러 가지 기념행사를 하던 중에 실로암안과병원이 전개하는 개안수술에 감동하여 '100명 개안수술 운동'을 전개하였습니다. 한 명이 한 명을 돕기로 했는데, 130명의 교인이 200여 명의 개안수술에 참여했습니다. 이와 같이 선한 일이 기회가 되어 김 목사님을 교회로 초청하여 말씀을 듣고 실로암안과병원 엔젤스보이스의 찬양으로 하나님께 영광을 돌리게 되었습니다. 김 목사님은 장로교회의 훌륭한 목사와 장로, 의사들로 구성된 이사회에 감리교 목사인 나를 이사로 추천하여 실로암안과병원의 운영에 참여하게 하시고 존경하는 분들과 사귐을 갖도록 하셨습니다.

김선태 목사님은 6·25전쟁으로 두 눈을 잃고 고아가 되고 걸인 생활도 한 고난의 인물입니다. 그러나 주님을 영접한 후 희망과 긍정적인 사고를 가지고 피나는 노력을 함으로 세 개의 박사 학위를 받고 시각장애인으로서는 세계 유일의 안과병원장이 된 성공적인 위인이십니다.

그는 500만 명의 저시력자들에게 사랑의 무료 진료를 통해 실명 예방운동을 활발하게 전개하였고, 시각장애인들에게 사랑의 개안수술을 하여 눈을 뜨게 하였습니다. 개인적으로는 1,200명에게 장학금을 지급하여 밝은 미래를 열어 주었습니다. 그 공로로 많은 표창을 받았고 동양의 노벨상인 막사이사이상도 수상하였습니다.

효명 김선태 목사님의 행복·희망 에세이 「인생은 아침 태양처럼」을 읽으면서 그분의 진솔한 삶과 높은 인격, 신앙과 지성과 업적에 큰 감동을 받았습니다. 이 에세이를 읽으면 우리의 마음이 하늘처럼 높아지고, 대지처럼 넓어지고, 강물처럼 흐르게 됩니다. 삶이 아무리 고통스럽고 세상이 어둡더라도 아침 태양처럼 밝아지며 희망과 행복과 사랑의 삶을 살아가게 되리라고 믿습니다.

특별히 김선태 목사님의 에세이 「인생은 아침 태양처럼」을 자라나는 청소년들이 꼭 읽기를 바랍니다. 이 땅의 모든 부모님들과 선생님과 목사님들도 읽으면 큰 도움이 되리라고 확신합니다. 그리고 김 목사님과 실로암안과병원의 선한 사랑의 사업에도 동참해 주시기를 희망합니다.

도건일(기감 서울서지방 감리사, 현 서강감리교회 원로목사)

| 추천사 6 |

　김선태 목사님이 어떤 분인지에 대해서는 굳이 소개할 필요가 없다고 생각합니다. 그는 긍정적인 인생관의 대명사와 같은 분입니다. 그의 긍정적인 인생관은, 그의 삶의 환경이 너무나 열악했고 부정적인 것이었기에 더욱 빛납니다. 그는 그에게 주어진 삶을 그 누구보다 치열하게 사셨습니다. 그가 오늘날 보여 주는 영혼의 자유로움과 여유로움은 그의 그 치열한 삶이 가져다준 결과라고 봅니다. 김선태 목사님은 대학에서 철학을 전공하셨습니다. 그의 철학 공부는 대학 시절로 끝난 것이 아닙니다. 그는 그의 치열했던 삶 전체를 계속적인 철학의 학습장으로 삼았습니다. 그는 절망적 상황에서 절망하지 않았고, 불행한 여건 속에서 불행하지 않았습니다. 그는 절망을 디디고 희망을 찾았으며, 불행을 밟고 행복을 누리고 있습니다.
　그리고 그는 혼자만 희망을 찾고 행복을 누리는 것이 아니라 절망하는 다른 이들에게 희망을 주며 불행해하는 다른 이들을 행복하게 합니다. 또 그의 희망과 행복은 절망적이고 불행한 형편에 처한 사람들에게만 위로와 용기와 힘이 되는 것이 아니라 모든 이들에게 위로와 용기와 힘을 주는 것입니다.
　김선태 목사님께서 모든 사람에게 희망과 위로와 용기와 힘과 행복을 주기 위해 그의 철학적 에세이집 「인생은 아침 태양처럼」을 내셨습니다. 철학 책은 대개 읽기가 힘듭니다. 그러나 김 목사님의 인생철학을 담은 이 책은 아주 읽기 쉽습니다. 누구나 편하게 읽을 수 있는 쉬운 글로 쓰는 목사님의 특출한 재능 덕분입니다. 그러나 쉬운 글 속에도 우리는 힘든 삶을 살며 깊이를 더한 그의 인생관을 만날 수 있습니다. 이 책이 많은 사람들에게 읽히기를 원하며, 이 책을 읽는 모든 이가 부정에서 긍정으로, 불행에서 행복으로 바뀌는 삶의 놀라운 전환을 체험하리라 믿습니다.

이수영(새문안교회 담임목사)

| 추천사 7 |

태양의 활기를 머금은 사람

    김선태 원장님을 뵈올 때마다 새로운 힘을 얻습니다. 활기가 넘치시면서 상대에게 그 활기를 전염시키십니다. 주로 함께 조찬을 하는데, 그날의 아침은 태양이 훨씬 아름답고 희망찹니다. 만나는 사람에게 밝고 힘찬 목소리로 인사하고 격려하며 감사의 말씀을 전하십니다. 목사님의 일상적인 감사의 언어는 상대에게 행복을 느끼고 희망을 가지게 합니다.
    그 비결이 이 책에 있습니다. 책을 읽으면 긍정적이고 도전적이며 적극적인 주인정신을 배우고 느끼게 될 것입니다. 그리고 구체적 사례와 경험을 토로하시기 때문에 배우고 느낀 것을 삶에서 적용하고 실천하는 방법까지 배우게 될 것입니다.
    이 책을 꿈이 없는 사람들과 삶에 지쳐 실망한 이들, 또한 젊은 청년들이 많이 읽어서 태양과 같이 높은 꿈을 소유했으면 합니다.

이철(연세대학교 의무부총장 겸 의료원장, 교수)

| 추천사 8 |

어둡지만 가장 밝은 눈의 소유자

　실로암안과병원 원장 김선태 목사님은 언제나 태양보다 먼저 뜨는 사람입니다. 그는 3시에 잠자리에서 기상하여 먼저 하나님을 만나고, 하루를 시작할 모든 기초적인 준비를 합니다. 그에게 5시는 한낮이고, 6시는 이미 업무가 시작된 시간입니다. 그는 매일 시간을 벌고, 사람을 벌고, 일을 벌며 삽니다. 매일 많은 것을 벌기에 누구보다 부자입니다. 그는 부자이기에 희망이 있고, 그에게 불행이나 절망은 사치에 불과합니다. 그래서 그는 행복을 노래하고, 희망을 씁니다.
　김선태 목사님은 언제나 태양보다 늦게 지는 사람입니다. 불을 켜도 밝음을 알지 못하지만 그의 방에는 불이 밝혀져 있고 영혼의 불이 밤늦도록 꺼지지 않습니다. 글을 읽고 묵상하고 쓰는 일을 매일 밤 쉬지 않습니다. 내면이 알차고 영혼이 부요하기에 그는 부자입니다. 그가 가난한 것은 심령이고, 그가 구걸하는 것은 축복입니다. 그래서 그는 사랑을 베풀고, 사랑을 먹습니다.
　김선태 목사님의 에세이집 「인생은 아침 태양처럼」은 그의 신앙고백이며 삶의 경론입니다. 그는 에세이를 통하여 죽음보다 더 고통스런 자신의 과거에 희망의 무지개를 그리며, 꺼지지 않는 용광로와 같은 자신의 현재에 사랑을 심으며, 이미 손에 닿은 하늘 끝에 있는 자신의 미래에 행복을 새겨 놓았습니다. 그러므로 그의 에세이는 누구에게나 인간적 공감을 주며 신앙적 감동을 일으킵니다.

김선태 목사님의 에세이에는 사람의 심령을 꿰뚫어보는 혜안이 담겨 있고, 자연을 관조하는 심미안이 있습니다. 눈을 뜬 사람들이 보지 못하는 세계를 보는 눈이 있기에 그의 글에서 눈을 떼지 못하고, 우리가 만져서 알지 못하는 영의 세계를 만지고 있기에 그의 글에서 진한 손맛을 느끼게 됩니다.

김선태 목사님의 최신 에세이를 통하여 그의 인격과 삶의 가치와 존재양식을 알 수 있기 때문에 누구나 그를 사랑하게 될 것이고, 그의 글에 심취하게 될 것입니다. 눈을 떴으면 큰일을 낼 뻔한 그의 마음의 글을 읽으며 감동에 푹 빠진 나의 경험이 이 에세이를 읽는 모든 분들에게 아침 태양처럼 행복과 희망을 실어 주기를 기대하며 기쁜 마음으로 이 책을 추천하는 바입니다.

이성희(연동교회 담임목사)

| 추천사 9 |

고난도 기쁨으로 바꾸는 사람

만나면 지루해지거나 힘이 죽 빠지는 사람이 있습니다. 하지만 반대로 만나면 만날수록 즐겁고 다시 힘이 불끈 솟아나는 사람이 있습니다. 김선태 목사님은 바로 이런 분입니다.

앞을 못 보는 분이지만, 누가 그를 보고 장애를 가졌다고 말할 수 있겠습니까? 세계 어디든지 가지 못한 곳이 없습니다. 곳곳에서 삶에 지친 분들에게 인생이 희망이라는 사실을 삶의 체험과 함께 나눕니다.

그뿐만이 아닙니다. 자기 자신이 지닌 가장 치명적인 약점인 눈에 대한 이야기를 거침없이 합니다. 눈 때문에 어려움을 지닌 분들에게 육체의 눈을 뜨게 하는 실로암안과병원을 이끌고 있습니다.

이런 긍정적인 에너지가 넘치는 분이 인생 사는 법에 관한 에세이를 쓰셨습니다. 칠흑 같은 어둠이 끝나기를 바라며 파수꾼이 동터 오는 아침 햇살을 그리워하는 것처럼, 힘들고 음습한 삶의 현장에서 고통받는 사람들에게 희망과 용기를 주는 글입니다.

그가 말하는 성공은 단순히 세상에서 일등 하는 것이 아닙니다. 오히려 어떻게 하나님 안에서 자기 정체성을 지니면서, 생각하는 존재, 희망하는 존재, 사명을 지닌 존재가 되는가 하는 것입니다. 그것은 높은 뜻을 가슴에 품되, 오늘이라는 척박한 현실 속에서 한 걸음 한 걸음 땅을 힘차게 밟으면서 내일을 향해 나가는 존재가 되는 것입니다.

김선태 목사님은 남이 경험할 수 없는 극한의 고통을 겪었기에 고난 속에 신음하는 사람에게 희망을 줍니다. 고난 속에서도 하나님의 사랑을 경험하며 행복했기에 절망 속에 있는 사람들에게 하늘로부터 주는 축복을 선물합니다. 눈으로 보이지 않기에, 보이는 모든 세계를 귀로, 손으로, 발로, 오감으로 느끼고 경험합니다. 그리고 하나님이 지으신 이 모든 세계가 너무 아름답고 소중하다는 삶의 체험을 우리에게 전달합니다.

이 글과 함께 어둠을 뚫고 떠오르는 아침 태양처럼, 우리의 삶도 그런 따뜻하고 밝은 삶으로 초대받는 것도 아주 멋진 일이 아닙니까?

우리 모두 이런 소중한 분과 함께 같은 시대를 사는 기쁨을 가져 봅니다.

김지철(소망교회 담임목사)

| 추천사 10 |

별 같은 지도자

「인생은 아침 태양처럼」이라는 제목을 본 순간, 태양처럼 뜨거운 열정과 늘 아침 같은 청춘의 마음으로 살아가시는 김선태 목사님의 모습이 떠올랐습니다.

가장 좋은 글이란, 모름지기 글의 내용과 글쓴이의 삶이 하나가 될 때가 아닐까 합니다. 그런 면에서 「인생은 아침 태양처럼」을 읽는 시간은 삶이라는 여정의 매 순간을 소망 가득한 아침의 태양처럼 살아오신 목사님의 주옥같은 생각, 마음들을 가까이서 볼 수 있는 귀한 경험이었습니다.

주님을 신뢰하며, 그분의 뜻을 바라보고 가는 자의 발걸음이 어찌 그리 귀한지요. 그리고 그렇게 인생을 걸어가신 믿음의 선배님의 발자취를 바라보며 그 비결과 통찰들을 배울 수 있음 또한 얼마나 감사한지요.

풍파 많고, 험난한 세상이지만 우리 마음속에 주님이 주시는 기쁨과 행복이라는 빛을 찾아 청춘으로 사셨고, 지금도 그 누구보다 열정적으로 살아가는 목사님의 비결이 이 책 곳곳에 가득 담겨 있습니다. 크리스천의 정체성을 확고하게 가지고 살아가는 동시에 이 땅에서 이상적인 지성인의 삶이란 어떠해야 하는가, 행복으로 가려면 어떤 마음을 가지고 살아가야 하는지에서부터 이 세상은 주님의 소명을 가지고 일하러 왔다는, 주님 보시기에 든든하실 결심, 그리고 고난에서 그것을 극복하는 힘을 배우게 되는 것까지, 막연할 수도 있는 개념들을 목사님의 다양한 경험들과 많은 선인들의 예로 재미 있고 쉽게 풀어내어, 책을 읽는 누구나 어렵지 않게 인생의 진정한 가치들을 향해 나아가는 길을 보여 주십니다.

양심의 소리에 귀 기울이며 샘물과도 같은 감사를 가지고 오늘보다 내일의 알찬 삶을 살아가야 한다는 말씀 한 구절 한 구절이 목사님의 삶과 함께 더 큰 감동으로 다가옵니다.

혼란과 혼돈의 시대는 더욱 훌륭하고 바른 지도자를 필요로 합니다. 목사님은 이 책에서 우리에게 별 같은 지도자가 되라고 격려해 주시는 것 같습니다. '순결하고 정결한 마음의 옷을 입고 인류를 향해서 희망을 던져 주는 존재'가 되어야 한다는 목사님의 별 같은 지도자상을 떠올려 보면, 모든 사람을 귀히 여기고 사랑으로 대해 주셨던 예수님의 마음을 다시 한번 묵상하게 됩니다. 산과 물, 호랑이와 낙엽 등 하나님이 지으신 피조물에서도 삶의 의미와 어떻게 살아야 하는지 고민하신 목사님의 생각들을, 때로는 웃으며 때로는 고개를 끄덕이며 읽다 보면, 나의 소중한 인생을 정말 아침의 이글거리는 태양처럼 신선하게 그리고 사랑의 열정으로 살아가야겠다는 다짐을 새삼 여러 차례 하게 됩니다.

이 책을 읽는 모든 분들도 저와 같은 기쁨이 가득할 것이라 생각합니다.

김병규(아모텍〈주〉 회장)

| 추천사 11 |

영혼 깊은 데서 울려 나는 신앙고백

김선태 목사님은 우리 시대의 용기이고 걸어다니는 희망의 태양과 별 같은 지도자입니다. 그리고 이러한 용기와 희망이 하나님을 향한 신앙에서 나왔기 때문에 신앙이 절망을 희망으로 바꾼다는 것을 삶으로 나타낸 믿음의 증인입니다. 히브리서 11장의 위대한 믿음의 인물들에 상응하는, 이 시대의 위대한 믿음의 인물들의 이름에 김선태 목사님의 이름이 들어갔으면 합니다. 김선태 목사님의 일생은 기적의 일생이고 하나님의 능력이 증거된 일생입니다.

김선태 목사님의 행복·희망 에세이 「인생은 아침 태양처럼」은 읽으면 읽을수록 가슴속에 희망이 솟아오르는 귀중한 책입니다. 시력을 잃어 앞 못 보는 목사님의 영혼 깊숙한 곳에서 우러난 신앙고백과 많은 경험을 토대로 한 에세이는 목사님의 일생 속에 역사하신 하나님을 증거한 책이며, 큰 능력과 희망의 하나님의 빛을 경험할 수 있는 동시에 오늘과 같은 어둠과 절망이 깊은 시대에 너무나도 필요한 책입니다.

이 책을 읽는 사람들은 하나님의 빛을 드러내는 멋진 삶을 살 수 있습니다. 불가능을 가능으로 바꾸고 어둠을 희망으로 바꾸는 귀한 일이 이 책과 더불어, 그리고 이 책을 읽는 사람들과 더불어 일어나게 되기를 바랍니다.

김명용(장로회신학대학교 총장)

머리말	아침에 뜨는 태양 _ 27	
서 시	아침 태양이 주는 향기 _ 28	
추천사	_ 30	
여는말	인간을 인간답게 만드는 책 _ 50	

제1장
**그대,
행복을 꿈꾼다면,
태양을 마주하라**

눈부신 미소로 끝없이
꿈을 이야기하게 될 것이다

- 인간에게 끝없는 것이 있다면 | 54
- 성공의 월계관을 쓰려면 | 57
- 인생 성공의 비결 | 60
- 인생 성공의 길라잡이 | 63
- 내일의 희망을 갖는 사람 | 66
- 행복의 오아시스 | 68
- 인생 최고의 날 | 71
- 인생은 아침에 뜨는 태양처럼 | 73

제2장
**고난과 역경을
만났다면,
태양을 마주하라**

깊은 잠에서 눈을 떠 고난 속
영광을 바라보게 될 것이다

- 절망을 희망으로 끌어올리는 힘 | 78
- 고생에서 얻어지는 보람 | 82
- 가난한 자의 설움 | 86
- 군대 생활에서 경험한 나의 잊을 수 없는 추억 | 90
- 고난은 인생의 위대한 스승 | 95
- 철학이 내린 죽음의 정의 | 97
- 버려야 할 망(望)과 가져야 할 망(望) | 99
- 죽음을 생명으로, 절망을 희망으로 바꾸는 힘 | 104
- 인간의 수수께끼를 푼 예수 그리스도 | 108

Contents

제3장
내면의 소리에 귀를
기울여야 할 때면,
태양을 마주하라
새로운 정신과 희망의 양식으로
마음을 채우게 될 것이다

- 인간에게 있는 성품의 형질 | 114
- 지구상에 악한 흔적을 남긴 인간 | 118
- 세상에서 가장 부끄러운 인생과 멋진 인생 | 120
- 착취형의 인생, 기쁨을 주는 인생, 헌신하는 인생 | 123
- 이상적인 지성인 | 126
- 나는 양심의 소리를 듣고 있는가? | 128
- 앞 못 보는 이들에게 실망을 안겨 준 진풍경 | 131
- 인간은 양심의 소리를 들어야 한다 | 136
- 인간의 가장 고귀한 재산 | 139
- 사명적 존재로서의 인간 | 143
- 사명 | 146

제4장
눈을 들어
동서남북을 살피려면,
태양을 마주하라
희망을 노래하며 따뜻한 향기를
퍼트리게 될 것이다

- 인생은 소나무처럼 | 152
- 기러기가 인간에게 주는 교훈 | 154
- 산이 인간에게 주는 교훈 | 159
- 물이 인간에게 주는 교훈 | 161
- 호랑이가 인간에게 주는 교훈 | 164
- 낙엽에서 깨닫는 인생관 | 166
- 꽃처럼 아름다운 인생이 되자 | 168
- 잊을 수 없는 은인 | 170
- 하늘로 가신 나의 스승, 안병욱 교수님을 기리는 글 | 173
- 금은을 주고도 살 수 없는 친구의 우정 | 176

제5장
**사막에서 오아시스를
발견하고 싶다면,
태양을 마주하라**
24시간 감사와 희망의 손을
내밀게 될 것이다

사람은 어떤 그릇이 되어야 할까? | 182
믿을 수 있는 인간상 | 184
신용의 기초 위에 행복의 집을 짓는 사람 | 186
위대한 창조를 이끌어 내는 생각하는 사람 | 189
밑천 안 들이고 행복을 만들어 주는 사람 | 191
투자 없이 다른 이를 행복하게 해 주는 인간 | 194
복을 누리는 인생이 되는 비결 | 196
샘물과도 같은 감사 | 198
부자이지만 가난하게 사는 사람 | 200
캘리포니아에서 맞는 나의 새벽 | 203
별 같은 지도자상 | 205

제6장
**오늘보다 나은
내일의 태양을
마주하라**
아침을 깨우는
희망의 불덩어리가
발걸음을 인도해 줄 것이다

인간의 행복을 만드는 재료 | 210
인생의 행복의 집을 어디에 지을까? | 214
행복한 국가, 행복한 가정, 행복한 일터가 되는 비결 | 219
인생의 자리에서 오는 행복과 보람 | 223
무에서 유를 만드는 비결 | 225
오늘보다 내일이 알차려면 | 228
나를 성공으로 이끌어 주는 좋은 책 | 231
인생을 행복하고 튼튼하게 사는 비결 | 234
사람이 해야 할 다섯 가지 선(先) | 239
인생의 멋진 후반전과 종반전 | 243
웰빙과 웰다잉 | 245

제7장
밝아 오는 새 아침, 태양을 마주하라
온 가슴속에 창조의 힘이 자라날 것이다

아침에 뜨는 태양을 보며 살자 | 252
훈훈한 향기로 가득 찬 인간상 | 255
인간에게 가장 아름다운 씨 | 259
높은 뜻을 품고 사는 인생 | 261
인간 누구나 바라고 원하는 사랑 | 263
고난과 어려움 속에서도 행복을 만들어 가는 사람들 | 267
사랑의 섬김 모델이 된 부산 동래중앙교회 | 271
사람다운 사람이 되는 비결 | 275
이 세상에 남겨야 할 아름다운 이름 | 278
인간은 이런 마음의 철학을 가지고 살면 성공한다 | 282
나를 나답게 만들어 가는 비결 | 288

시   아침 태양 _ 292
결 시   푸른 물빛 아침의 기도 _ 296
맺음말   「인생은 아침 태양처럼 : 행복, 희망, 사랑을 먹고 사는 존재, 인간」
         행복·희망 에세이를 내면서 _ 298

인간을 인간답게 만드는 책

　인간의 깊은 정신에서 나온 깊은 통찰 가운데 쓰인 좋은 책들을 읽는 사람들은 정신적, 지식적, 인격적, 정서적으로 많은 것을 발견하게 된다고 프랑스의 유명한 작가 앙드레 지드는 정의하고 있다.
　책에는 문학, 과학, 철학, 종교 및 신학, 예술 등 다양한 부문이 있다. 이러한 책은 사람들이 만드는 것이나, 반대로 그 책들이 사람을 만들기도 한다. 위대한 정신에서 경험된 인생의 모든 가치들이 글로 적혀 나와서 책으로 출판되면 그 책은 여러 사람들의 손에 들어가 읽히게 되고, 그러면 그 책에 기록된 저자의 생각들을 독자들은 공유하게 되는 것이다. 독자들이 저자의 경험과 사상에서 받아들이게 되는 감동은 그들에게 새로운 가치로 다가오며, 그래서 그들의 일생을 좌우할 수도, 결정할 수도 있는 엄청난 영향을 받기도 한다.
　이러한 책의 영향력은 더 나아가 세상을 변화시키고 사회를 개혁하는 원동력이 되어 인류 역사의 운명을 이끌고 나가는 데까지 이를 수 있다. 책은 동서고금을 막론하고 인류에게 지혜와 지식을 전수하고, 인생을 살아가는 삶의 방법을 제시하며, 사상과 진리의 큰 집을 지을 수 있게 한다. 사람들이 쌓아 놓은 권력, 명예, 재력은 시간이 지나면 사라지고 잊혀진다. 그러나 한 권의 훌륭한 책을 남기면 그 영향력은 오래도록 지속될 수 있다.
　또한 책은 문자로 기록되기에 세상에 오래 남아 있을 수 있다. 인간은 언젠가 떠난다. 그렇지만 문자로 기록된 인간의 정신과 사상은 지구상에 계속 남아 존재하게 되고, 후손들에게 영향을 끼칠 수 있기 때문에 위대하고 영원하다.

사람의 정신에서 나와 손으로 쓰인 책이 이러할진대 하나님의 말씀이 기록된 성경책은 어떠할까? 성경은 인간의 영혼 구원에 관한 내용을 담고 있는 책이다. 인간의 영과 육의 죄를 말끔하게 씻어 주고 영원한 구원으로 인도하는 영혼의 책이기 때문에 성경은 일반적인 어떤 책들보다 위대하다. 성경 역시 사람의 손을 통해 쓰인 것은 분명하나 다른 책들과는 달리 하나님의 영감으로 기록되었으며, 하나님의 계시로 기록되었고, 하나님의 감동으로 기록되었다. 지성의 결과물인 책이 인간을 인간답게 살 수 있도록 안내하는 나침반이라면, 성경은 인간을 구원으로 인도하는 빛이다.

그러므로 인간은 성경도 읽고 일반 서적도 읽어서 영혼과 정신과 육체가 알찬 인간, 부족함이 없는 나다운 나, 너다운 너, 우리다운 우리가 되어 사회를 밝혀 나가야 한다는 것이 나의 생각이다.

인생은 아침 태양처럼

인생을 행복하게 살고, 보람 있게 살고, 가치 있게 살려면 내일과 미래를 가슴에 품고 세운 목표를 향해 쉼 없이 전진해야만 한다. 그러할 때 마침내 지상에서 최고의 행복과 보람으로 가득 찬 사람이 된다.

첫·번·째·이·야·기

그대, 행복을 꿈꾼다면, 태양을 마주하라

눈부신 미소로 끝없이 꿈을 이야기하게 될 것이다

인간에게 끝없는 것이 있다면
성공의 월계관을 쓰려면
인생 성공의 비결
인생 성공의 길라잡이
내일의 희망을 갖는 사람
행복의 오아시스
인생 최고의 날
인생은 아침에 뜨는 태양처럼

인간에게
끝없는 것이 있다면

철학자 쇼펜하우어는 인간이 갈망하는 재물은 마치 바닷물과 같다고 하였다. 바닷물은 짜서 마시면 마실수록 갈증이 더 심하게 나기 때문이다. 뿐만 아니라 명예와 권력도 바닷물과 같다. 인간의 욕심은 끝도 없고 한도 없다. 지나친 욕심 때문에 욕망의 노예가 되어 헤어나지 못하는 경우가 많다. 나는 이 글을 쓰면서 나 자신을 조명하고 싶다.

장로회신학대학교 졸업을 앞두고 나는 결혼하여 가정을 이루었다. 우리의 보금자리는, 비가 오면 부엌에서 샘이 솟아 물난리가 나고 겨울이 되어 바람이 불면 시베리아 벌판같이 추운 자그마한 단칸방이었다. 사과 상자를 구해 식탁을 삼았고, 고작 밥그릇과 숟가락, 젓가락 두 벌이 나의 총 재산이었다. 나는 하나님께 이보다 더 넓은 집, 비가 와도 물이 솟아나지 않는 집, 제대로 된 밥상을 놓고 식사할 수 있는 보다 나은 환경을 구했고, 몇 년이 흘러 그 집보다 큰 방을 얻어 제대로 된 밥상을 구입했다.

중·고등학교 시절, 나는 대학만 졸업하면 생활 전선에 뛰어들어 교사를 하든 다른 직업을 갖든 하루 세 끼만 해결하면 만족할 것이라 생각했다. 그러나 대학에 다니면서 더 배우고 싶은 욕망이 생겼다. 그 욕망으로 인해 신학대학교와 대학원을 졸업하였고, 유학하여 박사 학위를 받았다. 그럼에도 불구하고 만족하지 않고 감사한 마음을 그다지 품지 못했다. 외국의 유명 대학에서 좀 더 공부한다면 얼마나 좋을까, 하고 싶은 바이올린과 첼로를 배워 전문적으로 음악 공부를 한다면 얼마나 좋을까, 만족함 없이 불만에 빠져 가난한 나를 원망하기도 하였다.

신학교 시절과 지금 나의 생활을 비교하면 하늘과 땅 차이로 달라졌다. 모든 것을 돌이켜 볼 때 감사와 만족이 넘쳐야 할 텐데, 늘 부족하고 없는 것만 생각하여 내 마음에 불만이 가득하다. 인간을 간사한 존재라 표현하는 이유가 아마도 이 때문일 것이다.

나의 인생은 험산 준령, 넘어야 할 산과 고개가 많았다. 대한예수교장로회 총회라는 큰 조직 속에 들어갔을 당시 반쪽짜리 책상이 나에게 주어진 모든 것이었다. 그곳에서 이 사람 저 사람 눈치를 봐 가며 하루하루 살던 때도 있었다. 다른 사람들이 일하는 모습을 보며 부러워하기도 하고, 간혹 시각장애인이라는 이유로 무시하는 이들도 있었다. 그럴지라도 실망하지 않고 밝은 미래가 분명히 내게도 있을 것이라 생각했다. 요셉이 형제들에게 미움 받고 팔려 가 버려진 존재가 되었을 때 오히려 그가 성공하여 형제들을 도와준 것처럼 나도 저들에게 도움을 줄 날이 올 것이라는 원대한 꿈과 희망을 버리지 않았다.

오늘날에 와서는 바라는 것 이상을 하나님께서 주셨다. 넓은 사무실과 더불어 좋은 환경, 나를 돕는 많은 직원들이 곁에 있다. 교회를 방문하면 많은 성도들이 내 주변에 모여들어 격려를 하고 도와준다. 나의 인생이 얼마나 변했는가!

그러나 우리나라 속담 "개구리가 올챙이 적 생각 못한다."는 말처럼 나는 여전히 아쉬움이 있다. 학위가 하나 더 있다면 얼마나 좋을까, 더 넓은 집에 산다면 얼마나 좋을까, 돈이 보다 넉넉하다면 얼마나 좋을까, 음악의 꿈을 꽃 피울 수 있었다면 얼마나 좋을까.

　하나님은 나에게 많은 것을 넘치도록 주셨는데 나는 욕심에 사로잡혀 사는 인간이 아닌가. 내 자신을 계속 들여다보고 또 들여다본다. 나의 양심과 이성에 호소하면서 스스로 자신을 두드려 볼 때마다 큰 복을 주신 하나님께 사죄를 구하게 된다.

　욕망에 사로잡히면 감사와 행복과 마음의 자유가 없어진다. 그러므로 주어진 축복 속에서 욕심 없이, 매일매일 감사하며 기뻐하는 사람이 지혜로운 사람이다.

성공의 월계관을 쓰려면

　대부분의 사람들은 어떻게 살아야 성공할까, 즉 어떻게 살아야 돈 많이 벌어 부자가 되고, 출세하고, 행복과 만족을 누리며 살 수 있을까 하는 생각들로 가득 차 있다. 나는 그들이 원하는 바 잘사는 비결을 나 나름대로 제시하고자 한다.
　새처럼 부지런하자. 새는 매우 부지런한 동물이다. 새는 해가 뜨기 전 4시 반만 되면 움직이고 소리를 낸다. 그래서 서양에는 '얼리 버드'(early bird)라는 말이 있다. 부자로 잘살려면 이른 아침에 새처럼 일찍 일어나라는 말이다. 세계 철강왕 카네기나 백화점왕 존 워너메이커, 그리고 J. C. 페니는 새처럼 부지런하게 살았다. 새벽에 일어나서 하나님 말씀을 묵상하였다. 다른 사람들이 아직 곤히 자고 있는 이른 아침에 회사에 출근하여 몇 시간을 다른 직원들보다 더 일했다. 그래서 그들은 세계적인 부자가 될 수 있었다. 한여름 새벽에 일어나 창문을 열면 새보다 부지런히 일어나 새벽잠을 깨워 주는 매미의 소리를 듣곤 한다. 밤새도록 나무에 앉아 그들의 멜로디로 새벽을 노래한다.
　첫째로 나는 우리 대한민국이 더욱 부강한 나라가 되고 세계 속에서 그 위치를 견고히 하려면, 미국이나 기타 선진국으로 간 이민자들처럼 살라고 권면하고 싶다. 내가 가족같이 지내는 어떤 목사 부부가 있다. 그들은 가진 것 없이 미국으로 이민을 갔다. 그 목사는 교회 개척에 혼신의 힘을 쏟았기 때문에 가정에는 경제적인 도움을 별로 주지 못했다.

그의 슬하에는 세 자녀가 있었다. 그의 부인은 교회를 돕고, 남편을 돕고, 가정을 꾸려 가기 위해 아침 6시 30분이면 일터로 나갔다. 9~10시간 일을 하고 오후 4시 30분경이면 집에 돌아와 식구들과 더불어 간단하게 저녁 식사를 한 후, 8시경 땅거미가 졌을 때 먼 거리든 가까운 거리든 교인들을 방문하러 나간다. 그러면 밤 11시를 넘긴다. 같은 생활을 반복하기를 20여 년간 지속했다. 나는 그 가정에 머물면서 부지런하게 사는 그들의 모습을 보았다. 하나님께서는 그들을 축복하셔서 큰 교회를 주셨고, 자녀들은 성장하여 훌륭한 대학을 졸업한 후 부유하게 살고 있다. 글자 그대로 그들은 부지런한 새처럼 살았다.

둘째로 나는 농부처럼 인생을 살면 반드시 성공한다는 것을 강조하고 싶다. 농부 역시 새처럼 아침 일찍 들로 나가서 부지런히 일을 한다. 해가 떠오르기 전부터 시작해서 해가 질 때까지 일을 한다. 하루 두세 끼 정도는 들판 나무 밑에서 식사를 한다. 그렇게 열심히 일을 해서 뿌린 씨가 자라 열매를 맺고 가을이면 추수한다. 농부는 부지런하고 정직하고 겸손하고 소박하며 가식이 없다. 묵묵히 뜨거운 햇빛을 참아 가면서 고달픔도 참고 자연을 중심해서 한결같이 일한다. 인생을 농부처럼 부지런하고 소박하게 살면 반드시 부유해지기 마련이다.

철학자 피히테는 "인간의 게으름은 최대의 불행이고 악이다. 모든 악은 게으름에서 나온다. 게으름은 만 악의 근원이다. 반대로 근면은 모든 일에서 선의 원천이다."라고 하였다.

셋째로 인생을 수험생처럼 살면 성공한다고 강조하고 싶다. 수험생의 대부분은 성장기의 잠이 많은 청소년들이다. 그리하여 청소년들은 잠을 즐기는 법이지만 수험생들은 미래를 준비하기 위해서 하루에 4~5시간밖에 못 잔다. 밤을 정복하고 졸음을 참아 가면서 열심히 공부할 때 원하는 대학에 입학하게 된다. 반대로 게으르고 잘 것 다자고 놀 것 다 놀고 할 것 다하는 학생에게는 대학 입학의 영광이 따르지 않는다. 잠을 이기고 졸음을 정복한 수험생은 반드시 성공하기 마련이다.

나는 지금까지 수험생처럼, 농부와 새처럼 부지런하게 삶을 살고 있다. 그 모습을 하나님이 보시고, 어린 시절 고아가 되어 두 눈을 잃고 거지 생활을 하였으나 모든 역경을 이겨 낼 수 있도록 하셨다. 모든 과정을 거쳐서 지도자가 되고, 병원장이 되고, 박사가 되고, 아시아의 노벨상인 막사이사이상까지 수상하였다. 하나님은 부지런한 자에게 성공의 영광을 주신다.

마지막으로 나는 한국 교회 교인들처럼 살라고 강조하고 싶다. 주어진 일터에서 저녁 늦게까지 일하고, 다음날 이른 새벽 부지런한 새처럼 일어나 교회에 나가 새벽예배를 드리고 하루를 시작하는 교인들이 참으로 많다. 그 새벽기도의 힘으로 대한민국이 하나님의 축복을 받아서 잘사는 나라가 되었고, 여러 나라에 선교사까지 파송하는 자유 대한민국을 이루게 되었다. 한국의 교인들이 부지런한 새처럼 새벽을 정복하고 하루를 기도와 예배로 시작하기 때문에 하나님의 축복이 대한민국과 한국 교회에 내린 것이다.

지혜의 왕 솔로몬은 다음과 같이 가르친다.

"게으른 자여 개미에게로 가서 그 하는 것을 보고 지혜를 얻으라 개미는 두령도 없고 간역자도 없고 주권자도 없으되 먹을 것을 여름 동안에 예비하며 추수 때에 양식을 모으느니라."

인생 성공의 비결

　이 세상의 모든 사람들은 누구나 다 성공을 꿈꾸고 실현되기를 원한다. 성공하기 위해서 밤잠을 자지 않고 쏟아지는 졸음을 극복해 가면서 책과 더불어 싸운다. 가난을 극복해 가며 낮에는 일하여 돈을 벌고 밤에는 학교에 가서 공부하는 이유도 성공적인 삶을 향한 꿈과 목표가 있기 때문이다. 이 세상을 사는 사람치고 성공하고 싶지 않은 사람은 아무도 없다. 그렇다면 내가 바라고 원하는 성공을 성취하려면 어떤 인생을 살아야 할까?
　우리나라 옛말 중 "우물을 파도 한 우물을 파라."는 말이 있다. 미국의 속담 중에는 "사막에서도 우물을 깊게 파면 물이 나온다."고 하였다. 아프리카인들의 운명을 바꿔 놓은 슈바이처도 "사람이 우물을 파되 한 우물을 깊게 파야 맑은 샘물줄기가 나온다."고 하였다. 슈바이처는 자신의 행복과 안락한 생활을 버리고 아프리카인들을 위해 예수 그리스도의 말씀으로 사랑을 갖고 그들의 운명과 정서, 문명을 바꿔 놓은 20세기의 큰 별이었다.
　한 우물을 파는 목적은 맑은 샘물이 나게 하기 위함이다. 우물에서 맑은 샘이 나오게 하는 비결은 계속해서 깊이 파는 것이다.
　사람도 마찬가지다. 무슨 일을 하든지 한 가지의 꿈과 목표를 가지고 순교하는 마음으로 깊은 우물을 파듯이 꿈을 향해 매진할 때 목적을 달성하게 된다.

내가 잘 아는 분 중에 칠십 평생을 살면서 직업을 서른 번 이상 바꾼 분이 있다. 이것 찔끔, 저것 찔끔 하다가 그는 좋은 세월을 다 놓쳤다. 그는 그 나이에 자기 집 한 칸 없이 아직도 셋방살이 신세를 면치 못하고 있다. 한평생을 살면서 한 우물을 파는 것에 집중하지 않았기 때문이다.

반대로 교수의 꿈을 품은 청년이 있다. 아침부터 저녁까지 호텔에서 일하고 밤에는 공부하여 학업에 필요한 과정을 차츰 밟아 나갔다. 그 노력의 결과로 그는 교수가 되고자 하는 꿈을 이뤘다.

인생이 성공하려면 하나의 꿈, 하나의 목표를 세우고 그것이 이루어질 때까지 땀과 눈물을 바쳐야 한다. 인생이 성공하려면 꿈과 목표를 가슴에 담고 끈기 있는 노력을 바쳐야 한다. 깊은 산속 바위틈에서 솟아나는 가는 샘물줄기는 작은 나무 잎사귀 하나 떠내려 보낼 만한 힘이 없다. 그러나 그 작은 샘물줄기가 수백 수천이 모이면 힘찬 폭포가 되고, 그 물줄기는 단단한 바위를 부수는 능력의 힘을 발휘한다. 이것이 바로 한 꿈, 한 목표, 그리고 집중의 위력이며 성공을 이루는 비결이다.

우리의 꿈과 목표, 생각과 감정, 의지와 정력이 여러 모양으로 분산되고 흩어질 때 우리는 큰 힘을 내지 못한다. 그러나 작은 것들이라도 초점을 모아 집중할 때 신비하고도 놀라운 역사를 이룬다. 그런 까닭에 성공의 신화를 이룩하는 길라잡이는, 한 우물을 파는 것같이 한 꿈, 한 목표를 향해 힘을 집중시키는 것이다.

하나의 목표를 세우고 기도하면서 집중하여 노력할 때 안 되는 일은 없다. 쉬지 않고 열심히 공부하는 자만이 정상에 도달한다.

마라톤에서 쉬지 않고 42.195km를 순교하는 마음으로 달리는 사람이 영광의 월계관을 차지한다. 그러므로 성공을 꿈꾸고 성공하기를 원한다면 맑은 물이 나올 때까지, 끝까지 한 우물을 파라. 이것이 성공의 비결이다.

성서는 끝까지 공격하는 자, 침노하는 자가 천국을 차지한다고 하였다.

인생 성공의 길라잡이

　이 지구상에 사는 사람들치고 성공하기를 싫어하는 사람은 아무도 없다. 누구나 다 성공해서 인생을 행복하고 멋지게 살고 싶어 한다. 그러나 성공을 원한다고 해서 모두 다 성공하는 것은 아니다. 오히려 성공하는 사람보다 실패하고 성공하지 못하는 사람들이 더 많다.
　그렇다면 인간이 원하는 성공의 길라잡이는 무엇일까? 성공하겠다는 목표를 세우고 순교하는 정신으로 그 목표에 초점을 맞춘다면 그 사람에게는 반드시 성공의 행운이 찾아온다.
　우리는 축구나 농구, 양궁 등 운동 경기를 자주 본다. 축구 경기를 보면, 전·후반 90분 동안 선수들이 있는 힘을 다해 경기에 임한다고 할지라도 서로 골을 넣지 못하면 무승부가 되고, 상대편이 골을 넣고 우리 편이 골을 넣지 못하면 그 경기는 지게 된다. 골을 넣는 것도 골문에 초점을 잘 맞춰서 공을 차야 골이 들어가고 승리할 수 있다.
　농구의 경우도 동일하다. 막상막하의 경기를 하다가 동점이 되어 2~3초를 남겨 놓고 상대편이 공을 잡아 던졌을 때 공이 링 안으로 들어가면 그 편이 이기게 된다. 선수는 골을 넣기 위해 눈을 똑바로 뜨고 골대를 향해 공을 던져야 한다. 만일 선수가 공을 던지는 순간 옆을 본다면 그 볼은 링 속에 들어가지 않고 빗나가 버릴 것이다.

　카메라로 사진을 찍을 때도 초점을 잘 맞춰서 찍어야 멋진 작품이 나온다. 만일에 초점이 맞지 않은 상태에서 사진을 찍으면 선명하지 못한 작품이 나온다. 인생의 성공도 카메라의 초점 맞추기와 같다.

　양궁 경기 역시 선수가 활을 당겨 멀리 떨어져 있는 과녁을 맞히기란 그리 쉽지 않다. 그러나 양궁 선수들은 앞을 똑바로 바라보고 쏜다. 어떤 경우는 옆으로 빗나가고 어떤 경우는 과녁 한가운데를 맞히기도 한다. 한가운데를 많이 맞춘 사람에게는 승리가 안겨진다.

　그렇다면 알차고 성공적인 삶을 살려면 어디에 초점을 맞춰야 할까? 인생 성공의 길라잡이는 다방면의 학문을 배우고 그중에서 적성에 맞는 과목을 집중적으로 공략하여 전문가의 길을 닦는 것이다.

　배움이라는 삶 속에서 발전이 있고, 사람이 정화가 되고, 인격이 자라게 된다. 나무는 뿌리를 땅속에 깊이 박고 햇빛과 양분을 충분히 섭취하면 점점 자라, 잎이 나고 꽃이 피고 열매를 맺는다. 이러한 시기를 거쳐 거목이 되고 나무 구실을 하게 된다. 그런 까닭에 사람도 성공을 원한다면 열심히 배워야 한다. 사람은 죽는 날까지 배우고 공부하는 마음으로 노력할 때 성공하게 된다.

　내 나이 칠십이 넘었다. 그러나 나는 지금도 수험생과 같은 정신으로 부지런히 공부하고 있다. 젊을 때와 달라서 기억력이 약해진 탓에 잊어버리기는 한다. 그럼에도 불구하고 나는 꾸준하고 성실한 마음으로 항상 공부한다. 내가 어린 시절에 부르던 "사람은 배워야 한다 깨우쳐 주고 가르쳐 주신 스승님의 은혜 감사하다"라는 동요를 가끔씩 떠올리며, 배움의 중요성과 앎을 깨우쳐 주신 스승의 은혜를 잊지 않는다.

　사람은 기회가 주어졌을 때 성공의 초점을 향해 꾸준하게 배워야 한다. 사람은 꾸준하게 배울 때 새로운 창조를 할 수 있고, 그 창조를 통해서 자기 발전이 되고 보람을 갖게 된다.

성공을 꿈꾸는 사람, 성공을 원하는 사람은 향락에 빠지면 안 된다. 향락에 빠진 인생은 허망해진다.

나는 대학 시절에 여러 형태의 학생들을 만났다. 공부가 끝나면 늦도록 당구를 치고 술을 마시고 이성에 빠져서 헤어나지 못했던 학생들은 결국 졸업 후에 뚜렷한 직장도 없이 건달로 인생을 보내는 것을 볼 수 있었다. 쉼 없이 세상도, 학문도, 기술도 익혀 넓은 인생관을 형성해야 한다. 성공을 향한 탑을 차근차근 쌓아 나가며 발전시켜 성공의 기념비를 세울 때 마침내 성공의 금자탑을 완성할 수 있다.

그러므로 세상이라는 넓은 곳에 태어나 멋진 명작을 남겨 놓고 가는 사람은 삶의 초점을 잘 맞춰서 성공한 사람이다.

지혜의 왕 솔로몬은 말한다.

"지혜 있는 자는 듣고 학식이 더할 것이요 명철한 자는 모략을 얻을 것이라."

내일의 희망을
갖는 사람

　　사람은 희망을 먹고 사는 존재이고 미래를 품고 사는 존재이다. 오늘만 있고 내일과 미래가 없는 사람은 하루살이와 같다.
　　세상에는 크게 두 가지 형태의 인간이 있다. 하나는 현실에 만족하면서 내일도 미래도 없이 사는 사람이다. 이를 가리켜서 '현실적 인간상'이라고 하겠다. 이런 사람은 향락에 빠져 살고 하루에 밥 세 끼 먹는 것으로 만족하는 사람이다.
　　나는 학창 시절 내일과 미래에 대한 아무런 계획 없이 오늘의 쾌락에 빠져 사는 젊은이들을 보았다. 그들은 술을 즐기고 이성교제에 빠져서 헤어나지 못하고 댄스홀에 가서 춤에 빠져 살기도 하였다. 그들의 말로는 비참하기 짝이 없었다.
　　그러나 반대로 내일의 희망을 가지고 사는 젊은이들을 오늘만 사는 젊은이들과 비교하면 하늘과 땅만큼 달랐다. 내일의 희망을 가지고 사는 젊은이는 원대한 꿈과 이상을 가지고 어려움을 극복해 가면서 학업에 열중한다.
　　고교 시절 내 뒤에 앉았던 다정한 친구는 부친을 일찍 여의어 가정이 부유하지 못하였다. 그럼에도 불구하고 그는 원대한 꿈과 이상을 추구하였기에 미래의 행복을 위하여 새벽부터 신문배달을 하며 학비를 조달하였고, 과외를 하여 생활비를 벌었다. 그는 내일의 행복과 성공과 이상을 꿈꿨기 때문에 마침내 훌륭한 지도자가 되었다. 그는 내일의 새 축복과 원대한 성공을 위해서 고난의 수련을 잘 이겨 냈기에 성공할 수 있었던 것이다.

내일의 희망과 행복을 원한다면 올바른 시각으로 오늘의 현실을 똑바로 바라보며 이상을 추구하고 희망을 가져야 한다. 사람에게 오늘만 있다면 하등동물과 다를 바가 없다. 내일과 미래가 있기 때문에 사람이고, 그런 까닭에 사람은 희망을 먹고 사는 존재이자 미래를 먹고 사는 존재이다.

내일이라는 희망을 가지고 살아갈 때 별과 같은 존재, 태양과 같은 존재가 된다. 사람이 내일의 행복을 향해 굳은 신념과 의지로 이상적인 자아상을 가지고 성공과 행복에 도달하기 위해 끊임없이 노력할 때 인간답게 사는 존재가 된다.

성공이란 무엇인가? 바라고 원하던 것들이 성취되어 최고의 나다운 나를 실현하는 것이 성공이다. 이는 최고의 인간 완성이자 최고의 인격 완성이다.

그것을 달성하기 위해서는 오늘을 충실하게 살고, 내일을 위해 원대하고 높은 목표와 이상을 세우고 그것을 달성하기 위하여 달려가야 한다. 인간의 꿈과 이상이 성취될 때 그것이 바로 만족이고 행복이다. 인생을 행복하게 살고 보람 있게 살고 가치 있게 살려면 내일과 미래를 가슴에 품고 세운 목표를 향해 쉼 없이 전진해야만 한다. 그러할 때 마침내 지상에서 최고의 행복과 보람으로 가득 찬 사람이 된다.

성서에서 바울은 말한다.

"쉬지 말고 기도하라. 천국을 소유하려면 끝까지 노력하라."

행복의
오아시스

　　사람은 돈과 장수와 행복을 가장 소중히 여긴다고 생각한다. 그러나 이 중에 돈이 인간에게 있어서 최고의 목적과 행복은 아니다.
　　나는 얼마 전 어느 파티에서 천문학적 돈을 소유한 회사 CEO와 마주앉아서 같이 식사를 한 적이 있다. 그런데 그는 세 시간 남짓한 식사 시간 동안 계속 담배를 피웠다. 그래서 나는 그에게 담배는 건강에 도움이 되지 않으니 담배를 차츰차츰 줄이면서 끊을 것을 권면하였다. 그리고 왜 담배를 그렇게 많이 피우냐고 물었더니, 그는 모든 게 다 괴롭고 귀하지 않다며 담배로 위로를 받기에 피우지 않으면 살 수가 없다고 했다. 그는 대한민국을 넘어 세계적으로 손에 꼽히는 재벌가다. 그는 돈이 없어서 괴롭고 고통스러운 것이 아니라 돈이 많아서 괴롭고 고통스러운 것이었다. 돈이 인생 최고의 행복의 목적이 아님을 그의 경우가 교훈하고 있다.
　　나는 신학교 시절, 새벽예배를 마치고 친구들과 함께 학교 뒷산을 30~40분씩 산책하였다. 산 중턱에는 흙벽돌을 쌓아 벽을 만들고 지붕을 슬레이트로 얹어 놓은 작은 집이 있었다. 비가 오면 빗물이 새고 눈이 오면 눈이 들이치고 찬바람이 들어오는 추운 집에 가난한 부부가 살고 있었다. 그런데 아침마다 그 집을 지나다 보면 찬송과 기도소리가 들려오고 때로는 웃음소리도 들려왔다. 나는 친구들과 함께 저분들은 무엇이 저리 행복하고 기쁘고 즐거운지 궁금하여 찾아가 보았다.

언제 구청에서 나와 허물지 모르는 무허가 집에 사는 그들의 삶은 참으로 비참했다. 그들은 비가 오면 빗물이 새고, 한겨울이 되면 매서운 바람이 집 안으로 들어오고, 연탄가스가 새서 늘 생명을 잃을지 모르는 위험에 처해 있었다. 나는 그들에게 "무엇이 그렇게 기쁘고 감사하고 행복합니까?"라고 물었다. 그들은 "하나님이 우리에게 이 산을 다 볼 수 있도록 허락해 주셨고, 신선한 공기를 마시도록 해 주셨고, 아침이면 까치를 비롯한 새소리를 들으며 동쪽에서 떠오르는 태양의 신비를 절감케 해 주셨기 때문입니다."라고 했다. 그러니 가장 행복한 자 중에 행복한 자이고 부유한 자 중에 부유한 자가 자기들이 아니냐고 기쁘게 대답하는 것이었다.

인생의 행복은 마음의 문제다. 일반적인 시각으로 볼 때 그들에게는 행복하고 감사할 수 있는 조건이 하나도 없었다. 그러나 그들은 행복하다. 천문학적 돈을 가진 사람과 이 부부를 비교하면 현실적으로는 말 그대로 하늘과 땅만큼 다르다. 그러나 그들은 돈이 없지만 더없이 행복하다. 그런 까닭에 돈이 인생의 최고는 아니다.

아리스토텔레스는 "인생의 목적은 선을 추구하는 것이고 그중 최고의 선은 행복"이라 하였다. 물론 돈은 인생을 살아가는 데 필요한 가치인 동시에 생활필수품이라고 표현해도 틀린 말이 아니다. 그러나 돈이 전부인 것처럼 살지는 말자. 프랑스의 모럴리스트 몽테뉴는 "행복은 인생의 목적 중에 목적이고 인간 삶의 원동력이다."라고 하였다. 행복은 찬란한 아름다운 빛과 꽃의 향기와도 같다. 그렇기 때문에 행복은 인생에 있어 가장 우선시되어야 할 선이다. 인생의 행복은 그냥 거저 내 손에 들어오는 것이 아니라 끊임없는 노력과 선한 의지에 의해 소유할 수 있는 것이다. 그러므로 행복은 내 마음속에서 나 스스로 창조해 가야 한다.

　영혼과 육이 건강한 사람들이 모여 건강한 사회를 만들어 가고 그곳에서 만족을 갖는 것이 인류가 바라는 참 행복이다. 다시 말하면, 내가 살아오면서 선하게 이루어 놓은 역사와 실체를 보면서 거기에서 느껴지고 얻어지는 깊은 정신적인 만족을 가질 때 참 인생을 사는 것이고, 거기서 얻어지는 깨달음이 바로 최고의 행복이다.

　"인간이 살아가면서 행복의 의식을 가지고 내게 있는 것에 만족할 때 가치 있는 행복관이 형성된다. 인생의 행복은 화려한 신사복이나 비단옷 속에 파묻혀 있는 것이 아니라 나의 가슴속에 있다."고 거지 철학자 디오게네스는 말하였다. 바울은 "평강을 위하여 너희가 한 몸으로 부르심을 받았나니 또한 너희는 감사하는 자가 되라."고 하였다.

　아무리 어려운 여건 속에 있다 할지라도 날아가지도, 떠나가지도, 없어지지도 않는 행복을 감사의 토대 위에 얹어 놓고 생활 속에서 행복을 만들어 가는 인생관을 가지고 매일매일을 살아가자. 그리하여 뜨겁고 메마른 사막에 생수를 주는 오아시스를 창조하는 삶을 살자.

인생 최고의 날

　누가 나에게 "살아가면서 최고의 날이 언제였는가?"라고 묻는다면 하루하루가 모두 나의 최고의 날이라고 대답할 것이다. 하루는 아침으로부터 매일의 삶이 시작된다. 그렇기에 매일을 시작하는 마음으로 아침에 일어나 그날 하루를 설계하자. 그 설계는 높은 희망과 아름다운 꿈과 마음 깊은 곳으로부터 끓어오르는 벅찬 기대를 갖게 한다. 오늘은 어떤 일을 할 것인가? 누구를 만나고 누구를 사랑할 것인가? 이런 기대로 하루가 채워진다면 그처럼 감격스럽고 기쁜 일은 없을 것이다.

　나의 두 딸은 자라면서 주일학교 생활을 하였다. 그런데 두 딸이 난생 처음으로 유치부에서 개근상을 받게 되었다. 아이들은 너무 기뻐서 밤잠을 자지 못하고 집안을 서성이며 기쁨에 차 있었다. 난생 처음으로 받는 상이기에 그날이 최고의 날이었다.

　무엇이든 처음 시작을 잘해야 한다. "첫 단추를 잘 끼워야 한다."는 말이 있다. 처음에 단추를 잘못 끼우면 그 옷은 틀어지고 움직임이 불편하며 보기에도 사납게 된다. 마찬가지로 우리는 하나님이 공평하게 모든 사람에게 주신 하루하루를 선하고 가치 있는 최고의 날로 생각하고 만들어 가야 한다.

사람은 평균 70~80세를 산다고 한다. 그러나 요즘은 100세까지 바라보는 사람도 많아졌다. 인생은 한번에 다 사는 것이 아니다. 1초가 모여서 1분이 되고, 1분이 모여서 60분, 한 시간이 된다. 하루하루가 쌓여서 한 달이 되고, 한 달이 모여서 1년이 된다. 그리고 한 해가 쌓여서 70~80년, 100년이 된다. 그러므로 오늘이 인생의 기본 단위가 되는 것이다. 나에게 주어진 시간, 나에게 주어진 하루, 오늘을 소중하게 살아야 한다.

사도 바울은 "그런즉 너희가 어떻게 행할 것을 자세히 주의하여 지혜 없는 자같이 말고 오직 지혜 있는 자같이 하여 세월을 아끼라 때가 악하니라 그러므로 어리석은 자가 되지 말고 오직 주의 뜻이 무엇인가 이해하라"고 하였다.

우리는 하루하루를 선하고 충실하게 최선을 다해 살 때 대업을 이루게 된다.

탈무드에 이런 말이 있다. "인생은 최초의 날과 최후의 날이 있다. 매일 오늘이 최초의 날이라고 생각하고, 매일 오늘이 최후의 날이라 생각하라." 다시 말하면 매일 오늘이 내 인생의 최초의 날이라고 생각하고, 매일 오늘이 내 인생의 최후의 날이라고 생각하며 최선을 다해 그 인생을 살라는 것이다.

중세 철학자 아우구스티누스는 말한다. "어제는 이미 지나갔기 때문에 내 날이 아니다. 내일은 아직 오지 않았기 때문에 내 날이 아니다. 오늘만이 나의 날이다. 그러므로 인생을 성실하고 참되게 매일매일을 살라!"

내 품에 성공과 축복과 부를 안으려면 1초, 1분, 한 시간, 하루를 충실하게 살아야 한다.

인생은
아침에 뜨는 태양처럼

　이 지구상에 사는 70억의 사람들 중에서 아침에 뜨는 태양을 보고 슬퍼할 사람은 없을 것이다. 아침에 뜨는 태양을 보면 나도 모르게 기쁨과 즐거움을 느끼고 행복해진다. 아침에 뜨는 태양을 싫어하는 사람은 밤을 즐기며 사는 부류의 사람인 것이다.

　나는 어린 시절 거지 생활을 하며 추운 겨울에 남의 집 아궁이나 추녀 끝이나 나무를 쌓아 놓은 창고, 혹은 다리 밑에서 웅크리고 밤을 보내고 아침에 떠오르는 태양을 가슴에 안고 언 몸을 녹일 때 아침의 태양이 그렇게도 고맙고 좋을 수가 없었다.

　아침에 떠오르는 태양이 없었다면 이 세상에서 '나' 라는 인생은 지금까지 존재할 수 없었을 것이다. 아침에 뜨는 태양은 밝고 뜨겁고 힘차고, 기쁨과 행복을 말없이 안겨 준다. 하나님이 지으신 최대의 작품은 밝은 태양이다.

　하나님께서는 태초에 천지를 창조하실 때에 제일 먼저 빛이 있게 하시고 궁창과 땅과 바다와 식물을 조성하셨다. 해와 달과 별을 만드시고 공중의 새와 물속의 물고기를 만드셔서 모든 생물과 사람이 함께 살 수 있게 하셨다.

　하나님께서 온 세상을 밝히는 태양을 선물로 주신 이유는 무엇일까? 이 세상에서 가장 장엄하고 신선한 광체(光體)는 생명의 빛인 동시에 만물을 생동하게 하는 에너지이다. 태양은 밤과 낮을 가르며 사계절을 통한 삼라만상의 온갖 변화를 주면서 자연의 신비를 간직하게 하고 있지 아니한가!

태양이 주는 신비를 지니고 밝은 마음을 지니면서 밝은 사상을 통한 인생관을 가지고 우리의 인생을 살아가야 할 것이다. 아침의 태양은 항상 새날을 약속하고 인간들에게 열정적으로 살아가라고 생명의 용기를 발산한다. 태양이 주는 교훈은, 생명의 심장으로 사람을 사랑하고 공명정대한 정신으로 살아가게 하는 것이라고 생각한다.

태양은 겨울에 잠자던 만물을 봄이 되면 소생시키고 온 천지를 생명으로 충만하게 한다. 자연이 푸른 생명의 환경을 만드는 일은 말없이 밝은 빛을 인간에게 주는 희망의 상징인 것이다.

인생을 살다가 낙심되어 좌절되고 불행이 찾아온다 할지라도 새벽 동녘 하늘에서 떠오르는 태양을 바라보고 태양처럼 힘차게 살아갈 수 있는 인간이 되어야 한다.

작사자 존 뉴턴은 찬송가에서 "거기서 우리 영원히 주님의 은혜로 해처럼 밝게 살면서 주 찬양하리라"라고 하였고, 아이나 오그돈은 "너희 마음에 슬픔이 가득할 때 주가 위로해 주시리라 아침 해같이 빛나는 마음으로 너 십자가 지고 가라"고 하였다. 다윗은 "아침에 주의 인자로 우리를 만족케 하사 우리 평생에 즐겁고 기쁘게 하소서"라고 하였다.

인생을 어둡고 침울하고 미소가 없이 사는 것은 냉랭하고 힘이 없고 죽은 인생과 같다. 그러나 아침에 강렬하게 비추는 태양의 인생 철학을 가지고 사는 사람은 이 세상에서 가장 행복한 사람이 될 것이다.

아침에 뜨는 태양처럼 항상 희망이 솟아나는 힘찬 발걸음으로 미래를 만들어 나가는 인생은 어둠을 넘어서는 빛의 존재로 살아갈 것이다.

Like the
Light at
Daybreak

인생은 아침 태양처럼

고생의 경험이 많으면 많을수록 인생을 깊이 이해하게 되고, 다른 이의 아픔과 고통을 더욱 깊이 공감하게 된다. 소외받고 어려움에 처해 있는 이웃에게 진정한 사랑을 베풀 수 있는 알찬 인간이 되자.

두·번·째·이·야·기

고난과 역경을 만났다면, 태양을 마주하라

깊은 잠에서 눈을 떠 고난 속 영광을 바라보게 될 것이다

절망을 희망으로 끌어올리는 힘
고생에서 얻어지는 보람
가난한 자의 설움
군대 생활에서 경험한 나의 잊을 수 없는 추억
고난은 인생의 위대한 스승
철학이 내린 죽음의 정의
버려야 할 망(望)과 가져야 할 망(望)
죽음을 생명으로, 절망을 희망으로 바꾸는 힘
인간의 수수께끼를 푼 예수 그리스도

절망을 희망으로
끌어올리는 힘

　이 세상에서 제일 무서운 것이 있다면 첫째는 사람이고 둘째는 돈이다. 그보다 더 무서운 것이 있다면 그것은 절망이다. 그런 까닭에 실존철학자 키르케고르는 "절망은 죽음에 이르는 병"이라고 하였다.
　독일의 젊은 청년들은 "사람이 돈을 잃어버리는 것은 아무것도 잃은 것이 아니다."라는 인생관을 갖고 있다. 왜냐하면 돈은 있다가 없어질 수도 있고, 없다가도 있을 수 있기 때문이다. 돈은 열심히 노력해서 벌면 또다시 생긴다. 사람이 착실한 마음가짐으로 근면성실하게 노력하면 돈을 벌 수 있는 기회는 많다. 갖고 있던 돈을 잃어버리면 아쉽고 아깝긴 하다. 그러나 사람이 용기를 잃어버리는 것은 모든 것을 잃어버리는 것과 같으며 곧 절망이다. 왜냐하면 용기는 절망을 희망으로 끌어올리는 강하고 굳센 힘이자 씩씩한 정신이며 적극적인 신념이기 때문이다.
　인생의 절망을 희망으로 바꾸는 힘은 용기이기에, 사람이 용기를 잃어버리는 것은 큰 불행이자 죽음에 이르는 병과 같다. 가난과 고난의 어려움이 있을 때 용기를 가지고 힘차게 뚫고 나가면 절망이 희망으로, 불행이 행복으로 바뀌고, 비참한 운명이 성공적인 운명으로 바뀌며, 패배가 승리로 바뀐다.

나는 6·25전쟁고아로서 전쟁 때 실명을 하였다. 그 후 참을 수도 이겨 낼 수도 없는 죽음의 절망이 나를 찾아왔다. 그러나 어떤 방법으로든지 성공해야겠다는 강한 신념과 용기를 잃지 않고 거지 생활 2년 반 가까이를 거치면서 모든 고난을 이겨 냈다. 그리고 나는 시각장애인 학교에서 점자를 배우고 일반학교인 숭실중·고등학교에 입학하였다. 역사상 처음으로 시각장애인이 정상인 일반학교에 입학함으로 한 시대의 획을 긋는 역사적인 일을 이룬 것이다.

고등학교 3학년 때 5·16군사정변이 일어났다. 군사정부에서 모든 것을 새로 바꾸고 개혁하던 중에 문교정책도 바꾸었다. 고등학교를 졸업하고 국가고시 시험을 봐야 대학 입학 자격이 주어졌고, 대학 졸업을 위해 학사고시에 합격해야 학사 학위를 받을 수 있는 체제가 형성되었다. 나는 대학이라는 관문을 뚫기 위해 하루에 서너 시간만 자면서 열심히 공부하였다. 시험 때가 다가와 문교부에 국가고시 원서를 제출하였다. 그러나 불행하게도 얼마 후에 절망적인 통보가 날아왔다. 현행법으로는 시각장애인에게 국가고시를 볼 수 있는 법적인 제도가 마련되어 있지 않다면서 나의 서류를 기각시켜 버린 것이다. 당시는 군사정부이기 때문에 감히 그 누구도 문교부에 가서 항의할 수가 없었다.

나는 반려된 서류를 받아들고 밤새도록 하나님께 기도했다. 그때 하나님께서 나에게 희망과 용기를 주셨다. "싸워라! 그러면 네가 이긴다."라는 하나님의 음성을 들었다. 하나님이 나에게 주신 용기를 가지고 교장 선생님과 담임 선생님께 다른 학생들보다 한 시간 일찍 조퇴하여도 출결 처리에 반영하지 않는다는 허락을 받았다. 그리고 문교부에 드나들기 시작했다. 문교부 장학관과 직원들의 냉대는 그 무엇으로도 표현하기 힘들 정도로 심했다. 그러나 거기서 포기하고 주저앉으면 그야말로 절망뿐이었기에, 생명을 걸고 싸울 것을 몇 번이고 결심하며 그 누구도 가지 못하는 문교부에 교복을 입고 학모를 쓰고 가방을 들고 서른세 번이나 찾아가서 장학관에게 항의를 했다. 나는 칼을 들고 찾아가 "입학 허가를 해 주지 않으면 내 스스로 당신 앞에서 내 목을 잘라 이 나라에 바치겠다. 그리고 우리 후배들에게 이런 절망을 주지 않기를 바란다."고 하였다. 그때 신문기자들이 이 사실을 알고는 내게 힘을 실어 주고 장관실로 안내해 주었다. 마침내 장관이 나의 사정을 듣게 되었고, 그에게로부터 특전을 받아 시험을 볼 수 있는 특명을 받았다. 만일 그 당시에 포기하고 주저앉았다면 패배자가 되고 낙오자가 되어 현재 절망의 삶을 살고 있을지 모른다.

하나님이 나에게 들려주신 그 음성을 듣고 순교하는 마음을 가지고 용감한 정신으로 전진의 에너지를 발휘해서 절망을 희망으로 바꿔 놓았다. 그것이 바로 용기이다. 그런 까닭에 사람이 용기를 잃어버리면 인생에서 모든 것을 잃어버린 불행한 자가 된다. 절망의 인생을 희망으로 바꾸는 힘은 용기이며 결심이다.

내가 아는 사람 중에 두 눈을 잃고 오른팔이 없는 형제가 있다. 그가 시각장애인학교를 다니면서 가장 하고 싶었던 것이 피아노를 치는 것이었다. 그는 학교장을 찾아가서 "제가 한 팔밖에 없지만 한 손으로 피아노를 배워서 많은 사람들에게 희망을 주고 기쁨을 주고 용기를 주겠다!"라며 피아노 레슨을 청했다. 그러나 학교장은 한마디로 거부하며 그에게 절망을 안겨 주었다. 하지만 실망하지 않고 모든 학생들이 깊은 잠을 자는 밤에 음악실에 가서 홀로 연습하여 훌륭한 피아노 연주를 하게 되었고, 피아노 외에 트럼펫, 아코디언도 배워서 연주할 수 있게 되었다. 그 형제는 어느 시각장애인학교장까지 역임했다. 그는 불가능해 보이는 일도 용감한 정신을 가지고 도전해서 지도자가 되었다.

나는 젊은이와 모든 사람들에게 강조하고 싶다. 용기를 가지고 어려움을 극복해 간다면 안 되는 일이 없다.

성서는 이렇게 교훈하고 있다.

"내 영혼아 네가 어찌하여 낙망하며 어찌하여 내 속에서 불안하여 하는고 너는 하나님을 바라라 그 얼굴의 도우심을 인하여 내가 오히려 찬송하리로다."

고생에서 얻어지는 보람

　　사람은 고생의 험난한 역경을 이겨 내며 사람다운 사람이 된다. 피와 눈물과 땀을 흘려 보지 않고는 인생의 성공을 쟁취할 수 없다. 부와 영광은 피와 땀의 산물이다. 러시아의 문학가 톨스토이는 "사람이 눈물 젖은 빵을 먹어야 인생의 참뜻을 안다."고 하였다. 인간이 성공의 정상으로 가는 것은 쉽고 편하게 살아서는 불가능하다. 왜냐하면 인간의 부와 성공은 결코 요행에서 얻어지는 것이 아니기 때문이다. 그렇기에 성공은 요행의 결과가 아니다.

　　우리가 살아가는 세상은 전쟁터이다. 어떤 철인은 말하기를 "기업을 꾸려 나간다는 것은 하나의 전쟁이다."라고 하였다. 기업을 하려면 쉼 없이 계획하고 예리한 분석을 해야 하며, 고생과 맞서 악전고투해야 한다. 고생을 하지 않고 쉽게 살려고 하기 때문에 사기꾼이 생기고 협잡꾼이 생기며, 부정부패가 생긴다.

　　올바른 인생을 살려면 우리 앞에 어떠한 고생이 있다 할지라도 담력을 가지고 뛰어들어 강한 용기로 헤쳐 나가야 한다. 반드시 걸어야 할 길이라는 것을 인식하고 고생에 정면으로 도전하여 모든 일을 성취하자.

　　6·25전쟁을 겪고 50~60년대를 살아간 사람들은 배고픔을 경험한 세대

이다. 산나물로 배를 채워 겨우 허기를 면하고, 그것조차 없어서 굶어 죽는 경우도 있었다. 나는 2년 반 동안 인간 최하의 거지 생활을 하며 다른 사람들은 상상할 수도 없는 고생을 하였다. 영하 10도 이하를 오르내리는 추위에 밖에서 자야 했고, 발은 동상에 걸려 썩는 아픔도 겪었다. 그러나 하나님의 도우심으로 열심히 노력하여 오늘날의 지도자가 될 수 있었다.

나는 지도자가 된 후에도 시각장애인이 갖는 어두운 세계의 삶을 밝은 세계로 바꾸기 위해 수없이 많은 고생의 험난한 길을 걸어왔다. 시각장애인의 의료선교와 개안수술기금 마련을 위해 연예인을 대동하여 지방 교회를 순회하면서 말씀과 찬양을 전하였다. 순회 일정을 마치고 지방에서 밤늦게 돌아올 때면 모시고 간 손님들을 야간 우등열차의 침대칸으로 모시고, 나는 뒤로 젖혀지지도 않는 의자에 앉아 밤새도록 달려 새벽에 서울로 와야 했다. 동행한 직원들도 함께 고생했다. 하루 종일 일을 하고 야간 열차로 밤새도록 달려 다음날 서울에 도착하면 바로 출근하였다.

훌륭한 일을 위해 함께 고생하며 애썼던 그들은 현재 서울 시내 교회의 봉사자가 되었다. 과거 그들과 내가 한 고생의 산물로 오늘날 거대 실로암의 시각장애인 교회와 안과병원, 복지관, 요양원이 탄생할 수 있었고, 수만 명에게는 개안수술로 빛을 찾아 줄 수 있었으며, 수십만 명의 형제자매들에게는 사랑의 무료 안과 진료로 실명 예방과 눈의 고통을 치료해 주고 있다. 또한 천여 명 이상에게 장학금을 지급하여 지도자를 양성하였다.

이와 같이 인생의 고생을 잘 참고 인내하면 보람과 행복이 찾아온다. 강한 신앙과 신념, 그리고 용기를 가지고 과감히 도전할 때 가난과 실패를 이기고 성공하는 탄탄한 인생이 될 수 있다. 만일 나에게 고생의 경험이 없었더라면 오늘날의 이와 같은 대업은 이룰 수 없었을 것이다.

고생은 내가 생각해 보지도 그려 보지도 못했던 신학과 철학, 그리고 목회학 박사 학위를 주었고, 쉽게 받을 수 없는 격조 높은 포상도 받을 수 있게 해 주었다. 고생에서 얻어진 값진 성공의 열매들이다.

고생을 많이 해 본 사람은 인생의 깊이를 알고 더 높은 차원을 꿈꾸며 이루고 살 수 있다. 왜냐하면 고생은 인간에게 행복과 창조의 기회를 만들어 주기 때문이다. 배고파 본 사람만이 다른 사람의 배고픔을 알고 추위에 떨어 본 사람만이 따뜻한 태양의 고마움을 알 듯, 실패의 아픔을 겪어 본 사람만이 다른 사람의 실패의 아픔에 공감할 수 있다.

고생은 인간으로 하여금 생활철학을 깊이 있게 하는 동시에 강한 사람으로 만들어 준다. 지구상의 위대한 성직자, 철학자, 문학가, 예술가는 많은 고생과 깊은 고뇌를 맛본 사람들이다. 우리는 가끔 작곡가 멘델스존과 베토벤의 음악을 듣는다. 멘델스존의 음악은 참으로 감미롭고 기분 좋게 하는 편안함이 있다. 그러나 그의 음악은 깊이가 다소 부족하다. 그 이유는 가난과 고생을 겪지 않고 성장하며 만든 음악이기 때문이다. 물론 그의 음악이 가치가 없는 것은 아니다. 나름대로 심오한 영감이 들어 있다. 그러나 그 감동은 베토벤의 음악과 차이가 있다. 베토벤은 청각장애라는 고난의 십자가를 짊어지고 인생을 살아야 했다. 그 어두운 운명의 족쇄 덕분에 그의 음악은 절망과 환희의 강한 대비를 녹여낼 수 있게 되었다. 거기서 오는 감동은 고생한 자만이 줄 수 있는 감동이다. 뛰어난 예술가는 고생으로 만들어진다.

나와 함께 일하던 비서 자매가 있었다. 그는 안정된 자리에서 편안하게 일하다가 결혼하여 가정을 이룰 수 있는 환경임에도 불구하고 더 높은 차원으로 가기 위해 모든 것을 내던지고 음악치료를 공부하여, 장애인에게 희망을 주며 남을 위해 살겠다고 스스로 고생길을 택하였다. 참으로 비상한 결단과 분명한 각오가 있었기에 고생을 택한 것이다. 권투 선수는 타이틀을 따기 위해 얼굴에 피멍이 들고 눈이 터지는 고통을 겪는다. 그러나 강한 주먹에 맞아 넘어져도 다시 일어난다. 그리고 그런 자만이 승리한다. 인생도 마찬가지이다. 고난과 역경에 굴하지 않고 다시 일어난 자만이 인생의 승리자가 될 것이다.

"주께서 저희를 눈물 양식으로 먹이시며 다량의 눈물을 마시게 하셨나이다."

가난한 자의 설움

나는 칠십여 평생을 살아오면서 누구보다 설움을 많이 겪었다. 이 세상의 많은 설움 중에서도 굶주림의 설움, 한밤중 추위에 떨어야 하는 설움, 외로운 설움, 천대받는 설움만큼 처량하고 슬픈 것도 없다.

그러나 어떠한 역경에도 쓰러지지 않고 이겨 낸 사람들은 성공한다. 미국의 제16대 대통령 에이브러햄 링컨은 가난한 농민의 아들로 태어나 노동을 해야 했기에 학교교육을 거의 받지 못했지만 포기하지 않고 독학으로 가난의 설움을 극복하였다. 철강왕 앤드류 카네기도 첫 시작은 가난하였다. 그는 돈을 벌기 위해 종사해 보지 않은 직종이 없을 정도였다.

백화점의 왕 존 워너메이커도 마찬가지이다. 그는 가난한 벽돌공의 아들로 태어나 성경을 살 단돈, 2.75달러가 없어서 주일학교 선생에게 돈을 빌려 성경을 사고, 그 돈을 모두 갚는 데 1년이 걸렸다.

가난의 십자가를 잘 극복한 사람은 성공한다. 그러나 가난 때문에 사람들로부터 멸시와 천대받을 때는 죽고 싶다는 생각도 들고 하늘을 보며 하염없이 울 때도 있다.

부산맹아원 시절, 나를 친아들처럼 사랑해 주며 공부할 수 있도록 도와주신 H선생님이 있었다. 그분은 나와 2년 가까이 함께 지내다 서울로 올라가 신학교를 졸업하고, 수유리에 여성시각장애인을 위한 시설을 만들어 원장이 됐다. 나는 그분을 어머니처럼 생각하여 학창 시절 시간만 있으면 찾아갔다. 선생님은 시래깃국에 보리밥을 말아 한 상에서 나와 다정히 앉아 식사하셨고, 헤어질 때면 내 손에 사탕을 쥐여 주며 격려해 주시고 아들처럼 사랑해 주셨다.

나는 늘 그 사랑에 무엇으로 보답할까 생각하다 기회만 있으면 내가 가르치는 교회 중·고등학생 제자들과 그분이 원장으로 계신 시설에 찾아가 찬양도 하고, 아이들에게 동화도 읽어 주고, 빵과 음료수를 나누어 주기도 했다. 또 내가 몸담고 있던 교회의 청년들과 집사님, 권사님들에게 부탁하여 자주 위문도 갔다. 신학교 졸업반 시절에는 나의 약혼녀를 그 원에 보내어 3년간 H원장을 섬기는 등 온 힘을 다해 도와드렸다.

신학교 졸업 후 바로 미국 유학 준비를 위해 모든 힘을 쏟던 나는 토플 시험에는 합격했으나 장학금이 안 됐다는 통보를 받게 되었다. 땅이 꺼지고 하늘이 무너지는 듯하였다. 당시의 실망과 절망은 말로 다할 수 없었다. 난 결혼하여 이미 가정이 있는 상태였다. 유학 갈 계획이 있었기에 교회를 맡거나 일터가 미리 마련되어 있지도 않았다. 푸른 꿈이 무너지고 한없는 실망을 안게 된 나는 H원장이 있는 시각장애인 시설에 의지하고 기대면서 도움과 위로를 받고 싶었다. 그러나 그것마저 기대와는 어긋났다. 할 수 없이 나의 아내는 영등포에 있는 어느 가발 공장의 사감으로 직분을 맡아 취직했다. 그리고 일주일에 한 번, 주일만 외출을 허가받아 잠깐 만나는 견우와 직녀가 되었다.

당시 나는 작은 교회의 교육 담당 전도사로 사역을 하였다. 신혼을 차린 단칸방에는 우리 부부와 처가 식구들이 함께 살았다. 그러나 워낙 작은 방이기에 모든 식구들이 함께 지내기에는 불편하였다. 그래서 나는 H원장의 시설 내 예배당 옆 작은 교실에서 공부도 하고 잠도 자며 며칠씩 지내고는 하였다. 그러던 어느 날 일을 마치고 시설로 돌아가니 교실 문이 잠겨 있는 것이었다. 벤치에서 밤을 새우고 새벽기도 시간을 기다려 교실 문을 열어 달라고 하였다. 그렇게 한 달 반의 기간을 비와 밤이슬을 맞으며 벤치에서 잤다. 대문이 잠겨 있긴 했지만 다행히도 허술하기 짝이 없어 대문 안까지는 쉽게 들어갈 수 있었다. 벤치가 있던 자리는 과거 묘가 있던 자리였기에 더욱 스산하였다. 그러나 내 곁에는 언제나 시설을 지키는 개가 동무하여 주었고, 원생들이 화장실을 들락거리는 소리에 무서움이 덜했다. 다행히 그들은 앞을 보지 못하기에 내가 벤치에 웅크리고 있는 것을 알지 못하였다.

만일 당시 나에게 경제적 여유가 있어서 그 시설에 많은 물질적인 도움을 주었다면 비어 있는 교실 문을 잠갔을까? 딱딱한 의자 하나에 자그마한 책상, 모기가 들끓는 교실을 그나마도 잠가 버리고 천대하는 H원장……. 얼마나 슬펐는지 모른다. 그렇게도 "우리 선태, 우리 선태." 하던 분이 왜 이렇게 변했을까?

이것이 바로 가난의 설움이었다. 하지만 그럼에도 불구하고 성경의 "너를 핍박하는 자를 위하여 기도하라. 축복을 빌어 주라."는 말씀대로 살고 싶었다. 후일 나는 은퇴하신 고등학교 은사님께 부탁하여 그 고아원 시설이 정식 맹학교로 인가를 받을 수 있도록 부탁하였고 전적으로 동기부여를 시켜 도와주었다. 또 미8군의 구호물자 지원을 받기 위한 통역도 해 주고, 몇 대의 피아노도 기증하고, 공부하는 원생들을 위해 장학금도 주었다. H원장이 세상을 떠나기 직전 나는 이사로 추대받았고 그 학교 운영위원장을 맡았다. 가진 것이 없을 때는 헌신짝 버리듯이 나를 버리다가 모든 것을 갖추고 힘이 있을 때 나를 다시 찾은 것이다.

인생은 힘이 있어야 하고, 지식이 있어야 하며, 돈이 있어야 한다. 그러나 가진 것들을 선하게 써야 한다. 나는 수모와 천대를 묵묵히 이겨 냈기 때문에 그 학교에 도움을 줄 수 있었다. 위대한 음악가 베토벤은 가난의 고뇌 속에서 어려움을 극복하고 음악을 만들어 냈기에 그의 음악은 더욱 깊이 있고 감미롭다. 베토벤의 음악에는 감동이 있고 희망이 넘친다. 인생을 살면서 가난과 설움을 극복하고 이기면 가치 있고 힘 있는 지도자가 될 것이다.

군대 생활에서 경험한
나의 잊을 수 없는 추억

제대증 없는 군대 생활

6·25전쟁은 참으로 비참했다. 여기저기 시체가 나뒹굴고 곳곳에서 엄마를 찾는 아이들의 울음소리, 가마니를 깔고 앉아 도움의 손길을 바라는 어린 아이들의 기다림, 먹을 것을 요구하며 살려 달라는 사람들의 외침……. 폭격은 쉴 새 없이 쏟아지고, 죽음의 절망이 온 세상에 드리워져 있었다. 생명을 앗아 가고 평화의 꿈을 무너뜨리는 비참과 절망이 가득한 비극적 장면이 사방에 펼쳐져 있었다. 전쟁으로 인하여 열 살배기 나 역시 모든 삶이 송두리째 무너졌고 절망과 죽음을 오가는 경험을 했다.

나는 2년 반의 거지 생활 동안 전국 곳곳을 다니며 구걸하였다. 거지들에게는 어디를 가면 잘 얻어먹고, 쉽게 잘 수 있으며, 조금이라도 편안히 지낼 수 있을까 오직 그 생각뿐이었다. 서울역에서 출발하여 모든 역을 거쳐 부산까지 향하는 열차에 몸을 싣고 부산역에 도착했다. 무임승차했기에 개찰구를 빠져나간다는 것은 여간 어려운 일이 아니었다. 그때 마침 부산역 안 오른편에 미군 부대가 있었다. 내가 미군 부대 쪽을 향해 앉아 있는데 미군들이 내게 우유와 빵을 주며 표 없이 밖으로 빠져나갈 수 있도록 도와주었다.

당시 부산 전 지역은 이미 먼저 도착한 거지들과 피난민들로 가득하였고 깡패들이 득실거렸다. 어떤 곳으로 가야 할는지 갈피를 못 잡고 헤매던 나는 다른 거지 동지들을 만나게 되었다. 그들은 부산에는 이미 거지가 많아 얻어먹기가 힘들다며 함께 서울로 가자는 제안을 하였다. 나는 그들과 어울려 부산에 올 때와 마찬가지로 무임승차하여 열차를 타고 서울로 향했다. 검표원이 오면 의자 밑에 숨고 화장실에 숨으며 15시간 가까이 걸려 서울에 도착했다. 문제는 당시 전쟁이 끝나지 않았기 때문에 서울로 들어가려면 도강증(渡江證), 즉 한강을 건널 수 있는 허가증이 있어야 한다는 것이었다. 열차를 노량진역에 세워 놓고 한 명씩 모두 허가증 검사를 받은 후 서울로 들어갈 수가 있었다.

나는 조사받기 전에 혼자 미리 열차에서 내려 어느 여관 앞을 배회하였다. 그때 어떤 군인 아저씨가 "너는 왜 여기서 왔다 갔다 하느냐?"고 묻기에 "서울로 들어가야 하는데 도강증이 없습니다."라고 했다. "그래?" 하면서 아저씨는 CAC 트럭이라 불리는 군인들을 태워 나르는 큰 트럭에 나를 번쩍 들어 올려 태워 주었다. 그리고 한강을 건너 삼각지에 내려 주었다. 이때 부산에서부터 함께 왔던 동료들은 한강을 건너지 못해 헤어지고 말았다.

이태원 쪽에는 568부대라는 큰 미군 부대가 있었다. 나 혼자 그 부대 앞에서 미군들에게 "찹찹 기브 미, 초콜릿 기브 미, 추잉껌 기브 미!" 하면서 손을 벌렸다. 그러나 주는 사람은 그렇게 많지 않았다. 서울은 기대만큼 너그러운 온정이 넘치는 곳이 아니었다. 겨울이 되니 날은 점점 추워지고 잘 곳도 없었다. 거지가 잘 수 있는 곳이 남의 집 문간이 아니면 피난 가고 아무도 없는 빈 집이었다. 그런 곳을 발견하면 다행으로 여기며 다른 거지들과 어울려 고단한 몸을 뉘었다. 그리고 아침에 눈을 떴을 때 한편에 가마니를 덮어 놓은 시신이 있어 놀랐던 적이 한두 번이 아니었다.

나는 미군 부대에 가야만이 살길이 있다고 생각하여 꾸준히 찾아갔다. 그러던 어느 날 마음 좋고 예수를 잘 믿는 소위가 추위에 떠는 나에게 장갑과

양말, 따뜻한 외투를 주었다. 아침에 떨며 정문 앞에 있으면 따뜻한 코코아도 한 잔 주곤 했다. 얼마 후 소위는 미군 부대 근처 감리교 목사가 운영하는 약 300명의 고아들이 생활하는 삼각지 고아원으로 날 안내해 주었다. 소위가 속해 있는 부대는 그 고아원에 자주 찾아가 초콜릿, 체리, 사탕 등 아이들이 좋아하는 간식을 나눠 주기도 하고, 토요일이면 노래도 가르치고 함께 놀아 주곤 하였다. 고아원은 세 그룹으로 아이들을 나누었는데 학교에 다니는 그룹과 어린이 그룹, 일하는 그룹이었다. 일하는 그룹 중에는 밖에 나가서 밭도 가꾸고 청소도 하고 밤이면 고아원 순찰을 도는 작업반이 있었는데, 나는 작업반에 속할 수밖에 없었다.

작업반에는 김봉수 대장이라는 키가 크고 힘센 거친 형이 있었다. 매일 아침 6시에 기상하여 각 반의 인원 보고 후 지시사항을 듣고 아침체조를 하고 운동장을 서른 바퀴 뛰어야 했다. 그리고 얼음 깬 물로 세수를 했다. 목욕은 한 달에 한 번씩 반별로 목욕탕에 가서 했다. 가장 힘들었던 것은, 반 구성원 중 어느 한 명이 잘못하면 전체가 단체기합을 받으며 방망이로 열 대 이상을 맞아야 하는 무서운 규칙이었다. 빈번히 구타를 당하면서 이 아픔과 고통을 어떻게 면할 수 있을까 생각했다.

대장이 우리들의 앞을 지날 때마다 아이들은 그에게 여러 대씩 맞으며 비명을 질러 댔다. 내 차례가 되면 대장은 앞을 못 보는 나를 아예 안 때릴 수는 없고 인정을 베풀어 두세 대 정도로 약하게 때렸다. 그래서 나를 이곳에 데려온 소위가 먹을 것을 갖다 주면 반드시 대장에게 나눠 주며 감사의 마음을 전하고는 했다.

밤이면 또 군대처럼 점호를 하고, 누군가 하루의 생활 중 잘못한 것이 있으면 그 벌로 단체 토끼뜀을 뛰었다. 그럴 때 대장은 "선태, 너는 안 뛰어도 된다."고 했다. 하지만 나는 하는 데까지 하였다. 그 삶은 총과 배낭만 없다 뿐이지 군대 생활과 똑같았다. 게다가 그 반이 잘못하면 훈육선생이 그 반

아이들을 사정없이 때렸다. 어떤 학생은 2층 난간에 묶여 두 시간을 맞기도 하였다. 그때를 생각하면 지금도 아찔하다. 각 부대로부터 구호물자가 수없이 많이 들어왔는데 그것을 하나도 나누어 주지 않고 고아들을 굶겼다. 밥은 하루 두 끼, 다 찌그러진 양재기의 보리밥에 미군이 가져다준 흰 소금을 얹어 비벼 먹어야 하는 그곳의 생활은 비참함의 연속이었다.

이렇듯 난 그곳에서 군대 생활과도 같은 강한 훈련을 받았다. 당시에는 참고 견디기 어렵고 힘들었지만, 오늘에 와서는 그것이 내게 훌륭한 성공의 안내자 노릇을 하고 있다. 훈련은 나에게 정신력을 키워 주었고, 어떤 어려움이 있어도 포기하지 않고 후퇴하지 않는 견고한 의지를 키워 주었다.

나는 더 나은 삶을 위해 고아원으로부터 도망쳐 나와 기차에 몸을 싣고 부산으로 내려가 또다시 거지 생활로 돌아갔다. 그러다가 나는 거지 소탕작전에 붙들려 아동보호소를 거쳐 시각장애인이 공부하는 맹아원으로 보내졌다. 이 지점이 바로 나의 거지 생활의 종착역이다.

군대 훈련과 같은 고아원의 훈련으로 다져진 나는 모진 어려움을 극복하고 일반 중·고등학교에 진학했다. 계속해서 여러 과정을 밟아 마침내 사회적 지도자가 될 수 있었다.

그러나 지도자가 되었다고 해서 모든 것이 쉬워지는 것은 아니다. 오늘의 축복과 내일의 영광을 바라는 나에게는 여러 가지 어려움이 또다시 기다리고 있었다.

나의 시각장애인들을 위한 선교 활동은 대한예수교장로회 총회에서 시작되었다. 장애인에 대한 인식이 지금과 같지 않은 때라 간혹 나에게 눈칫밥을 주는 사람도 있었고, 수모를 당하기도 하였지만 나는 포기하지 않고 넓은 마음으로 느긋하게 기도하며 대처했다. 그 결과 그곳에서 28년이라는 긴 기간을 일하면서 오늘날의 삶의 터전을 닦았다.

사람은 눈물 젖은 빵을 수없이 먹어야만 비로소 알차게 되고 깊이 있어진다. 고생은 인간을 심화시키고 위대한 사람으로 만드는 비타민이다. 나는 거지 생활을 비롯하여 군대 생활 아닌 군대 생활을 하며 여러 가지 고난을 겪었기에 우뚝 설 수 있었다. 고생의 경험이 많으면 많을수록 인생을 깊이 이해하게 되고, 다른 이의 아픔과 고통에 더욱 깊이 공감하게 된다.

　소외받고 어려움에 처해 있는 이웃에게 진정한 사랑을 베풀 수 있는 알찬 인간이 되자.

고난은
인생의 위대한 스승

　이 세상에는 70억 명이 넘는 사람들이 살고 있다. 그 70억 명의 사람들 중에서 고난을 원하고 바라는 사람은 아무도 없다. 심지어 하등동물도 안락하고 편안한 것을 좋아한다. 나는 오랫동안 집에서 강아지를 길렀다. 강아지도 추우면 따뜻한 곳을 찾아가서 눕고, 더우면 시원한 곳을 찾아간다. 하물며 만물의 영장인 사람은 더욱 편안하고 안락한 곳을 원한다.

　그러나 사람은 고난을 많이 겪어야 사람다운 사람, 성숙한 사람, 튼튼한 사람이 된다. 왜냐하면 사람은 고통 속에서 인생관이 깊어지고, 시련 속에서 성숙해지며, 고난을 겪으며 나다운 나를 만들고 알찬 인격이 형성되기 때문이다. 뱃사공은 생명을 위협하는 죽을 고비의 풍랑을 이겨 낸 후에 훌륭하고 유능한 뱃사공이 된다. 포근한 온실에서 자라는 나무와 화초는 추운 벌판에 나가게 되면 바로 죽는다. 왜냐하면 추위를 이길 수 있는 힘이 없기 때문이다. 그러나 남산 위에 우뚝 서 있는 소나무는 항상 푸르고 푸른 상록수이다. 아무리 추운 겨울, 눈보라가 쳐도 꿋꿋이 서 있다.

　이처럼 고난을 많이 겪은 사람만이 생애의 깊이를 알고 삶의 가치를 발견하게 된다.

미국의 제16대 대통령 링컨은 엄청난 고난의 아픔이 그를 짓누를 때마다 그 고난 너머에 성공과 승리가 있음을 알아보았고, 아픔과 눈물의 빵을 달게 먹으며 성공을 내다보았다. 그렇기 때문에 미국에서 가장 존경받는 대통령이 될 수 있었다. 그림자가 항상 사람을 따라다니는 것처럼 사람에게 있어서 고난은 그림자처럼 따라다닌다. 사람은 고난의 존재이다. 철학자 중에 쇼펜하우어와 야스퍼스는 "사람은 고난을 피할 수 없는 존재이고, 고난의 운명을 지니고 사는 존재이며, 그런 실존의 사람을 바로 보고 바로 이해하는 사람은 그 고난에서 커다란 유익을 얻게 된다."고 하였다.

사람에게 따라오는 고난은 힘들고 참기 어렵지만 이겨 내면 영광이 따라온다. 성서에서 야고보는, 시련은 인내를 만들고 부족함이 없는 풍성한 삶의 축복이 고난 속에 있다고 강조했다. 욥이라는 사람은 동방의 의인으로 불리는 사람이었다. 그럼에도 불구하고 이길 수도 참을 수도 없는 고난이 그를 뒤덮었다. 자녀들이 모두 죽고 욥 자신마저 무서운 병에 걸려 고난을 당하였다. 그럼에도 불구하고 그는 "주신 자도 여호와시요 취하신 자도 여호와시오니 여호와의 이름이 찬송을 받으실찌니이다"라고 하며 강한 인내의 철학을 가졌다. 결국 그는 고난이 물러가고 잃었던 모든 복을 회복했다. 욥은 고난 중에도 "나의 가는 길을 오직 그가 아시나니 그가 나를 단련하신 후에는 내가 정금같이 나오리라"고 고백한다.

사람에게 안락과 평안과 즐거움만 있고 고난이 없다면 사람은 매우 나약해지고 무기력해진다. 그런고로 고난이 다가올 때 하나님을 믿는 믿음과 지성의 힘과 이성의 힘으로 잘 이겨 낸다면 고난이라는 위대한 스승을 통해 축복과 승리와 행복의 새 아침을 내 품에 안을 수 있을 것이다.

철학이 내린 죽음의 정의

　인간의 역사상 예로부터 지금까지, 인간의 인생이란 무엇이며 인간은 왜 죽어야 하는지 수많은 서양 철학자, 동양 철학자들은 이 문제에 관하여 끊임없이 연구하여 왔다. 그러나 인간은 죽음의 공포에서 벗어나지 못한다. 인간은 죽기 때문에 허무한 존재이자 불안의 존재이며 슬픔의 존재이다. 인간은 죽음의 종착역으로 갈 수밖에 없다는 결론에 도달한다.

　인간의 죽음은 무엇인가? 생의 엄숙한 종말인 동시에 인생의 오메가이다. 죽음의 여신은 예고 없이 찾아온다. 죽음은 사방에서 도사리며 나를 따라다닌다. 죽음은 누구에게나 공평하게 찾아오기에 극복할 수 없는 불안한 장벽이다.

　죽음은 결국 인간 존재의 부정이요 삶의 모든 경험의 끝이며, 행복과 안식, 그리고 사랑, 모두를 부정하는 것이다. 죽음으로 인해 소중한 존재는 완전히 말살되고 만다. 죽음은 아담과 하와가 불순종하여 법을 어김으로 인간에게 주어졌다. 우리는 한평생을 살면서 수많은 사람의 죽음을 목격한다. 죽음은 영원한 미지의 세계로 떠나는 여행이다. 죽음은 다시 돌이킬 수 없는 것이기에 인생의 풀 수 없는 수수께끼이다.

공자는 인생을 산다는 것은 나그네로 잠시 이 세상에 머무는 것이라 표현한다. 그렇기에 죽음이란 본래의 자리로 돌아가는 것이다. 인생을 '공수래공수거'(空手來空手去)라 하는데 모든 것을 두고 빈손으로 가야 하는 것이 죽음이다. 철학자들이 내린 죽음의 정의는 결국 절망과 슬픔이며 비극이다. 죽음을 철학자들이 내린 인생의 종극인 절망으로 생각하면 인간들은 모두 절망에 빠져 미쳐 버릴 것이다. 그러나 성서는 죽음의 사상을 뒤집어놓았다.

"예수께서 가라사대 나는 부활이요 생명이니 나를 믿는 자는 죽어도 살겠고 무릇 살아서 나를 믿는 자는 영원히 죽지 아니하리니 이것을 네가 믿느냐."

예수 그리스도는 철학자들이 풀 수 없는 인생 죽음의 문제를 아주 정확하게 뒤바꿔 놓았다. 철학이 본 인간 세계는 절망이었으나 그리스도는 인간 세계에 다시 살 수 있는 영원한 소망을 준다.

버려야 할 망(望)과 가져야 할 망(望)

인생을 살아가는 데 있어서 네 가지 '망'(望)이 있다. 그중에는 반드시 버려야 할 망이 있고 반드시 가져야 할 망이 있다.

첫째로 버려야 할 '망'이자 있어서는 안 될 '망'은 바로 '절망'이다. 덴마크의 실존주의 철학자 키르케고르는 그의 저서 「죽음에 이르는 병」에서 사람으로 하여금 죽음에 이르게 하는 병은 바로 절망이라고 강조하였다. 죽음의 무덤으로 가게 하는 절망에 빠지면 사람은 좌절감에 휩싸여 생기가 사라지고 삶의 의욕을 상실하여 정신적·육체적 죽음에 이른다. 그렇기 때문에 절망은 버려야 할 망이다.

사람을 망가뜨리고 슬픔 속에서 좌절하게 하는 것이 절망이다. 다시 말하면, 절망이란 희망도 행복도 현재도 미래도 다 잃어버린 상태를 말한다. 절망은 사랑하는 이들로부터의 끝이며, 행복으로부터의 끝이고, 이 세상으로부터의 끝이다.

둘째로 가져야 할 '망'은 '덕망'이다. 아무리 학식이 많고 지위가 있다 하더라도 덕망이 없으면 사람다운 사람이 못 된다. 우리는 사람을 감동시키고, 사람에게 힘을 실어 주고, 잘못한 사람을 너그럽게 포용하고, 용서할 수 없는 사람까지도 용서할 수 있어야 한다.

　행정 일을 하다 보면 용서할 수 없는 일들과 용서할 수 있는 사안들이 있다. 이때 용서의 기로에서 고뇌하게 된다. 남을 용서하기 위해서는 기도를 통한 넓은 마음과 덕망이 필요하다. 덕이란 무엇인가? 덕은 사람이 가진 훈훈한 인내심이고 사랑의 향기이다.

　동경에 사는 어떤 한국인 장로님에게는 일본인 기사가 있었다. 그는 나쁜 마음을 갖고 장로님의 공장에 방화를 저질렀다. 그 방화범은 경찰 조사에 따른 재판 결과 10년의 징역형을 선고받았다. 그러나 그 장로님은 그를 용서하여 그에게 새 삶의 길을 열어 주었다. 이 사건을 접한 일본의 각 신문사는 한국사회에 이러한 인물이 존재한다며 대서특필하였다. 이처럼 덕이 있는 사람은 결코 외롭지 않고 많은 사람들의 신뢰와 존경을 받는다.

　손양원 목사님은 평생을 여수 애양원에서 나환자들을 위한 구호사업과 전도 활동에 삶을 바쳤다. 그는 신사참배를 거부하여 일본인들에 의해 구금되었다가 출옥한 후 목사가 되었다. 그 후 다시 애양원교회에서 시무하던 중 폭도들에 의해 그만 그의 죄 없는 두 아들을 잃었다. 그러자 손양원 목사님은 그 자리에서 땅에 엎드려 "우리 가정에서 주님을 위해 순교한 두 아들이 나오게 해 주셔서 감사합니다. 저는 아들들을 죽인 사람을 용서하겠습니다."라고 기도하였다. 사태 진압 후 두 아들을 죽인 원수를 양자로 삼음으로써 손 목사님은 세상을 감복시켰다. 손 목사님은 6·25전쟁이 일어나자 동료들과 신도들의 피난 권유에도 불구하고 누군가의 도움 없이는 생활하기 힘든 나환자들을 위해 남아서 교회를 지키다가 결국 공산군에 의해 총살당했다. 원수까지도 진정으로 사랑하고 용서한 그는 너그러운 사랑의 덕을 지닌 분이다.

　솔로몬은 "마음의 정결을 사모하는 자의 입술에는 덕이 있으므로 임금이 그의 친구가 되느니라"고 하였고, 사도 바울은 "이러므로 우리가 화평의 일과 서로 덕을 세우는 일을 힘쓰나니"라고 하였다.

셋째로 가져야 할 '망'은 '야망'이다. 우리는 야망을 갖고 살아야 한다. 야망을 갖고 최선을 다하여 노력할 때 성취감을 맛볼 수 있으며, 바라고 원하는 소원을 이루게 된다. 야망이 없으면 발전 또한 있을 수 없다.

다음 이야기는 시각장애인 선배의 실화이다. 그는 결혼을 위해 열심히 기도하였고, 마침내 한 여성과 결혼하였다. 넉넉하지 못한 형편이었지만 그에게는 집을 사고 자녀를 낳아서 잘 길러야 하겠다는 야망이 있었다. 그러나 맹학교 교사의 작은 월급으로는 야망을 이룬다는 것이 불가능하였다. 그래서 그는 하루에 한 끼만 먹고 두 끼는 굶기로 작정하여 3년 동안 열심히 돈을 저축한 결과, 집을 장만할 수 있었다. 그의 부인 역시 찬거리를 사러 저렴하다는 곳을 찾아 멀리까지 버스도 타지 않고 걸어가서 한 푼 두 푼씩 모아 집을 넓혀 갔다. 그 결과 지금은 큰 집 두 채를 갖고 있다.

야망을 가지면 그 꿈을 이룬다. 실로암 가족 중에도 꿈을 이루려고 낮에는 일하고 저녁에는 공부하는 사람들이 있다. 이는 각자 자신들의 야망이 있기 때문이다. 보다 훌륭한 사람이 되고 생의 만족감과 보람과 발전을 위해 노력하는 일은 훌륭한 일이다.

"형제들아 나는 아직 내가 잡은 줄로 여기지 아니하고 오직 한 일 즉 뒤에 있는 것은 잊어버리고 앞에 있는 것을 잡으려고 푯대를 향하여 그리스도 예수 안에서 하나님이 위에서 부르신 부름의 상을 위하여 좇아가노라."

인간에게 있어서 야망이 크면 클수록 성공도 크다.

마지막으로 인생을 살아가는 데 있어서 반드시 가져야 할 '망'은 바로 '희망'이다. 사람은 희망을 갖고 사는 존재이자 희망을 먹고 사는 존재이기에 반드시 희망을 가져야 한다. 희망을 갖고 살면 보람 있는 삶을 살 수 있다. 희망은 우리 생애의 원동력이자 신비한 힘이어서 어떤 고난과 역경이 우리 앞에 찾아와도 극복할 수 있게 한다. 희망은 정신의 활력소이자 육체의 원동력이 되고 사람에게 큰 힘과 생명력을 주는 비타민의 역할을 한다. 사람은 언제나 가슴속에 희망을 품고 살아야 한다. 희망을 품을 때 태양처럼 빛나는 미소와 밝은 마음으로 인생을 살 수 있다. 또한 희망의 노래를 흥얼거리고 희망의 말을 하면 인생은 긍정적으로 변한다. 불확실한 상황 속에서 희망을 품을 때 그것이 확실한 상황으로 전환될 수 있다. 희망의 꿈은 불안한 상태를 이기고 승리의 상태로 가는 비타민의 역할을 한다. '희망이 있다'는 말에서는 좋은 에너지가 발산된다. 치료 후 의사는 환자에게 "괜찮습니다. 문제없어요. 건강해질 것입니다. 걱정하지 마세요."라는 희망의 말을 하여 환자의 기운을 북돋아 준다. 희망은 우리를 살리는 힘을 갖고 있다.

"소망 중에 즐거워하며 환난 중에 참으며 기도에 항상 힘쓰며."

"나의 영혼이 잠잠히 하나님만 바람이여 나의 구원이 그에게서 나는도다."

그렇다면 어떻게 희망을 가질 수 있을까? 고난이 우리를 엄습한다 할지라도 그 고난을 헤치고 그리스도를 믿을 때 희망을 얻을 수 있다. 성서 속에는 죽음의 절망까지도 희망으로 바꾼 기적적인 일들이 있다.

어느 날 예수님께서 사람들이 죽은 사람을 메고 장례식을 위해 무덤으로 가고 있는 모습을 발견하셨다. 예수님은 그 어머니가 슬피 우는 모습을 보시고 그녀에게 다가가 위로한 후, 관에 손을 대시며 "청년아! 내가 네게 말하노니 일어나라!" 하셨다. 그때에 죽었던 청년이 벌떡 일어났다. 그것을 본 많은 이들이 하나님께 영광을 돌렸다.

이와 같이 죽음의 절망을 바꾼 기적의 사건이 성경에 또 있다. 죽어서 나흘이나 지난 나사로를 하나님의 능력이 살리신 것이다! 예수께서 나사로의 무덤 앞에서 사람들에게 돌문을 열라 하시고, 큰 소리로 "나사로야 나오너라." 부르시니 죽어서 매장됐던 시체가 살아나 동인 채로 나왔다. 예수께서는 그를 풀어 다니게 하라고 하셨다. 죽음의 절망을 희망의 생명으로 바꿔 놓으셨다.

38년 된 병자가 있었다. 그는 오랫동안 병상에 있었기에 수족이 마비되어 움직일 수 없었다. 그러나 예수께서 "네가 낫고자 하느냐. 일어나 네 자리를 들고 걸어라." 하니 그 말을 따라 그가 걷게 되었다. 절망이 왔을지라도 예수님을 만나면 그 절망이 희망으로 바뀌고, 죽음에서 생명으로 옮겨진다. 예수 그리스도는 죽음의 절망을 희망으로 바꾸는 자비와 초자연적 능력을 갖고 계시다.

"내 영혼아 네가 어찌하여 낙망하며 어찌하여 내 속에서 불안하여 하는고 너는 하나님을 바라라 그 얼굴의 도우심을 인하여 내가 오히려 찬송하리로다."

"여호와는 나의 빛이요 나의 구원이시니 내가 누구를 두려워하리요 여호와는 내 생명의 능력이시니 내가 누구를 무서워하리요."

"주의 얼굴을 내게서 숨기지 마시고 주의 종을 노하여 버리지 마소서 주는 나의 도움이 되셨나이다 나의 구원의 하나님이시여 나를 버리지 말고 떠나지 마옵소서 내 부모는 나를 버렸으나 여호와는 나를 영접하시리이다."

우리 모두 절망은 십자가에 장사 지내고, 덕망과 야망과 희망을 가지고 인생을 살아가는 긍정적인 사람들이 되자.

죽음을 생명으로, 절망을 희망으로 바꾸는 힘

괴테는 높은 하늘에는 반짝반짝 빛나는 별이 있고, 땅 위에는 아름다운 꽃이 있고, 인간의 마음속에는 사랑이 있어서 행복하고 기쁘다며 인생의 환희를 구가했다. 이는 우울하고 낙심하고 절망에 차 있는 사람들에게 희망과 용기를 주는 말이다.

아담과 하와가 범죄하고 타락해서 영원한 죽음에 이르렀을 때 하나님은 인간을 사랑하사 하나밖에 없는 독생자 예수를 보내서 인류의 상태를 사망에서 생명으로, 절망에서 희망으로 바꿔 놓았다. 가장 위대한 힘이고, 가장 신비한 빛이며, 신비한 향기이고, 무서운 창조의 힘을 발휘하는 것이 사랑이다. 사랑은 나의 유익도 명예도 초월하고 행복도 초월한다.

슈바이처는 철학자이자 음악가이고 신학자로서 이미 보장되어 있는 행복과 편안과 풍요에도 불구하고 모든 것을 버려두고 아프리카 빈민들을 위해서 그의 생을 성스럽게 바쳤다.

성 다미안 신부는 하와이 몰로카이 섬에 가서 나환자들의 아버지가 되어, 가장 심한 나환자들을 끌어안고 고름을 입으로 빨아내며 함께 몸을 비비고 생활하다 결국은 그도 나환자가 되어서 그들과 더불어 생을 마쳤다. 다미안

신부로 인해서 절망 속에 있던 수천 명의 나환자들은 하늘의 희망으로 가득 차게 되었다.

나는 슈바이처 박사나 다미안 신부를 직접 만나지는 못했지만 그 두 사람과 똑같은 분을 만났기에 내 인생은 죽음에서 생명의 삶으로, 절망에서 희망의 삶으로 바뀌었고 오늘날의 성공을 이뤄 냈다.

전쟁 당시 열 살이던 나는, 고아가 되었고 실명까지 하였다. 헤어날 수 없는 절망이 찾아왔다. 그토록 불행할 수가 없었다. 살기 위해 친척집에 가 있는 동안 앞을 보지 못한다는 이유로 수없이 매를 맞았고, "나가 죽어라!"는 말을 수백 번 들어야 했고, "너 때문에 재수가 없다!"며 발에 차이고 세상 욕이라는 욕은 다 먹었다. "죽여 없애 버리겠다!"는 음모를 엿듣고 그 길로 도망쳐 나와 깡통을 들고 거지 생활을 두 해 반 동안 하며 아픔과 고통의 삶을 살았다. 그러는 동안에 나는 치료가 힘든 여러 가지 병에 걸렸다. 그때마다 누군가의 사랑의 손길을 통해서 거저 치료를 받았다.

그날도 깡통을 들고 이 집 저 집 구걸해서 얻어먹다가 저녁이 되어 잠을 자기 위해 남의 집 나무를 쌓아 놓은 헛간에 찾아들었다. 그곳에 옻나무가 있는 것을 모르고 누워 자다가 그만 옻이 올라 온몸에 퍼졌다. 갈수록 심해지며 진물이 흐르고 안과 밖으로 옻이 퍼져서 마치 나환자같이 심해져 버렸다. 비뚤어진 입, 고름이 흐르는 얼굴, 퉁퉁 부어 움직일 수 없게 된 다리. 나는 나무 밑에 앉아서 동쪽 하늘에 떠오르는 태양빛을 얼굴에 받으며 한없는 눈물을 쏟았다. 소리 내서 울었다. 내게 죽음이 서서히 찾아들고 있구나 하고 느꼈다.

마침 그때 어떤 할머니가 그 근처를 지나가다 보시고 다가와서 말을 거셨다. "애야, 옻이 올랐구나. 위험하게 됐구나." 할머니는 나의 이름을 물으셨다. 할머니는 나의 손을 꼭 잡고 머리에 손을 얹고 이 선태 아이를 살려 달라고 하나님께 기도해 주셨다. 그리고는 "세상 사람들은 너를 버리고 너를 떠났지만 예수님은 너를 사랑하신단다. 예수님만 꼭 붙들면 도와주신다."며 위로를 해 주고 가셨다.

그 기도가 나에게 새 힘을 주었다. 그대로 앉아서 어떻게 하면 병이 나을까 어떻게 하면 살 수 있을까 하는 생각들로 가득 차 있을 때 할머니가 다시 나를 찾아오셨다. "선태야, 너 마침 여기 있었구나. 떠났으면 어떡하나 걱정했단다. 집에 가서 일을 해도 기도를 해도 너의 모습이 보이더구나!" 하시며 나를 부둥켜안고 할머니의 집으로 데리고 가셨다. 할머니는 닭을 삶아 나를 먹이시고 닭을 삶은 물로 목욕을 시켜 주셨다. 냄새나고 더러운 내 옷들을 벗기고 기도하시면서 나의 몸에 있는 고름을 다 빨아내시는 것이었다. 고름을 빼낼 때마다 "주여, 감사합니다. 주여, 선태를 낫게 해 주세요."라고 기도하셨다. 그러하기를 4주간 동안 하셨다.

그러자 놀랍게도 내게 죽음의 그림자를 드리우던 옻이 기적처럼 치료되어 자취를 감추었다. 할머니는 나를 안고 "선태야, 나는 가난하단다. 아들 하나는 군대에 갔고, 논밭 조금 있는 것으로 남에게 의존해서 하루하루 살고 있구나. 내가 만일에 돈이 있다면 너를 길러서 눈도 보이게 하고 공부도 시켜 줄 텐데 돈이 없어서 그렇게 못하는구나. 그러나 약속하자. 나는 내가 이 땅에 사는 한 너를 위해 반드시 매일매일 기도해 줄 테니, 하나님의 은혜와 도움으로 공부해서 훌륭한 지도자가 되고 성직자가 되어서 세계를 다니면서 복음을 전하는 큰 일꾼이 되어라." 하시면서 기도해 주셨다.

내 손등에 떨어지는 할머니의 눈물은 뜨거운 사랑의 눈물이었다. 할머니는 알지도 못하는 나를 위해 사랑의 눈물을 흘려 주시는 것이었다. 나의 친척도 내가 실명하자 집안에 화를 불러들일 것이라 하면서 죽이려 모의하는 판국이었을 때다.

고름 질질 흘리며 아무 희망도 없이 영혼과 육체의 절망 상태 속에서 버려진 채 남의 집 헛간 앞에서 죽어 가던 한 소년에게 할머니의 등장은 그 자체가 신비였다. 그 할머니는 천사가 화한 인간이었을까? 할머니는 인간의 사랑의 범주를 넘어선 너무도 놀라운, 갚을 수 없는 사랑을 내게 베풀어 주셨다.

나는 할머니와 할머니가 믿는 하나님께 목메어 기도하고 감사하며, 비록 깡통을 든 처지였지만 교회에 가서 새 돈으로 헌금을 했다. 그때부터 동료 거지들을 섬겼다. 할머니는 내게 생명을 주시고 희망을 주신 것이다. 그 후 살아오면서 그 할머니의 사랑은 내게 꺼지지 않는 태양이었다. 어려울 때마다 그 할머니의 사랑의 태양은 내게 불끈불끈 힘이 솟게 한다.

사랑은 덕이고 힘이고 밝은 태양빛이다.

절망의 헬렌 켈러에게 세 가지 박사 학위를 안겨 준 것은 하나님의 사랑과 어머니의 사랑이고 설리번 선생의 사랑이었다.

절망과 죽음에 둘러싸여 있을 때 그 할머니의 대가 없는 사랑이 천애고아 거지를 일으켜 세웠다. 그로 인해 오늘의 나는 시각장애인으로서는 하나밖에 없는 안과병원장이 되었고, 명예스러운 세 개의 박사 학위를 비롯하여 아시아의 노벨상인 막사이사이상을 수상하였으며, 수천 명의 앞 못 보는 이들의 어둠을 빛으로 바꿔 놓는 성직자가 되었다.

솔로몬은 말하기를 사랑은 죽음같이 강하다고 하였다. 사랑의 힘은 위대하다. 사랑의 힘은 죽을 사람을 살리는 신비한 힘이다.

인간의 수수께끼를 푼
예수 그리스도

칸트는 "인간 존재 자체가 하나의 수수께끼"라고 하였다. 수많은 철학자들은 인간에 관한 수수께끼를 풀려고 온갖 노력을 다했다. 그들은 "도대체 인간이란 무엇인가, 인간은 왜 죽어야 하는가, 불안과 두려움의 죽음을 피할 수는 없을까?"라는 의문을 풀기 위해 이성과 지식과 철학을 동원하였다.

하이데거는 인간의 존재를 '거기 있는 것'으로 표현하였고, "인간인 나 자신은 초대받은 자이고 존재에 요청된 자이며 만약에 존재가 나를 초대하지 않았다면 당연히 나는 지금 여기 존재하지 않는다."라고 말했다. 이것이 인간이란 무엇이냐에 대한 하이데거의 해답이다.

인간은 반드시 죽음에 이르는 존재이다. 그리고 언제 찾아올지 모르는 것이 죽음이다. 누구도 대신 죽어 줄 수 없다. 아무리 생명같이 사랑하고 모든 것을 바쳐서 사랑했다고 할지라도 죽음에 의한 이별은 그 누구도 극복할 수 없다.

그러나 이를 인정하지 못하여 일어났던 실화가 있다. 신비사상을 가진 신앙이 독특한 여성이 있었다. 어느 날 그녀의 남편은 심장마비로 갑자기 숨을 거두었다. 그런데 그녀는 남편이 살아날 것을 확신하며 장례를 치르지 않고 자신의 집에 시신을 둔 채 죽은 남편을 위해 피아노를 치고 시신 옆에서 며칠간 잠을 잤다. 그러다 결국에는 시신에서 악취가 나서 다시 살아날 수 없다는 것을 깨닫고 동료들의 도움을 받아 장례식을 치렀다.

죽음은 누구에게나 공평하게 찾아오기에 극복할 수 없는 불안한 장벽이다. 어떠한 일은 실패하면 다시 도전하면 되지만 한번 찾아온 죽음은 번복할 수 없다. 그런 까닭에 죽음은 모든 것으로부터의 끝이다. 사랑하는 이로부터도 끝이고, 명예로부터도 끝이고, 권력으로부터도 끝이고, 재력으로부터도 끝이다.

죽음은 결국 인간 존재의 부정이요, 삶의 모든 경험을 부정하는 것이며, 행복과 안식, 그리고 사랑 모두를 부정하는 것이다. 죽음으로 인해 소중한 존재는 완전히 말살되고 만다. 우리는 한평생을 살면서 수많은 사람의 죽음을 목격한다. 죽음은 영원한 미지의 세계로 떠나는 여행이다. 죽음은 다시 돌이킬 수 없는 것이기에 인생의 풀 수 없는 수수께끼이다.

죽음이라는 수수께끼의 불안을 좋아할 사람은 아무도 없다. 이 죽음의 수수께끼를 풀기 위해서 수많은 동서양 철학자들이 끊임없이 연구하여 왔다. 인간은 죽음의 공포에서 벗어나지 못한다. 인간은 죽기 때문에 불안한 존재이며 허무한 존재이고 슬픈 존재이다. 인간은 죽음의 종착역으로 갈 수밖에 없다는 결론에 도달한다. 사람이 죽으면 슬피 우는 이유가 이 때문일 것이다.

공자는 '인생을 산다는 것은 나그네로 잠시 이 세상에 머무는 것' 이라 표현했다. 그렇다면 죽음이란 본래의 자리로 돌아가는 것인가? 인생은 공수래공수거라고 하는데, 모든 것을 두고 빈손으로 가야 하는 것이 죽음이다. 철학자들이 내린 죽음의 정의는 결국 절망과 슬픔이며 비극이다.

그러나 예수 그리스도는 그 누구도 풀 수 없는 인간 존재와 인간 죽음의 수수께끼를 명쾌하고 멋지게 풀었다. 예수 그리스도는 만일 사람이 착하고 선하게 살았다면 생명의 부활을 얻고, 악하게 살았다면 심판을 받게 된다고 하였다. 예수 그리스도는 인간을 향해서 높은 희망을 던져 주었다. "나는 부활이요 생명이니 나를 믿는 자는 죽어도 살겠고 무릇 살아서 나를 믿는 자는 영원히 죽지 아니하리니"라는 말씀으로 인간의 수수께끼를 통쾌하게 풀었다. 이렇게 예수 그리스도는 인간의 불안한 운명의 존재를 희망의 존재로 바꿔 놓았다.

성서에서 예수 그리스도는 분명히 십자가에 못 박혀 죽으신 후 무덤에 들어갔다. 그러나 그를 따르던 여인들이 찾아갔을 때 그리스도가 있던 무덤은 비어 있었다. 천사가 나타나 살아나신 그리스도를 갈릴리에 가면 만날 것이라 전했다. 부활의 그리스도를 믿기만 하면 다시 살 수 있다는 영원한 삶의 희망을 선포한 사건이다. 그러므로 그를 믿는 자만이 죽음에서 벗어나 영원한 생명으로 갈 수 있다.

Like the
Light at
Daybreak

인생은 아침 태양처럼

인생의 행복과 보람, 그리고 기쁨을 주는 삶은 사명감에서 온다. 사명감이 있는 사람은 허무하지 않고 권태를 느끼지 않는다. 자기 삶을 행복하고 즐거운 것으로 만들어 가려면 사명감을 갖는 일이 우선이다. 왜냐하면 사명감은 인생의 활력소이기 때문이다.

세·번·째·이·야·기

내면의 소리에 귀를 기울여야 할 때면, 태양을 마주하라

새로운 정신과 희망의 양식으로 마음을 채우게 될 것이다

인간에게 있는 성품의 형질
지구상에 악한 흔적을 남긴 인간
세상에서 가장 부끄러운 인생과 멋진 인생
착취형의 인생, 기쁨을 주는 인생, 헌신하는 인생
이상적인 지성인
나는 양심의 소리를 듣고 있는가?
앞 못 보는 이들에게 실망을 안겨 준 진풍경
인간은 양심의 소리를 들어야 한다
인간의 가장 고귀한 재산
사명적 존재로서의 인간
사명

인간에게 있는
성품의 형질

　　세상의 모든 만물에는 품질이 있고 형질이 있다. 가령 사과나무에는 사과나무의 형질이 있다. 같은 사과나무에 큰 사과도 열리고 작은 사과도 열린다. 그리고 같은 배나무일지라도 달고 맛있는 배도 열리고 싱겁고 맛없는 배도 열린다. 소나무에는 소나무의 형질이 있다. 같은 소나무일지라도 솔잎 향이 다르고 솔방울의 크기가 다르다. 그리고 우리에게 말없이 아름다움을 선사하는 꽃도 품질과 형질이 있고, 언덕 위에 파랗게 수놓아진 잔디에도 형질이 있다.

　　모든 인간은 하나님의 창조 행위에 의해서 이 세상에 존재하게 되었다고 믿는 것이 기독교인의 기본 신앙이다. 그런데 이상하게도 그러한 인간들이 동일한 형질을 가지고 있는 것 같지는 않다.

　　첫째는 형질이 악한 인간이다. 악질 인간은 죄 없는 선량한 사람을 죽이는 살인범, 강간범, 방화범, 유괴범들이다. 어떤 살인범은 선량한 사람 23명을 죽이고 경찰에 잡혔을 때 마지막 소원이 무엇이냐고 물으니 "30명을 죽이지 못한 것이 한이 된다."고 하였다. 얼마나 끔찍한 인간인가? 세상에는 막가파 식의 조직을 만들어 생사람을 잡아 뜯어먹기도 하는, 그야말로 있을 수 없는 악질 중의 악질 인간도 있다.

둘째는 형질이 저질인 인간이다. 저질 인간은 글자 그대로 인격도 없고 양심도 없고 인정도 없는 질 낮은 인간이다. 선량한 척하면서 중상모략을 하고, 좋은 일을 하는 사람을 방해하고 그 일을 망가뜨린다. 죄 없는 사람, 선량한 사람을 사기꾼으로 몰아가기도 한다.

필자가 경험한 저질 인간에 관한 사례이다. 이름이 널리 알려진 교회에 L 씨가 있었다. 그는 K방송재단의 이사와 친분을 가지고 있었다. 그 방송재단은 오랫동안 우리 실로암안과병원의 발전을 위해서 후원을 해 왔기 때문에 친분관계가 두터운 재단이었다. 하나님의 은혜로 어렵게 실로암안과병원 아이 센터를 세운 지 얼마 안 됐을 때 방송국으로부터 병원으로 사실 여부 확인조사가 나왔다. 본래 전문의가 없으면 병원 허가가 나오지 않고 병원이 존립할 수 없다. 본원에는 전문의가 열한 명이나 있는데도 불구하고 L 씨는 전문의가 하나도 없다는 중상모략을 하였다. 또한 본원은 의료법인이기 때문에 공인회계사가 있고 세무서의 철저한 지도 감독을 받으며 감사를 두고 있는데도, 무엇에 근거했는지 재정 감사가 없다고 하였다.

본원 건축은 한국교회백주년기념사업의 핵심 사업으로 세워졌고, 하늘나라에 가신 한경직 목사님의 간절한 염원으로 이루어진 선교 병원으로서, 개원 당시부터 매일 아침 진료 시작 전에 전 직원이 모여 하나님께 예배를 드리고, 수술 때마다 집도 전에 반드시 기도드리는 신실한 기독교 정신과 신앙으로 운영하는 병원인데도 불구하고 기독교 정신이 떠났다는 소문도 퍼뜨렸다. 그러면서 방송국의 이사에게 김선태 원장을 내보내고 사회에서 매장시키라는 요청을 한 것이다. 여러 차례 우리 병원에 내원하여 엄격한 조사를 한 결과 L 씨의 이야기는 전혀 터무니없는 중상으로 밝혀졌다. 그로 인해서 오랫동안 실로암안과병원에 협력해 오던 K방송국과의 연결이 끊어지는 안타까움이 발생하였다.

L 씨 같은 사람은 질이 낮은 타고난 악질이며 하나님의 영광을 위해서 열심히 일하는 사람들에게 절망과 낙심을 안겨 주는 저질 인간이다. 나는 그때 일을 생각만 하면 지금도 어이가 없고 분노가 치밀어 오른다. 우리나라 속담에 길이 아니면 가지 말고, 말이 아니면 듣지 말라고 하였다. 그런 사람들 때문에 세상은 악한 물이 든다. 어려운 사람들을 위해서 선교하고 실명 예방을 하여 빛을 찾아 주는 일에 힘을 보태어 도와주지는 못할망정, 중상모략하고 관여할 자격도 없으면서 간섭하는 그런 사람이 저질이 아니면 누가 저질이 겠는가? 저질이란 음흉한 모략을 하고 교활한 흉계를 꾸미며 야비하고 수준 이하로 전락한 인간을 가리킨다.

셋째는 양질의 형질을 가진 사람들이다. 일평생 쓰레기를 주워 모으면서 사는 가난한 넝마주이 여인이 있었다. 그녀는 동대문 가까이에 있는 교회에 나가는 교인이었다. 주일마다 교회에 가서 예배를 드리고 교회에서 주는 점심을 먹으려 하면 교인들이 그녀를 향해 손가락질을 하고 쑥떡거리면서 그녀를 천대하였다. 그러나 그녀는 세상 사람들이 뭐라 해도 하나님만 인정해 주시면 된다는 신앙으로 20년이 넘도록 하루같이 넝마주이를 하여 모은 폐품을 팔아 20억 원을 모았다.

어느 날 주일예배를 드린 후 담임목사님에게 면담을 요청하였다. 교회 직원들은 냉대하며 거부 반응을 보였다. 그러나 그 여인은 그들의 태도에 아랑곳하지 않고 목사님을 기다렸다. 직원들은 그녀더러 담임목사님의 방에 들어갈 수는 없고 밖에서 만나라고 하였다. 밖에서 담임목사님을 만난 그녀는 "목사님, 제가 평생 모은 돈입니다. 이것을 가난한 신학생들을 위한 장학기금으로 써 주시고, 또 지도자를 양성하는 데 기초가 될 수 있도록 잘 써 주세요." 하면서 가슴에서 봉투 하나를 꺼내 건네주었다.

선량하고 아름다운 성품이 아닐 수 없다. 위의 악질과 저질의 인간처럼 남의 일을 방해하고 중상모략하는 인간들이 있는가 하면 이 여인처럼 그야말로 천사의 마음을 한 양질의 성품을 가진 훌륭한 사람도 있다.

　넷째는 특질형 인간이다. 그런 사람으로는 슈바이처나 테레사 수녀를 들 수 있겠다. 또 내가 아는 인물 중에서 밥 피어스 박사를 들 수 있겠다. 그는 예수님의 성품을 닮은 특질의 성품을 가진 사람이다. 좋은 환경 속에서 편안하게 잘 먹고 행복하게 살 수 있는 사람이 그것을 다 버리고 6·25전쟁의 위험을 무릅쓰고 한국에 와서 버려진 외로운 고아들에게 먹을 것을 주고, 아픈 아이들은 의사를 불러 치료해 주며, 아이들을 지도자로 길러 내는 데 힘을 다하였다. 한경직 목사와 장수철 교수처럼 훌륭한 분들과 마음을 합해서 선명회를 조직하여 전 세계를 다니면서 연주회를 열어 기금을 조성하여 고아원을 만들었다. 지금도 선명회재단(현, '한국월드비전')이 존재하고 있고, 그곳에서 수많은 지도자를 길러 내고 있다. 이런 사람이야말로 특별한 형질의 성품을 가진 훌륭한 분이다. 그는 더 이상 이 땅에 없을지라도 그가 남긴 아름다운 발자취는 오래도록 남아 있을 것이다.

지구상에
악한 흔적을 남긴 인간

인간은 세상에 태어났다가 늙으면 반드시 죽기 마련이다. 어떻게 한평생을 살았느냐에 따라 그 사람이 살아온 발자취와 흔적이 그대로 남게 된다. 인간이 한 번 왔다가 가면서 남기는 흔적은 두 가지다. 그 하나는 악한 흔적이고 또 하나는 선한 흔적이다. 악한 흔적은 어떤 것일까?

임진왜란 때 도요토미 히데요시는 전리품으로 조선인의 코와 귀 15만 개를 베어 올 것을 명령했다. 그들은 닥치는 대로 사람들을 학살하고 코와 귀를 베어 간 뒤 일본 경도 서쪽에 귀 무덤을 만들어 놓았다. 이 얼마나 경천동지할 악한 행동의 발자취인가?

히틀러는 제2차세계대전을 일으켜서 유대인 말살 정책을 펼쳤다. 그로 인해서 600만 명이라는 어마어마한 수의 유대인이 학살당한 것은 인류 역사상 가장 비극적인 흔적인 동시에 악한 발자취로 남아 있다. 빈 라덴은 산유국인 아랍 국가의 재정 지원을 받아 수천 명의 자폭 테러리스트를 훈련시켜 각 나라 도처마다 보내서 테러를 자행함으로써 무수히 많은 사람들을 희생시켰다. 근자에는 미국의 가장 경제적 노른자인 세계무역센터 쌍둥이 빌딩을 폭파시킴으로써 수천 명의 죄 없는 시민들이 목숨을 잃었을 뿐만 아니라 세계

경제를 불안하게 하였다.

　나폴레옹이나 카다피 같은 사람도 많은 사람을 죽인 악한 자들에 속한다고 볼 수 있다. 그러기에 그들의 말로는 비참하였다. 빈 라덴은 총에 맞아 죽었고 카다피도 하수구에서 총탄에 쓰러졌다.

　악한 발자취를 남긴 사람들은 성서에도 존재한다. 헤롯 왕은 예수가 탄생할 때부터 죽이려고 음모를 꾸몄고, 죄 없는 세례 요한을 잡아 옥에 가두었다. 헤롯의 생일날 헤로디아의 딸이 춤을 추며 왕을 기쁘게 하자 "원하는 것이 무엇인지 말하면 그대로 해 주겠다."고 약속을 하였고, 그 딸은 "세례 요한의 머리를 잘라 소반에 담아 달라."고 요청하였다. 그는 신하를 시켜 옥에 있는 요한의 목을 베어 소반에 담아다가 그 딸에게 주었다. 얼마나 끔찍하고 비인간적인 악한 행동인가? 그리스도의 제자 가룟 유다는 은 삼십에 예수를 적들에게 팔았다. 이들은 지구상에 악한 흔적을 남긴 자들이다. 그들 역시 모두 비참하게 죽었다. 헤롯은 벌레에게 먹혀 죽었고, 가룟 유다는 자살로 그 생을 마감한다.

　지혜의 왕 솔로몬은 "악인은 자기의 악에 걸리며 그 죄의 줄에 매이나니"라고 하였다. 그리고 "악한 자는 악으로 인하여 넘어진다."고 하였다. 다윗은 "악인의 길은 망한다."고 하였다. 그런 까닭에 악인의 말로는 비참하다.

　기독교인이라고 해서 모두가 변화되고 선한 것은 아니다. 어떤 면에서는 비기독교인들보다 고차원적인 악한 행위를 하는 사람도 있다.

　선한 사람은 인자와 진리가 있으며, 선한 지혜를 가진 자는 모든 사람에게 은혜를 베푼다고 하였다. 한평생을 살아가면서 악한 흔적을 남기고 갈 것인가, 선한 흔적을 남길 것인가? 우리가 살아온 발자취와 흔적을 '어떻게' 남길 것인가는 우리의 중요한 과제이다.

세상에서
가장 부끄러운 인생과
멋진 인생

　　세상에서 가장 부끄러운 인생은 인간답지 못하게 사는 삶이다. 하나님의 축복을 받아 모든 것을 충분히 갖추었음에도 불구하고 가난한 이웃과 사회 공적인 일을 위해 보람되게 살지 못하는 사람의 인생은 정말 부끄러운 인생이다. 그러나 반대로 세상을 위해 공헌하고 세상을 바꿔놓은 삶을 사는 인생은 멋진 인생이라 정의하고 싶다. 나는 두 종류의 인생, 즉 부끄러운 인생과 멋진 인생에 대해 조명해 보고자 한다.

　　먼저 내가 만나 보았던 사람 중 부끄러운 인생을 살았던 한 사람을 언급하려고 한다. 일본 동경에 100년 가까이 된 한인 교회에 어떤 여집사가 있었다. 그녀는 수천억 원대의 자산을 소유하고 있었다. 그러나 열심히 재물을 모으는 일에만 몰두하여 본인을 위해 먹지도 입지도 쓰지도 않고, 교회와 불우한 이웃들을 위해 헌금도 하지 않으며 살았다. 그러던 어느 여름, 그녀는 홀로 사는 아파트에서 쓸쓸히 세상을 떠났다. 목사님과 교인들이 그녀의 소식이 끊어진 것을 이상하게 여겨 경찰을 대동하여 집을 열고 들어갔을 때에는 이미 그녀의 시신이 부패하여 악취가 났다.

　　장례식을 치르고 얼마 후 어느 수단 좋은 성직자가 그녀의 재산을 모두 빼

돌려 미국으로 가져갔다는 소식을 접했는데, 현재까지 그를 누리며 잘살고 있다고 한다. 만약 그녀가 자신이 받은 축복을 어려운 학생들의 장학금이나 시각장애인들의 개안 수술비 등 누군가를 위해 자선하는 데 나눠 주며 살았다면 얼마나 아름답고 훌륭했을까 안타까운 마음을 갖게 된다.

이와 반대로 멋진 인생을 살았던 훌륭한 인물이 있다. 바로 미국의 산업자본가로 '철강왕'이란 별칭을 갖고 있는 카네기이다. 카네기는 가난한 농부의 가정에서 태어났다. 그는 너무나도 빈곤하였기에 초등학교 교육도 제대로 받지 못하였다. 가장 밑바닥에서부터 인생을 시작하여 방직공장에서 실을 감는 직공, 우편배달부, 전신기술자로 일하였다. 그는 신실한 신앙인으로 부지런한 아침형 인간이었고, 일인자가 되겠다는 포부와 철학을 가지고 모든 일에 최선을 다하는 사람이었다.

그러던 그가 적은 사업자금을 가지고 철강 사업을 시작했다. 모든 일에 성실과 신의, 자신감을 가지고 임하였고, 인생의 승리는 자신감에서부터 나오기 때문에 자신감을 가질 때 힘이 생긴다는 경영 마인드를 가지고 회사를 운영해 나갔다. 그의 열성과 정직은 점차 세인들의 인정을 받게 되었다. 마침내 그는 사업에 성공하였고 세상에서 가장 위대한 업적을 남긴 인물이 되었다. 그는 미국 전역에 2,500개가 넘는 공공도서관을 세웠으며, 생물학과 물리학의 연구를 장려하기 위해 워싱턴에 카네기 연구소를 설립하였다. 또한 교육과 세계 평화를 위한 카네기재단(카네기협회, 카네기교육진흥재단, 카네기국제평화기금)도 세웠다. 뉴욕 최대 연주회장인 카네기홀과 뉴욕공립도서관, 카네기멜론대학 등은 모두 카네기의 자선기금을 바탕으로 설립된 곳들이다. 이처럼 그는 재산의 대부분을 사회의 이익을 위해 헌납하였다.

카네기는 강조한 바가 있다. "재산을 많이 남기고 죽는 사람처럼 부끄러운 사람은 없으며, 자식에게 재산을 물려주는 사람처럼 어리석은 사람은 없다."

우리나라 교계에 자녀에게 재산을 남기지 않기에 앞장섰던 사람이 있었다. 나는 그와 더불어 몇몇 교계 신문기자들과 인터뷰를 한 적이 있다. 어떤 기자가 그에게 "재산을 정말 자녀에게 하나도 주지 않았습니까?" 하고 묻자 확실히 대답을 하지 않고 구렁이 담 넘어가듯 하는 것이다. 알고 보니 그는 이미 자녀에게 재산을 나누어 주었기에 대답을 할 수 없었다.

카네기는 벌어 놓은 재산을 보람 있게 쓴 기업인이었다. 사람이 돈을 잘 버는 것도 중요하지만 보람 있게 사용할 줄 아는 것도 매우 중요하다. 역사상 카네기처럼 진정으로 가치 있고 멋진 인생을 산 위대한 인물은 드물다. 그는 참으로 놀라운 위인이자 세상을 위한 공헌에 앞장서 세계 인류를 위해 큰 기여를 하였으며, 진정으로 가치 있는 멋진 인생을 산 인물이다.

나의 주변에도 카네기처럼 멋진 인생을 살고 있는 한 사람이 있다. 바로 나와 함께 교편을 잡던 황인복 교수이다. 그는 아픔과 가난을 믿음으로 극복하고, 최고의 학벌을 거쳐 유학하고 귀국하여 전주에 있는 신학교에서 오랜 시일 동안 후학을 길러 내었다. 그는 몇 십 년 동안 자신의 월급 3분의 1 이상을 가난한 학생들의 장학금으로 후원하였다. 오른손이 한 일을 왼손은 모르게 조용히 기부하였다. 나는 그의 선한 마음에 감동받아 사례비를 비롯하여 내가 받은 월급 중 상당 부분을 장학금으로 바쳤다. 나는 황 교수를 가리켜 천사라 부른다. 너무도 선하고 아름다운 분이 아닐 수 없다. 하나님께 받은 축복을 더 큰 축복으로 만들 줄 아는 인생, 그런 멋진 인생이 되어야 한다.

"중한 변리로 자기 재산을 많아지게 하는 것은 가난한 사람 불쌍히 여기는 자를 위하여 그 재산을 저축하는 것이니라."

착취형의 인생, 기쁨을 주는 인생, 헌신하는 인생

이 세상에서 살아가는 사람들은 각기 다른 형태와 방식으로 살아가고 있다. 인간은 어떠한 형태와 방식으로 살아갈까? 나는 몇 가지 삶의 형태와 방식을 비교하며 올바른 인생관을 제시하고 싶다.

먼저 살펴볼 인생관은 '거미'이다. 거미의 모습은 보기 흉하고 볼품없으며 소름이 끼치고 무섭고 끔찍하게 느껴져 관심과 사랑을 주기 어렵다. 그런 까닭에 거미를 좋아하는 사람은 많지 않으며, 만일 있다면 그 사람은 독특한 사람이다. 언젠가 "세상에 이런 일이"라는 TV 프로그램에 각종 파충류와 함께 생활하는 여성이 출연하였다. 그녀는 독특한 생활습관과 세계관을 갖고 있었다.

거미는 모습뿐만 아니라 그 삶의 형태가 음흉하고 이기적인 곤충이다. 이곳저곳에 줄을 쳐놓고 벌레나 곤충들이 잡히기를 가만히 기다리다 걸리기만 하면 먹잇감으로 만드는 살인적인 곤충이다. 한번 걸리면 움직일수록 더욱 조이게 만드는 덫을 쳐놓고 다른 곤충을 희생시키며 살아가는 불로소득형의 곤충이다. 거미의 함정에 걸리면 여지없이 죽는다. 거미는 노동하지 않고 양식을 얻는 시커먼 도둑의 마음을 가진 곤충이다. 거미는 흉계와 악의, 나태와 게으름의 삶의 형태를 지닌 '착취형'의 곤충이다.

　우리가 살아가는 현실에도 거미와 같은 인간이 존재한다. 일을 적게 하고 큰 이득을 보려 하며, 나라를 시끄럽게 하고, 사회에 악의 씨를 뿌리는 파괴주의자가 수없이 존재한다. 일하기 싫어하고 땀 흘리기 싫어하는 인간들 때문에 사회가 더럽혀지고 어지러워지는 경우가 허다하다. 거미와 같은 착취형 삶의 방식으로 인생을 살면 그 결과는 악으로 인한 파괴와 불행뿐이다. 정직과 진실의 철학을 갖고 근면, 성실하게 살아간다면 이 사회는 잘사는 나라가 될 것이다.

　반대로 모든 사람들에게 기쁨을 주는 동물이 있다. 바로 '새'들이다. 새는 새벽 4시 반만 되면 잠에서 깨어나 오고 가는 사람들에게 아름다운 노래로 기쁨을 주고 즐거움을 안겨 준다. 이른 새벽 새소리를 들으면 너무도 기쁘고 즐거움이 절로 든다. 나는 여러 해 동안 몇 마리의 새를 길렀다. 새들도 주인을 알아보는 듯 낯선 사람이 다가오면 무섭게 지저귀다가 주인이 오면 아름다운 소리를 낸다. 새들이 대가를 바라지 않고 아름다운 소리로 기쁨과 행복을 주는 것처럼 인간도 다른 이에게 대가 없는 기쁨을 안겨 주며 살았으면 한다.

　그리고 나는 인생을 '개미'의 방식으로 살았으면 한다. 개미도 새들처럼 부지런하고 근면 성실한 곤충이다. 여름 내내 떼를 지어 이리저리 다니며 부지런히 겨울 식량을 저축한다. 개미처럼 근면 성실하게 살아 내일을 행복으로 이끌어 가는 인생이 되었으면 한다. 한 달 내내 땀 흘려 일하여 받은 월급을 도박으로 하루저녁에 날려 버리는 인간들은 개미만도 못한 인간들이다. 개미에게 근면성과 저축성을 배워 미래를 창조적으로 살아갔으면 한다.

　마지막으로 '꿀벌'처럼 인생을 살라고 권면하고 싶다. 꿀벌은 나도 살고 타인도 살리는 놀라운 덕을 지닌 곤충이다. 꿀벌은 여기저기 꽃을 찾아다니며 부지런히 꽃가루를 수집하여 꿀벌 자신도 살고 달콤한 꿀을 만들어 사람에게 헌신 봉사한다. 꿀벌은 협동정신과 봉사정신과 희생정신이 강하며, 벌꿀은 만병통치의 역할을 하여 인간의 생명을 연장시키는 훌륭한 음식이다.

꿀벌은 근면, 성실, 협동, 그리고 헌신의 스승이기도 하다. 우리가 꿀벌의 성실과 근면의 철학을 배웠으면 한다. 꿀벌의 나도 살고 남도 살리는 철학은 너무도 훌륭하다. 어떤 철인은 말하기를 "꿀벌은 자연의 성자이고 협동의 대업을 이루는 위대성을 지닌 곤충"이라 하였다.

가장 바람직한 인생관은 다른 사람을 이롭게 하는 덕을 쌓는 것이다. 덕은 인생의 높은 차원인 동시에 지상의 행복을 만들어 가는 삶의 바탕이다. 만물의 영장인 인간이 덕을 실천하는 말 못하는 꿀벌보다 못해서야 되겠는가?

예수 그리스도의 복음의 핵심은 나도 살고 남도 살리는 사랑에 있으며, 그 사랑의 실천이 바로 선교이다. 나 아닌 다른 사람을 위해 진정으로 나의 열정과 사랑을 바쳐 희생하며 남을 살리는 선교 말이다.

이상적인 지성인

지성인이란 학식과 덕, 그리고 성실함과 용기를 온전히 갖춘 사람을 말한다. 진실과 허위를 가려내는 능력을 갖춘다면 그 누구나 지성인이 될 수 있다. 지성인의 특징은 옳은 것은 옳다고 하고 틀린 것은 틀리다고 가려내는 힘을 갖춘 인품에 있다. 다시 말하면 지성인은 진리와 비진리를 구별하여 정의가 아닌 것을 비판하고 거기에 도전하는 능력을 갖춘 사람이다.

고대 희랍 철학자 소크라테스는 그릇된 진실과 허위에 강하게 도전하고 정의를 끝까지 관철한 현자였다. 그는 진리와 정의를 위해서 BC 399년에 아테네 감옥에서 독배를 마셨다.

소크라테스는 말한다.

"인생은 사는 것이 중요한 것이 아니라 바로 사는 것이 중요하다. 그리고 인생을 어떻게 사느냐가 중요하다. 인생을 얼마나 사느냐가 중요한 것이 아니라 얼마나 바로 사느냐가 중요하다!"

참된 삶은 보람 있게 사는 것이고, 선한 삶은 아름답게 사는 것이며, 이상을 추구하는 삶은 가치를 창조하는 것이며, 선한 업적을 남기는 삶은 인생을 축하하는 의미의 삶이다.

그런 까닭에 지성인이 인간답게 사는 것이 지성인의 삶의 목표이고, 나 자신을 항상 들여다보면서 반성하고 언제나 진리와 정의감을 가지고 인생을 이끌어 가는 삶이 지성인이 지녀야 할 덕목이다. 성실과 덕이 없는 지성인은 쭉정이 인생에 불과할 것이다.

높은 가치관을 지녀서 꾸준하게 창조와 건설, 그리고 생산과 개척을 해 나가는 것이 지성인이 갖춰야 할 성실한 자세이다.

철인들은 젊은 지성인들을 향해서 소크라테스적 지성과 파우스트적 지성을 지니라고 강조했다. 소크라테스적 지성이 한마디로 정의와 성실과 덕의 철학이라면, 파우스트적 지성은 창조와 생산하는 지성으로, 말보다는 행동으로 옮기는 실천을 강조하고 있다. 인간이 세상에 태어나서 향락과 권력과 금전만을 추구한다면 끝에 가서 남는 것은 허무뿐이다. 그러므로 인생을 먹고 마시고 노는 향락의 주체로 전락하게 해서는 아니될 것이다.

실존철학자 키르케고르는 "인생의 향락은 공허와 허무감뿐이다."라고 말하였다. 그런 까닭에 인생은 진리를 추구하면서 일하고 생산하고 창조하고 개척하여서 세상의 소금이 되는 삶을 살아갈 때 보람이 있을 것이다.

성서는 소크라테스의 사상과 같이 "오직 너희 말은 옳다 옳다, 아니라 아니라 하라 이에서 지나는 것은 악으로 좇아 나느니라"고 말하였다. 야고보도 인생을 향해서 "행함이 없는 믿음은 그 자체가 죽은 것이라"고 말하였다.

그러므로 지성인이 끝없이 학문을 연구하고 수련과 실천을 통하여 인류 사회에 공헌하려는 존재자로서의 자세로 삶을 살 때 비로소 참된 지성인의 소임을 감당할 수 있다.

나는 양심의 소리를
듣고 있는가?

　임마누엘 칸트는 "인간에게 있어서 양심은 최고의 빛이자 스승이요 바른 곳으로 인도하는 등불"이라고 강조하며 "인간의 양심은 내면의 법정이다."라고 하였다.
　인간의 양심은 마음속의 준엄한 재판소다. 양심은 인간이 옳지 못한 일을 저질렀을 때 엄격한 재판관이 되어 인간을 내적 법정에 불러내 잘못된 삶과 행동을 진실하게 고백하게 하여 다시는 죄를 범하지 않도록 경고한다. 그러면 인간은 양심의 소리에 가책을 느끼고 깊은 반성을 하며 바르게 살겠다는 선한 맹세를 한다.
　어떤 철인은 "인간의 양심은 하나님의 음성"이라 하였다. 양심은 무엇이 옳고 그른지 깨우치게 하여 인간이 선하고 바르게 살도록 명령하는 동시에 부정을 몰아내고 도덕적 의식 속에서 살도록 한다. 또한 어두운 죄인의 길과 밝은 의인의 길이 있을 때 두 갈래의 길 중 바른길로 인도하는 나침반의 역할을 한다. 양심은 세상의 어두운 구석을 밝게 비추는 태양과도 같다.
　오늘날 많은 이들은 양심이 메말라 있다. 양심이 결여된 시대에 살아가고 있는 우리들은 어떻게 양심을 지키며 바른 삶을 살아야 할까? 우리는 인생을 살아가면서 양심이 마비되고 흐려져 짐승처럼 양심이 없는 인간들을 만날 수 있다. 그로 인해 수없는 고뇌의 시간과 고통을 느꼈을 것이다.

인간은 양심이 있어야 하고 그 양심의 소리에 귀를 기울여 양심의 소리를 들을 수 있어야 한다. 프랑스의 문학자 빅토르 위고는 「레미제라블」이란 그의 문학작품을 통해 "바다보다 넓고 하늘보다 웅장한 광경이 있는데 그것이 바로 인간의 양심이다."라고 하였고, 오스트리아의 정신분석학자 지그문트 프로이트는 "삶의 올바른 감시자는 양심이다."라고 하였다. 세상에는 두 개의 법정이 있는데, 하나는 세상에 있는 지식에 의한 법정이고 다른 하나는 인간의 가슴속에 있는 양심의 법정이다. 인간이 죄를 범하면 인간의 가슴속에 있는 양심이 인간을 내면의 법정으로 불러내어 바르게 살도록 권고하며 채찍질한다. 만일 양심이라는 감시자가 없다면 인간사회는 부정부패로 가득 채워져 추잡한 짐승의 세계로 떨어질 것이고, 혼돈과 파멸의 비극 속으로 빠져 버릴 것이다. 그런 까닭에 양심은 그 무엇으로도 살 수 없는 귀중한 보배이자 선한 삶을 살도록 하는 무기이다. 인간은 양심을 소유하고 있기에 만물의 영장이다.

성경에서 바울은 탄식한다.

"내가 원하는 바 선은 하지 아니하고 도리어 원치 아니하는 바 악은 행하는도다 만일 내가 원치 아니하는 그것을 하면 이를 행하는 자는 내가 아니요 내 속에 거하는 죄니라 그러므로 내가 한 법을 깨달았노니 곧 선을 행하기 원하는 나에게 악이 함께 있는 것이로다 내 속사람으로는 하나님의 법을 즐거워하되 내 지체 속에서 한 다른 법이 내 마음의 법과 싸워 내 지체 속에 있는 죄의 법 아래로 나를 사로잡아 오는 것을 보는도다 오호라 나는 곤고한 사람이로다 이 사망의 몸에서 누가 나를 건져 내랴 우리 주 예수 그리스도로 말미암아 하나님께 감사하리로다 그런즉 내 자신이 마음으로는 하나님의 법을, 육신으로는 죄의 법을 섬기노라."

인간은 선한 양심과 거짓이 없는 믿음으로 살아야 한다. 양심에는 강한 빛의 힘이 있고 생명력이 있고 권위가 있다. 그런 까닭에 성서의 진리대로 가슴속 양심의 소리에 귀 기울이며 살아갔으면 한다.

앞 못 보는 이들에게 실망을 안겨 준 진풍경

　인간이 만물의 영장인 이유는 양심과 이성이 있기 때문이다. 하늘에는 천리가 있고 땅에는 지리가 있다. 물건에는 물리가 있고 물에는 수리가 있고 사물에는 사리가 있다. 약에는 약리가 있고 법에는 법리가 있는 동시에 인간의 몸에는 생리가 있다. 그리고 인간의 마음에는 심리가 있고 양심이 있다. 학문에는 학리가 있고 도덕에는 도리가 있다. 이와 같은 것을 바로 아는 힘이 양심과 지성이다.

　나는 이 글에서 인간의 양심에 대해 언급해 보고자 한다. 양심은 인간의 밝은 도덕적 판단이며 선과 악, 의로움과 불의, 정의와 부정을 올바르게 판단할 수 있도록 지시한다. 그래서 독일의 철학자 칸트는 "인간의 양심은 인간의 내적 법정"이라고 하였다. 인간의 마음속에 있는 재판소가 곧 양심이란 의미다. 인간의 선악과 정의를 공정한 판결에 따라서 적절하게 처벌하는 곳이 재판소다. 곧 양심이 인간 내부에서 세상 재판소가 하는 기능을 한다. 인간의 존재는 양심을 소유하기에 위대하며, 이것이 만물의 영장인 이유이다.

　그런데 이 세상에는 양심의 소리를 듣지 못하고 가책을 느끼지도 못하고 뻔뻔스럽게 사기 치고 살아가는 사람들이 참 많다. 나는 있을 수도 없고 웃지 못할 실제의 사건을 피력하고자 한다.

　수년 전에 시각장애인들을 위한 교회를 설립하고 몇 년간을 모 씨와 동역하다가 서로간의 불편함이 있어서 그에게 양보하고 총회로 자리를 옮겼다. 당시에 맹인교회는 ○○교회의 고등부실을 빌려 예배를 드렸으나, 내가 맹인교회와 관련을 끊었기 때문에 ○○교회는 더 이상 고등부실을 빌려 주지 않겠다며 맹인교회에게 다른 곳으로 예배 장소를 옮기라고 지시하였다. 할 수 없이 맹인교회는 회현동의 시범아파트로 교회를 이전하였다. 예배드리는 바로 옆이 화장실이어서 악취와 구더기, 파리가 들끓는 열악한 환경이었다. 그럼에도 불구하고 시각장애인들은 먼 거리를 마다하지 않고 매주일 하나님께 예배를 드리고 신앙으로 살기 위해 교회 출석을 열정적으로 하였다.

　나와 동역하던 모 씨는 그의 힘으로 교회를 건축해 보려고 모든 힘을 기울였으나 뜻대로 이루어지지 않았다. 그는 교회를 건축하기 위해 큰 교회의 목사님들을 교회에 초청하여 주일 설교를 부탁하고 극진한 대접을 했다. 초대받아 오는 사람마다 대중 앞에서 자신감 있게 하나같이 앞 못 보는 시각장애인들을 위해 교회 건축을 기꺼이 돕겠다며 약속하였다. 시각장애인들은 그 말을 믿고 새로 건축될 예배당에서 예배를 드릴 생각으로 희망에 부풀었다. 그러나 유감스럽게도 초청받아 왔던 목사들이 과장과 허풍을 늘어놓고 돌아간 후에는 아무런 소식이 없었다.

　그러기를 매해 거듭하던 어느 날, 뉴욕의 모 여사가 재력이 있는 KP목사라는 사람이 한국을 나가니 시각장애인들을 총동원하여 새벽에 나와 그를 환영하고 잘 모시면 한국 시각장애인들의 선교와 복지에 큰 성과를 이룰 것이라 하였다. 그 지시를 받은 모 씨는 K장로와 더불어 KP를 맞이하기 위해 준비하였다. 버스 몇 대를 임대하여 이른 새벽부터 한복을 입은 여성 시각장애인들과 손에 태극기를 든 남성 시각장애인들을 모았다. 그리고, 뉴욕에서 출발하여 앵커리지를 거쳐 김포공항으로 도착하는 비행기를 타고 오는 그를 맞이하기 위해 공항에 나갔다. 시각장애인들은 밤새도록 안마를 하였기에 피곤한 몸이었지만 시각장애인 교회를 건축한다는 희망 때문에 기꺼이 그를 맞으러 나갔다. 그러나 아무리 기다려도 KP는 나오지 않았다. KP 비슷한 사람이 나오기에 "KP목사 만세!" 하니 그는 아니라고 대답했다. 결국 이른 새벽부터 잠도 못 자고 준비하여 환영을 나왔던 몇 십 명의 시각장애인들은 허탈감을 안고 돌아갔다.

　2~3일 지난 후에 모 여사로부터 다시 연락이 왔다. KP가 이번에는 분명히 한국에 나오니 극진히 대접하라는 것이었다. 그 지시를 받고 허탈감으로 발걸음을 돌렸던 2~3일 전과 똑같이 몇 십 명의 시각장애인들을 김포공항으로 소집하여 한복을 입고 태극기를 들고 만세를 부르며 그를 맞이하였다. 그리고는 그를 호텔에 투숙시켜 시각장애인들이 번갈아 가면서 안마를 비롯한 극진한 대접을 하였다. KP는 주일 설교를 하면서 교회를 건축해 주겠다고 자신 있게 약속하였다. 설교 사례금도 다른 강사들에 비해 더 많이 지급하였다. 그러나 그가 돌아간 후에 그로부터 몇 년이 지나도 아무런 소식이 없었다. 아무리 찾아봐도 KP의 연락처를 아는 사람은 없었다. KP가 건축해 주겠다고 한 것은 거짓말이었으며 사기를 친 것이었다. 시각장애인들은 실망과 절망으로 낙심되고 지쳐 갔다.

　그 후 몇 년이 지나 사실 KP는 설교할 당시 목사가 아니었음이 밝혀졌다. 그는 시각장애인 교회 설교 후 한국 어느 구석에 숨어 신학을 공부하고 있었다. 시각장애인 관계자들이 그를 만났을 때에도 과거 그가 약속한 바에 대해 미안하다는 말 한마디 없이 뻔뻔하였다. 그는 아무런 재력도 없는 건달과 같은 사람이었다. KP는 그 후에 다시 미국으로 돌아가 작은 교회를 시무하다가 교인 수대로 교회를 팔아먹고 다른 지역에 옮겨 가 또 어디선가 설교를 하고 있다고 한다.

　자칭 목사, KP의 행위는 하나님과 시각장애인 성도들 앞에 텅 빈 허위성

공약을 한 것이며, 황당하고 비양심의 극치인 비극적 사건이었다. 나는 이미 KP가 사기꾼이란 것을 진작부터 알고 있었기에 그를 믿지 말라고 K장로와 모 씨에게 권고하였다. 그러나 K장로와 모 씨는 속지 말라는 나의 충고를 거절하여 시각장애인들에게 더 큰 고통과 실망을 안겨 주었다. 밤새도록 안마해 주고 사기극에 놀아난 순박한 시각장애인들을 생각하면 마음 아프기가 한이 없었다. 신앙인이라는 사람이 시각장애인들에게 사기를 쳐 고통을 주고도 그 후에 어떻게 성직자가 되었을까 하는 의문이 든다.

인간에게는 새처럼 하늘을 높이 나는 힘이 없다. 물고기처럼 넓은 태평양을 마음껏 헤엄치는 힘도 없다. 말처럼 사람을 태우고 달리는 힘도 없으며, 호랑이처럼 무섭고 날카로운 이빨도 없다. 사자처럼 힘도 없고 무서운 발톱도 없다. 황소처럼 강하지도 않다. 코끼리처럼 억세지도 않다. 그러나 사람에게는 이보다 더욱 강한 힘이 있다. 그것은 양심의 힘이며 신의와 의리의 힘이다. 시각장애인들의 약점을 이용하여 출세하고 잘 먹고 잘사는 육체적 기능이 멀쩡한 사람들이 세상에는 의외로 많다. 한때는 너도나도 시각장애인들을 돕겠다고 유령단체를 만들어 시각장애인들을 혼란스럽게 하고 분열을 일으키려는 싸움을 만드는 일이 적지 않게 있었다. 그러나 오늘날 그들은 아무런 자취도 남기지 않고 사라져 사막을 지나는 바람처럼 허풍만 남겼다.

시각장애인들의 약점을 악용하여 자신의 이득을 취하는 인간은 양심의 재판소가 없는 짐승과 다를 바 없다. 인간의 가장 고귀한 것은 이성적 판단을 할 수 있는 양심의 선이다. 인간의 가슴속에서는 선한 양심의 불이 타올라야 한다. 그리고 양심이 마음속에서 태양처럼 빛나야 한다. 이러한 사람이 바로 진정한 신앙인이고 만물의 영장이 되는 원리이다.

앞서 이야기한 사건의 사명은 결국 나에게로 돌아왔다. K장로는 나에게 새벽마다 전화를 걸어 모 씨와 화해하고 마음을 합하여 교회를 건축해 달라고 간곡히 애원하였다. 그래서 나는 시각장애인들의 신앙과 공익을 위해 하나님께 기도하고 영락교회에 건축에 도움을 줄 것을 요청하였다. 영락교회에서 나의 청원을 거절하지 않고 기꺼이 도와줌으로써 시각장애인 교회가 이 땅에 세워지는 역사가 일어났다. 하늘의 희망의 금자탑인 교회가 건축되어 하나님께 바쳐졌다. 지금도 그 교회는 대한예수교장로회 소속 교회로 전국시각장애인계의 신앙적 태양의 역할을 하고 있다. 나는 영락교회에서 베풀어 주신 은혜를 잊을 수 없으며, 그 사랑을 내 가슴속에 심어 놓고 늘 감사한 마음이 한이 없다.

인간은
양심의 소리를 들어야 한다

동물과 인간의 차이는 무엇일까? 동물은 양심도 이성도 없다. 그러나 인간은 양심이 있기 때문에 만물의 영장이고 지구상의 주인이며 문명의 주체이고 건설자이고 역사의 주인이다.

그러면 도대체 인간에게 있는 양심이란 무엇인가? 양심은 진실이고 정직이고 올바른 도덕적 판단력이다. 양심은 선과 악, 부정과 정의를 가려내는 힘이다. 칸트는 말하기를 "인간에게 있는 양심은 인간의 내적 법정인 동시에 인간의 내적 재판장이다. 내가 악을 행하였을 때 나를 법정으로 불러내서 책망하고 심판하고 올바른 길로 인도해 주는 정의의 길잡이가 양심이다."라고 하였다.

올바른 양심을 가지고 사는 사람이라면 남을 속이는 일은 할 수 없을 것이다. 양심은 말없이 나를 바른길로 인도하는 엄숙한 빛이기 때문이다. 한평생을 살면서 단 한 번도 잘못을 저지르지 않고 사는 사람은 없다. 그러나 자그마한 잘못이라도 했을 때 우리의 마음속 깊은 곳에서는 소리가 들려온다. 양심에서 들려오는 진실의 소리와 더불어 하나님께로부터 들려오는 깨끗한 소리, 선한 소리를 들어야 한다.

우리가 사는 이 시대는 양심의 소리가 땅속 깊이 묻혀 버린 시대이다. 나는 양심이 마비된 채 사는 사람들을 수없이 경험하였다.

여러 해 전에 어느 선교부로부터 기증받은 대지에 연합 건물을 짓게 되었다고 투자자를 모집한 적이 있었다. 나는 관심 있게 살펴보다가 쉬운 일은 아니었지만 과감하게 투자하기로 결심하고 계약을 했다. 건축비가 평당 220만 원이었다. 그런데 2~3개월이 지나니 220만 원에서 250만 원으로 뛰는 것이었다. 그리고 얼마 후 또다시 250만 원에서 270만 원으로 바뀌었다. 건물이 완공되어 헌당식을 올릴 즈음에는 301만 원까지 뛰었다. 건축위원회가 모일 때마다 위원들에게 과다회비를 요구하고, 회비 외에 식대 등도 요구하였다. 나는 이 문제에 대해서 줄기차게 저항했다. 그러나 동조해 주는 사람은 몇 사람에 불과했다.

더욱 놀라운 것은, 건물이 완공된 지 10년이 지난 후 또다시 평당 340만 원이 들었다며 차액을 각 기관에 나눠 주는 배당금에서 제하겠다는 것이었다. 너무 분개한 나머지 나는 바로 잡아야겠다는 굳은 각오를 하고 건물 관계자들에게 강력한 항의를 하였다. 내가 그들의 부당성을 매스컴을 통해 널리 알리겠다고 하자, 그들은 그제야 없던 것으로 하겠다는 것이었다. 어디 그뿐이랴, 내 지분의 건물을 가지고 내가 쓰는데도 불구하고 쓰는 사람에 한해서는 쓰는 평수만큼 임대료를 받아 가는 것이다. 충실하게 건축을 했다면 그나마도 분통이 덜할 터인데 부실공사투성이였다. 엘리베이터는 제일 싼 것으로 설치되었다. 건축한 지 얼마 되지 않아 건물은 균열이 생기고 비가 새기 시작했다. 거기에 관계되었던 사람들은 모두 다 한몫씩 챙겨서 어떤 사람은 2~3층의 개인집을 지은 사람도 있다고 한다.

나는 사람들이 양심을 통해 들려오는 하나님의 소리를 들었으면 한다. 선한 양심으로 돌아가서 준엄한 하늘의 소리를 들을 수 있는 밝은 양심을 가졌으면 한다.

인간의 양심은 밝은 태양과도 같아서 내면의 어둠을 비춰 준다. 또한 인간의 양심은 신호등과도 같아서 멈추어야 할 때 적신호를 켜 위기 신호를 보내 준다.

희랍 철학자 소크라테스는 "인간의 가슴속 깊은 데서 들려오는 신비스러운 생명의 소리를 들어라!"라고 외쳤다. 양심은 인간을 바르게 인도하는 등불이고, 햇빛이며 달빛이다. 양심이 있기 때문에 인간은 존귀한 존재이고 인격적인 존재가 되는 것이다. 우리 모두 불의와 죄와 부정을 뛰어넘어 선한 행동으로 인도하는 양심의 소리를 들으면서 살아가자.

인간의
       가장 고귀한 재산

인간에게 있어서 가장 고귀한 재산은 무엇일까?

이 지구상에 사는 모든 사람에게 이 질문을 던진다면 아마도 99%는 돈이라고 대답할 것이다. 생활하는 데 있어 돈은 반드시 있어야 하고 없어서는 안 되며 삶에 절대적으로 필요한 것이다. 그러나 나에게 가장 가치 있는 최고의 재산이 무엇인지 묻는다면 나는 다음과 같이 대답할 것이다.

첫째, 인생을 살아가는 데 최고의 재산은 '건강'이다.

건강을 잃으면 모든 것을 다 잃는 것이다. 왜냐하면 내가 건강해야 사랑도 돈도 명예도 지식도 필요한 것이 되기 때문이다. 건강이 없다면 그 모든 것은 다 아무런 소용이 없다.

몇 년 전에 중동 석유 생산 국가 사장 수십 명이 모인 컨퍼런스가 뉴욕 호텔에서 며칠간 있었다. 그중 어느 나라 석유상이 의사 두 사람을 대동하여 참석했다고 한다. 그는 수시로 혈압과 당뇨를 비롯한 여러 건강 상태를 점검하고 음식도 제대로 먹지 못했다고 한다. 그는 천문학적인 돈의 소유자였다. 과거 선박왕으로 잘 알려진 오나시스도 세계에서 가장 뛰어난 부자 중 하나였지만 그가 죽으면서는 단돈 1달러도 갖고 가지 못했다.

인간에게 있어서 돈은 인생을 살아가는 데 필요한 수단에 불과할 뿐, 최고의 가치나 재산은 아니다. 건강이야말로 그 무엇과도 바꿀 수 없는 재산이다. 건강은 삶의 기초가 되는 뿌리이고 기둥이며 주춧돌이다. 인생은 긴 마라톤이기 때문에 건강이 좋지 않으면 승리자가 될 수 없다. 그러므로 사람은 욕심에서 벗어나 매일매일 현재에 만족하고 정신 관리와 생활 관리를 잘해야 한다.

　내 친구 중 한 사람은 돈을 벌어야 한다고 하면서 미국으로 건너가서 직장을 두 곳이나 다녔다. 두 가지 직업을 가졌던 그는 하루에 16시간을 일하면서 열심히 돈을 모으다가 결국 과로와 과욕으로 인하여 단명하고 말았다. 돈보다도 앞서는 더욱 중요한 재산인 건강을 지키는 것이 인생의 행복이다.

　둘째, 인간에게 최고의 재산은 신의, 즉 '의리'이다.

　하늘나라에 가신 나의 선배 한완석 목사님께서는 나를 비롯하여 어느 누구에게나 선물과 편지를 보낼 때 맨 위 서두에다 '의리'라고 기록하여 보내셨다. 그분은 사람이 신의와 의리를 지키지 않으면 사람이 아니라고 하였다. 사람은 신의와 의리를 지킬 때 살아가는 보람을 느끼게 된다.

　나와 가까운 죽마고우가 있다. 어려운 시절 썩은 강냉이 가루를 뭉쳐서 주식으로 삼으며 살았고, 배고픔과 고생을 참으면서 함께 초등학교를 다닌 친구이다. 그 친구와 함께 부산에서 서울로 올라와 각자 다른 학교에서 서로 가야 할 방향을 따라 따로 공부하게 되었다. 나는 그 친구와 함께 고난의 아픔을 겪었기 때문에 연민의 정을 가지고 도와주었다. 그가 학교를 졸업하고 가장 어려울 때 그의 생활을 많이 도와주며 보다 편한 삶의 길로 이끌어 주었다. 결혼을 비롯하여 삶의 기초를 닦는 데 사심 없이 도와주었다. 그러나 그 친구는 신의는 고사하고 고마움이나 감사함도 없이 모든 일에 부정적인 태도를 보이더니 거기에 그치지 않고 뒤에서 중상모략하며 나에 관해 원수처럼 생각하는 것이었다. 시기심과 경쟁의 희생자처럼 된 것이다. 그 친구의 끝은 그렇게 바람직하지 않았다. 신의와 의리와 좋은 성격을 지니고 살아야 주위로부터 존경과 인정을 받게 된다.

셋째, 인간에게 또 하나 최고의 재산은 '성실'이다.

어떤 철인이 말하기를, 인간의 성실성은 불행한 운명도 행복한 운명으로 바꿔 놓는다고 하였다.

내가 존경하는 어느 회사의 중역이 있다. 그는 초등학교를 중퇴하고 회사 심부름을 하는 사동으로 입사하였다. 그는 이른 아침부터 저녁 늦게까지 있는 힘을 다해 성실하게 그에게 주어진 일에 최선을 다하였다. 그의 성실함을 높이 산 그 회사 사장이 그에게 많은 주식을 주었고, 후에 성실의 대가로 그 회사의 상무를 비롯하여 상임고문이라는 높은 지위를 부여받았다. 그의 성실성이 그의 운명을 바꾼 것이다.

카네기의 후계자 쉬브도 학벌은 없었으나 열정적이고 진실하며 성실했기 때문에 명문 대학 석·박사 출신들을 제치고 카네기의 후계자가 되었다. 이처럼 인생에서 가장 소중한 재산은 성실성이다.

마지막으로 또 하나의 최고의 재산이 무어냐고 묻는다면 신앙과 학문의 '지식'이라고 하겠다.

지혜의 왕 솔로몬은 "여호와를 경외하는 것이 지식의 근본"이라고 하였고, 복음의 사도 바울은 성경을 아는 것이 인간 최고의 재산이라고 하였다. 왜냐하면 성경은 그리스도 안에 있는 믿음으로 말미암아 구원에 이르는 지혜가 있게 하기 때문이다. 하나님을 아는 지식과 세상을 살아가기 위한 학문의 지식을 갖춘 삶은 힘이 있다. 그럴 때 어디서나 쓰임을 받는 존재가 된다.

세상에서 가장 불행한 사람은 그를 필요로 하는 곳이 단 한 군데도 없는 사람이다. 그러나 어디서든 쓰임을 받을 때 사람은 사는 보람과 사는 맛을 느끼게 된다.

과거에는 전력량이 풍부하지 못하여 전깃불이 자주 나가던 시절이 있었다. 교회에서 저녁예배를 드릴 때 전기가 나가면 정상인들은 아무것도 할 수 없다. 하루는 교회에서 예배를 드리고 있는데 역시나 전력량 부족으로 전깃불이 소등되는 것이었다. 불이 나가 캄캄한 중에서도 피아노를 칠 수 있는 사람이 반주를 해 달라고 해서 내가 피아노를 쳤다. 피아노 치는 중에 불이 다시 들어오자 사람들이 나를 쳐다보고는 "참 장하다. 훌륭하다."라는 칭찬을 하면서 격려를 해 주었다.

  인간 최고의 재산은 위에서 열거한 것처럼 건강, 신의, 성실성, 신앙의 지식과 학문의 지식이라 믿는다. 이러한 최고의 고귀한 재산들을 갖추어 필요한 존재, 귀한 존재로 살아가자.

사명적 존재로서의 인간

사람은 이 세상에 다섯 번 탄생한다. 첫 번째 탄생은 어머니로부터의 신체적 탄생이며, 우리는 그날을 생일이라 부른다.

두 번째 탄생은 예수 그리스도를 영접하여 신앙적 거듭남을 얻은 탄생이다. 예수 그리스도를 만나 거듭날 때 구원의 확신을 가지고 인생을 살게 되는 동시에, 하나님의 성품을 닮아 선하고 아름다운 삶을 살아가려는 노력을 하게 된다.

세 번째 탄생은 성장 발달에 따라 초등학교, 중·고등학교, 대학교의 교육 과정을 거치면서 원시적인 비본래적 자아에서 본래적 자아로 발전·성장하는 탄생이다. 이 시기는 무지에서 지성으로 바뀌는 단계이다.

네 번째 탄생은 나의 존재가 더욱 체계화되고 기본적 질서의식 속에서 높은 이상을 추구하게 되는 단계로, 지성적·정신적 자아관이 확립되어 높은 이성을 갖고 사물을 바라보며 깊은 사색을 하는 성숙한 존재가 되는 단계이다. 파스칼은 "인간은 갈대이긴 하지만 그냥 갈대가 아닌 생각하는 갈대"라고 강조했다. 이 말은 인간이 자신의 생애에 대해 진지하게 생각하고 존재의 목적을 분명히 하여 인생을 올바로 살아가고자 하는 존재라는 것이다. 이 제

4의 탄생은 인간이 높은 차원의 자아로 발달하는 단계이다.

그리고 다섯 번째의 탄생이 바로 사명적 존재로의 탄생이다. 인간이 신앙을 갖고 이성과 지성과 올바른 양심의 차원에서 산다면 사명감을 느끼게 된다. 인간은 사명을 위해서 살다가 죽는 사명적 존재라고 할 수 있다. 사명은 인간에게 부조리한 세상, 타락한 세상, 죄악의 세상을 아름다운 세상으로 변화시키도록 요구한다. 사명적 탄생의 존재가 많을 때 세상은 변화된다.

인간은 우연하게 세상에 태어난 것이 아니다. 하나님께서 그 사람의 분수에 맞게 직분과 사명을 주셔서 내보내신 것이다. 그러므로 맡은 일의 크기와 상관없이 열정을 다해 충성하며 사명감을 갖춘 존재로 살아야 한다.

실존주의 철학자 키르케고르는 젊은 시절 그의 일기에서 "내게 주어진 그것만을 위해서 살고 또 그것만을 위해서 죽을 수 있다는 믿음의 신념과 의지를 발견하는 것이 내 생애에 가장 중요한 일이다."라고 하였다. 이 세상이 무너지더라도 내가 꼭 붙들 수 있는 것이 바로 하나님이 우리에게 주신 사명이다. 사명을 위해 죽을 수도 있다는 높은 이상과 신념의 결단이 우리 각자에게 필요하다.

예수 그리스도가 이 세상에 오셔서 가난한 자, 소외된 자, 아픈 자, 불행한 자와 동행하시며 그들에게 구원의 희망과 치유의 삶을 베푸신 것처럼 사명에 사는 사람은 하나님 나라의 선한 일을 위한 심부름꾼으로 살아야 한다. 그리스도인은 복음의 심부름꾼인 동시에, 역사의 심부름꾼이자 나라의 심부름꾼이고, 세계를 향한 심부름꾼이다. 이러한 사명은 하나님께로부터 받은 저마다의 높고 진지한 축복이다.

반기문 UN 사무총장은 세계 평화를 위한 사도로서의 사명을 잘 감당하였기에 어려운 경쟁을 뚫고 재신임을 받았다. 그는 진실과 성실이 넘치는 외교 수단과 언어의 지식으로 사명을 잘 수행하고 있다. 같은 한국인으로서 자랑스러운 일이 아닐 수 없다.

인간은 사명적 존재로서 무수한 고난과 어떠한 유혹에도 흔들리지 않고 용감하게 어려움을 이겨 내는 순교적 정신을 가져야 한다.

사도 바울이 그 자신을 복음의 사명자로 선포할 때 무수한 고난들이 그를 짓눌렀다. 그러나 그는 살든지 죽든지 내 몸에서 그리스도만 존귀케 하겠다고 고백하며, 자신이 사는 이유는 그리스도께 있으니 죽는 것도 유익하다며 사명 앞에 늠름한 태도를 일관적으로 유지하였다.

독립운동가 조만식 선생과 안창호 선생은 자신의 유익이나 명예와 안락을 위해 살지 않고 오직 나라와 민족의 독립을 위해 대한민국 만세를 외치며 전 생애를 바쳤다. 그들의 삶 역시 참을 수 없는 고행과 고난의 연속이었다. 일본 경찰에 체포되어 온몸을 바늘로 찔리고, 마취를 하지 않은 상태에서 치아를 뽑히는 등 잔인하고 끔찍한 고문의 아픔 속에서도 오직 국가와 민족의 독립을 위해 꿋꿋이 견뎌 냈다. 그들의 고난 위에 뿌려진 사명감 덕분에 오늘날의 대한민국이 존재한다.

나는 우리 모두가 자신이 사명적 존재임을 인식하고 역사 앞에서 높은 사명감을 갖추어 삶의 현장에서 충실하게 헌신하며 그것을 위해 생명을 바칠 수 있는 인간이 되었으면 한다. 그럴 때 인간은 진정으로 올바르게 산다고 할 수 있으며 역사 속에 기억될 것이다.

사 명

　　인간으로서 위대한 발자취를 역사에 깊이 남기고 싶은 사람은 확고한 사명감을 가지고 그 사명을 위해 살며 생명을 바쳐야 한다. 동서고금을 통해 이름을 남기고 큰 발자취를 남긴 사람들은 뚜렷한 사명을 가지고 그들의 생애를 산 사람들이다. 그렇다면 사람들이 사명을 자각하고 사명을 받는 계기는 어디에 있을까? 나는 다음과 같이 피력하고 싶다.

　　첫째는 성서를 비롯하여, 위인들의 사고와 삶을 기록한 서적들을 통해 계기를 얻을 수 있다. 가령 4세기의 성자 아우구스티누스는 청년 시절 타락 생활에 빠지기도 하였으나 우연히 성서를 읽던 중 그의 인생이 완전히 다른 삶으로 전환되는 신비를 체험한다. "또한 너희가 이 시기를 알거니와 자다가 깰 때가 벌써 되었으니 이는 이제 우리의 구원이 처음 믿을 때보다 가까왔음이니라 밤이 깊고 낮이 가까왔으니 그러므로 우리가 어두움의 일을 벗고 빛의 갑옷을 입자 낮에와 같이 단정히 행하고 방탕과 술 취하지 말며 음란과 호색하지 말며 쟁투와 시기하지 말고 오직 주 예수 그리스도로 옷 입고 정욕을 위하여 육신의 일을 도모하지 말라"는 말씀에 감동을 받고 변화된 그는 중세기의 위대한 신학자이자 철학자가 되어 한 시대에 획을 긋는 위대한 인물이 되었고, 그의 생을 어려운 사람들을 위해 아름답게 바쳤다. 간디는 힌두교의 경전인 「바가바드기타」라는 책을 읽고 큰 감동을 받아 인도의 정신적 지주이자 위대한 인물이 되었다.

둘째로 만남을 통해 사명을 자각하게 되어 사명의 삶을 살기도 한다.

고대 희랍 철학의 아버지라 불리는 플라톤은 청년 시절 소크라테스를 만난 것이 계기가 되어 철학자의 길로 접어들었다. 본래 그는 정치가가 되려 하였으나 소크라테스의 위대한 사상에 감동받아 철학자가 되기로 결심하였고, 희랍 철학에 없어서는 안 될 역사적인 인물이 되었다.

도산 안창호 선생은 평양에서 청일전쟁의 아픔과 비극을 경험했다. 청일전쟁으로 인해 선량한 사람들이 죄 없이 감옥에서 죽어 가는 모습을 보고 "일본과 청나라의 싸움이면 일본 땅에서 싸우거나 청나라 땅에서 싸우지 왜 조선에서 싸움을 하여 조선 사람들을 죽일까?" 하는 생각이 그의 마음속에 가득 차 있었다. 그는 "우리 조선이 잘살고 전쟁에 시달리지 않으려면 힘을 길러야 한다."고 생각하여 조국의 독립을 위해 그 한 몸을 바쳤다. 그의 사상은 지금도 후손들에게 기억되어 애국심을 일깨워 준다.

사람은 누구를 만나느냐 또는 어떤 사건을 접하느냐에 따라 운명이 좌우되기도 한다.

사울이란 사람은 학자이지만 포악했다. 당시에 가말리엘의 문하에서 공부하였고 율법적으로도 흠이 없는 자였으나 그는 악한 무리를 만들어서 죄 없는 스데반을 돌로 쳐 죽이는 데 앞장섰다. 그러던 어느 날 그의 삶을 전환시키는 역사적 사건이 일어난다. 예수를 믿는 사람을 계속 핍박하고 죽이겠다는 마음을 품고 다메섹으로 향하던 중 바로 그 예수를 만난 것이다. 갑자기 땅에 엎드러지고 눈이 보이지 않는 절박한 상황이 다가올 때 하늘에서 소리가 났다. "사울아, 사울아 네가 어찌 나를 핍박하느냐? 나는 네가 핍박하는 예수다." 하는 음성을 듣고, 살기등등했던 사울은 죄를 회개하고 복음의 사도가 되어 14권의 성서를 기록하였다. 2천 년이 지난 지금까지 사도 바울만큼 그리스도의 복음을 확산시킨 인물은 존재하지 않는다.

어떤 사람은 중병에 걸렸다가 회복된 후 하나님이 살려 주셨다는 것을 자각하고 그리스도 복음의 사도로 생을 바쳤다. 물론 중병에서 회복되었다고 모두 동일한 실천을 하는 것은 아니다. 반대의 경우도 있다. 그는 위암이라는 중병에 걸려 3개월간 죽음의 문턱에서 헤어나지 못하고 있었다. 나는 그를 위해 하나님께 매달려 살려 달라 기도하고 병상에 몇 번을 찾아갔다. 마침 실로암안과병원 아이 센터를 건축하고 있던 때였다. 어느 장로님이 그에게 하나님이 치유해 주시고 건강이 회복되면 실로암안과병원 아이 센터에 헌금을 하여 병실 몇 개만 기증하라고 하였다. 그는 꼭 그렇게 하겠다고 갈 때마다 대답했다. 그러나 정작 회복된 후에는 마음이 변하여 헌금하지 않았다.

나는 본래 불교 가정에서 태어났으나 초등학교 2학년 때 교회에 다니는 친구를 만나 처음으로 예수를 영접하였다. 전쟁으로 두 눈의 시력과 부모님을 잃고 거지 생활이라는 절망과 고난 속에 있을 때, 예수를 잘 믿는 사랑 많은 할머니를 만나 그분을 통해 성직자가 되겠다는 결심을 하였다. 이처럼 성서와 같은 훌륭한 서적이나 어떤 사람과의 만남이 중대한 계기가 되어 한 사람의 운명이 바뀔 수도 있다.

사람은 사명을 위해 살고, 사명에서 보람을 찾고, 사명을 위해 삶을 바치는 존재가 되어야 한다. 우리 모두가 자신의 크고 작은 사명을 깨닫고 그 사명을 위해 성실하게 인생을 창조해 가는 사람이 되자.

사람이 하루 밥 세끼만으로 살면 권태가 오고 삶이 따분해진다. 그런 사람은 발전이 없어 삶이 무의미하고 무기력해진다. 이러한 삶의 무기력과 힘듦을 탈피하기 위하여 술과 담배, 도박, 나이트클럽 등에 의존하는 사람들도 있다. 정신 및 생활의 권태와 무의미에서 벗어나 다양하게 변화를 시도하고 선한 일을 찾아 살아야 한다. 향락은 일시적 해결책으로서는 가능할지 모르나 영원한 해결책은 아니다.

　인생의 행복과 보람, 그리고 기쁨을 주는 삶은 사명감에서 온다. 사명감이 있는 사람은 허무하지 않고 권태를 느끼지 않는다. 자기 삶을 행복하고 즐거운 것으로 만들어 가려면 사명감을 갖는 일이 우선이다. 왜냐하면 사명감은 인생의 활력소이기 때문이다.

　실존철학자 키르케고르는 그의 일기에서 강조하기를 "온 세상이 무너진다고 할지라도 나에게 주어진 사명만은 꼭 붙들고 놓지 않겠다."라고 강조하였다. 왜냐하면 '그것이 위대한 삶이자 참 진리요 위대한 역사'이기 때문이다.

　온 세상이 무너져도 놓을 수 없는 것이 사명이다. 사명을 위해 살고 사명을 위해 죽는 삶이 진실로 아름다운 삶이다. 사명은 인생의 보람이자 감격이다. 사명감을 갖고 사는 사람들에게서는 즐겁고 힘차며 즐거운 열정의 심장이 뛰는 것이 보인다. 그 얼굴에는 보람의 밝은 빛이 빛나고 있다. 확고한 사명감을 갖고 신앙과 사랑의 철학으로 무장하여 인생을 충실하게 사는 아름다운 사람이자 위대한 발자취를 역사에 남기는 사람이 되자.

인생은 아침 태양처럼

인간이라면 꽃처럼 아름다운 마음을 가진 꽃 같은 존재가 되기를 바라며 자신을 돌아보아야 한다.

네·번·째·이·야·기

눈을 들어 동서남북을 살피려면, 태양을 마주하라

희망을 노래하며 따뜻한 향기를 퍼트리게 될 것이다

인생은 소나무처럼
기러기가 인간에게 주는 교훈
산이 인간에게 주는 교훈
물이 인간에게 주는 교훈
호랑이가 인간에게 주는 교훈
낙엽에서 깨닫는 인생관
꽃처럼 아름다운 인생이 되자
잊을 수 없는 은인
하늘로 가신 나의 스승, 안병욱 교수님을 기리는 글
금은을 주고도 살 수 없는 친구의 우정

인생은 소나무처럼

내가 다니던 장로회신학대학교 후면에는 아차산이 있다. 그 산은 여러 종류의 나무들로 꽉 차 있다. 많은 나무들 중에서도 특히 소나무는 추운 겨울에도 변함없이 푸른 잎사귀를 그대로 유지하고 있다. 가을이 되어 차가운 이슬이 내리면 대부분의 나무들은 단풍 진 잎들을 다 떨어뜨린 다음 시들어져 아름다움을 잃어버리고 만다. 그러다 추운 겨울을 맞아 눈이 내리고 찬 바람이 불면 앙상한 가지만 남는다. 그러나 소나무만은 매서운 추위가 오고 눈바람이 불어와도 강한 생명력으로 그 모든 것을 이겨 내고 푸름을 유지하면서 꿋꿋이 서 있다. 그래서 소나무는 봄, 여름, 가을, 겨울에도 늘 푸른 상록수이다.

얼마나 소나무가 장해 보였으면 윤치호는 그가 작시한 우리의 애국가 2절에서 "남산 위에 저 소나무 철갑을 두른 듯 바람서리 불변함은 우리 기상일세"라고 노래하였을까. 대한민국 국민이 소나무처럼 상록수가 될 것을 강조한 가사이다. 나는 애국가를 부를 때마다 감동을 받는다. 지금의 멜로디보다 과거 독립운동 당시에 불렀던 그 멜로디에 더욱 감화를 느낀다.

조선 시대 사육신의 한 사람인 성삼문도 "이 몸이 죽어 가서 무엇이 될고

하니 봉래산 제일봉에 낙락장송 되었다가 백설이 만건곤할 제 독야청청하리라."고 읊었다. 잣나무 역시 소나무처럼 늘 푸른 상록수이다. 송은 소나무요, 백은 잣나무이다. 겨울에 흰 눈이 덮이고 아무리 추워도 이 두 종류의 나무는 산 위에 우뚝 서서 늠름한 모습을 자랑한다. 얼마나 장한 광경인가?

우리는 소나무로부터 받아야 할 교훈이 많다. 소나무도 하나의 생명체로서 겨울의 모진 바람과 눈, 비와 추위가 찾아왔을 때 참기 어려울 것이다. 그러나 그것을 나름대로 견뎌 내는 것이다. 우리 인생에도 고난과 역경과 시련이 찾아온다. 이것들은 모두 다 인간의 삶을 시들게 하고 절망과 좌절로 몰아간다. 이때 소나무처럼 굴하지 않고 항상 푸르고 꿋꿋하게 서서 독야청청하는 인생관을 가지고 살아가자.

모진 탄압과 돈, 권력과 부당한 명예 앞에서도 소나무처럼 흔들리지 않는 바른 태도를 가지고 자신의 신조를 끝까지 지켜 가는 굳센 의지를 갖자. 유관순이나 사육신과 생육신, 그들은 모진 시련과 고난 속에서도 소나무처럼 강한 정신을 가지고 나라를 위해 모든 것을 바쳤다.

인류의 대스승 예수 그리스도는 "세상에서는 너희가 환난을 당하나 담대하라. 내가 세상을 이겼노라."고 하셨다. 인간은 어떠한 환난에도 굴하지 않는 소나무의 용기와 기상과 절개와 지조를 배우고, 의리와 신의의 높은 덕을 쌓으면서 늘 푸르게 살아가야 할 것이다.

기러기가
인간에게 주는 교훈

누가 나에게 인생을 어떤 정신과 어떤 자세를 가지고 살겠냐고 질문한다면 나는 "예수님의 성품을 닮아 가며 살고 싶다."고 대답할 것이다. 왜냐하면 예수님은 사랑과 용서와 섬김의 덕을 가지고 인간을 구원하셨고, 십자가의 섬김으로써 구원을 이루셨기 때문이다. 예수님은 말씀하신다.

"인자의 온 것은 섬김을 받으려 함이 아니라 도리어 섬기려 하고 자기 목숨을 많은 사람의 대속물로 주려 함이니라."

이러한 섬김의 정신을 가진 새가 있다. 바로 기러기이다. 섬김의 정신을 가진 기러기에게서 교훈을 삼고자 한다.

첫째로 기러기는 확고부동한 방향감각을 가진 새이다. 기러기는 길고도 먼 거리를 날아가도 절대로 대열을 헝클어뜨리지 않는다. 수십 마리가 남에서 북으로 또는 북에서 남으로 질서 있고 정답게 날아간다. 기러기의 명확한 방향감각과 뚜렷한 목표의식은 우리 인간이 배워야 할 정신이고 덕목이다.

독수리는 홀로 외롭게 날아다닌다. 그리고 참새는 자기 멋대로 무질서하게 난다. 그러나 기러기는 목표의식이 뚜렷하다.

우리는 오직 하나밖에 없는 소중한 목숨을 가지고 이 세상에 태어나 한 번

밖에 없는 인생을 살아가고 있다. 그런 까닭에 우리는 분명하고 확고하게 정확한 방향과 목표의식을 가지고 당당하고 늠름하게 살아가야 한다. 그럴 때 우리는 성공할 수 있다.

세상에 많은 젊은이들은 방향을 잃고 우왕좌왕하고 갈팡질팡하며 살아가고 있다. 이런 사람은 대부분 꿈이 없고 뚜렷한 목표의식이 없다. 정확한 목표의식을 가지고 꾸준하게 노력하면 누구에게나 기적적인 성공은 찾아올 것이다.

비행기의 이착륙 혹은 주행 시 조종사가 방향감각을 잃으면 매우 위험하다. 군인들은 훈련을 받을 때 줄을 똑바로 서서 앞을 향해 달린다. 마찬가지로 젊은이들이 성공하려면 삶의 방향감각을 잘 잡아야 한다. 방향감각을 잃게 되면 낙오자가 되기 쉽다. 세상은 우리를 유혹하고 흐트러뜨리려고 한다. 그래서 성서는 말씀한다.

"좁은 문으로 들어가라 멸망으로 인도하는 문은 크고 그 길이 넓어 그리로 들어가는 자가 많고 생명으로 인도하는 문은 좁고 길이 협착하여 찾는 이가 적음이니라."

성공을 원한다면 정신 자세, 마음 자세, 삶의 자세를 절대로 흐트러뜨리지 말아야 한다.

둘째로 기러기는 뚜렷한 질서 정신을 가진 새이다.

질서란 무엇일까? 저마다 제자리를 알고 제자리를 지키고 나의 본분과 의무와 사명을 다하며 살아가는 것이 질서이다. 교사에게는 교사가 지켜야 할 본분과 사명이 있고, 목사에게는 목사가 지켜야 할 본분과 사명이 있고, 국회의원은 국회의원으로서 사명과 본분이 있고, 대통령은 대통령이 지켜야 할 본분과 사명이 있다. 국민은 국민 나름대로 지켜야 할 도리와 질서가 있다. 더욱이 학생은 성실한 자세로 질서를 지키면서 공부할 때 사람다운 사람으로 성장한다.

서양의 한 철학자는 말하기를 "인간의 질서는 아름다운 꽃이고 무질서는 매우 추하다."라고 했다.

예를 들어 밥그릇 속에 밥이 있으면 보기 좋고 먹고 싶어진다. 그러나 밥그릇 속에 있어야 할 밥알들이 이마와 코, 그리고 얼굴에 붙어 있으면 추하여 웃음거리가 된다. 있어야 할 자리에 있지 않기 때문이다. 모든 사물은 제자리에 있을 때 가장 멋지고 아름답다.

사람이 사람다워지려면 제자리를 지키는 철학을 가지고 살아야 한다. 사람은 자리를 통해 그 사람의 가치가 정해진다.

그 자리에 있으나 마나 한 사람이 있다. 그런 사람은 존재가치가 없는 쓸모없는 사람이다. 그런 사람은 불행한 사람이다. 그 자리에 없어야 할 사람이 그 자리에 있으면 일에 방해가 되고 일을 망치게 된다. 그런 사람이 가정이나 사회나 단체 또는 학교에 많으면 불행한 사회가 되고 곧 병들어 망한다.

한편 그 자리에 없어서는 결코 안 될 사람이 있다. 그런 사람은 모든 사람들이 절대로 필요로 하고 그가 없으면 아무것도 이루어지지 않는다. 자리에 맞는 사람이 그 자리에 있는 경우 그곳에는 즐거움과 웃음이 깃들고, 그곳은 창조가 이루어지는 공간이 된다. 이런 사람은 성공한 사람이며 행복한 사람이다. 그런 사람이 되기 위해서는 뚜렷한 질서의 철학을 가지고 인생을 살아가야 한다.

하나님은 질서의 하나님이시다. 밤과 낮을 창조하신 후 밤에는 달빛, 별빛으로 빛나게 하셨고, 낮에는 햇빛으로 세상을 밝히신다. 그리고 봄, 여름, 가을, 겨울 아름다운 사계절을 주셨다. 얼마나 아름다운 질서인가! 하나님께서는 사람도 질서 있게 창조하셨다. 머리, 이마, 눈, 코, 입 등 이목구비가 뚜렷한 얼굴과 팔과 다리를 얼마나 질서 있게 창조하셨는지 모른다.

인생을 무질서하게 살 때 절망이 오고, 질서 있게 살 때 성공하고 행복해진다. 질서가 무너지면 세상은 혼돈해지고 윤리와 도덕이 무너져 내린다. 그러므로 우리는 기러기에게서 뚜렷한 질서의 철학을 배우며 살아가야겠다.

셋째로 기러기는 두터운 협동정신을 가진 새이다.

새 중에서 기러기처럼 서로 믿고 사랑하고 협동하고 마음을 합하는 새는 드물다. 과거 일제강점기하에서 독립운동에 앞장섰던 유관순이나 도산 안창호, 송재 서재필, 도마 안중근 등은 나라를 살리기 위해서 생명을 바친 인물들이다. 그들은 모두 우리나라 국민이 합심하고 협동하면 반드시 나라를 찾게 된다고 했다. 그러나 국민의 마음이 흐트러지면 멸망한다고 했다.

위대한 나라, 위대한 사회, 위대한 사업, 위대한 학교가 되려면 공동체 일원 모두가 협동하여야만 가능하다. 합할 때 힘이 커지고 흩어지면 힘이 분산된다. 그러므로 크게 성공하고 큰일을 이루는 것은 기러기처럼 협동심을 가지고 힘을 한곳으로 모을 때 가능하다.

피아노와 오르간은 서로의 음대로 멜로디와 소프라노, 알토, 테너, 베이스 음이 합해질 때 신비하고도 아름다운 소리를 낸다. 우리 인생도 마찬가지로 정신과 마음과 뜻을 합할 때 큰일을 이루게 된다. 이 세상에는 독불장군이 없다. 모든 역사는 협동에서 이루어진다. 그래서 예수님은 하나가 되라고 말씀하셨다.

넷째로 기러기는 절대적인 신의와 의리를 지키는 새이다.

기러기는 일부일처제를 지킨다. 서로 한 번 짝을 이루면 평생 변하지 않고 신의와 의리를 지키면서 산다. 만물의 영장인 사람도 제대로 지키지 못하는 고차원적인 도의적 질서를 기러기라는 새는 철저하게 지켜 나간다. 사람은 말 못하는 기러기에게 신의와 의리의 철학을 배워야 한다.

그래서 옛날에는 결혼식을 하게 되면 신랑 집에서 울긋불긋한 나무로 아름답게 조각한 목각 기러기 한 쌍을 신부 집에 가져다주었다고 한다. 이것은 기러기처럼 평생 신의와 의리를 지키며 변치 말고 살라는 뜻이다.

고려가 기울어 망하려 할 때 신의를 지키고 의리를 지키리라는 뜻으로 정몽주는 "이 몸이 죽고 죽어 일백 번 고쳐 죽어 백골이 진토되어 넋이라도 있고 없고 임 향한 일편단심이야 가실 줄이 있으랴."고 노래하였다. 이것이 바로 신의와 의리를 지키겠다는 정신이다.

다섯째로 기러기는 동료애가 깊은 새이다.

기러기는 리더를 중심으로 V자 대형을 그리며 먹이와 따뜻한 곳을 찾아 40,000km를 날아 머나먼 여행을 한다. 가장 앞에 날아가는 리더의 날갯짓은 기류의 압력을 만들어 뒤에 따라오는 동료 기러기가 혼자 날 때보다 71% 정도 쉽게 날 수 있도록 도와준다. 이들은 먼 길을 날아가는 동안 끊임없이 울음소리를 낸다. 그 울음소리는 앞에서 거센 바람을 가르며 힘겹게 날아가는 리더에게 보내는 응원의 메시지이다. 기러기는 그렇게 서로를 의지하며 날아간다.

만약 어느 기러기가 총에 맞아서 아프거나 지쳐 대열에서 이탈하게 되면 동료 기러기 두 마리도 함께 대열에서 이탈하여 지친 동료가 원기를 회복해 다시 날 수 있을 때까지 힘을 주고, 혹은 죽음으로 생을 마감하는 마지막까지 함께한 후 무리로 다시 돌아온다.

우리의 인생도 기러기의 힘든 여정과 비슷하다. 고난의 비와 바람이 몰아치는 곳을 뚫고 가야 한다. 그리고 우리에게는 기러기 같은 리더십과 뜨거운 열정을 가지고 함께 나아가야 할 곳이 있다.

그러므로 우리는 기러기의 교훈대로 섬김의 정신을 토대로 명확한 방향 감각을 가지고 살며, 확고부동한 질서의식과 협동정신, 변함없는 신의와 의리를 가지고 인생을 살아서 국가와 민족과 사회에 기둥이 되고 희망의 등불이 되었으면 한다.

산이 인간에게 주는 교훈

일상생활의 피로를 풀기 위해 등산을 즐기는 이들이 많다. 산의 좋은 공기를 마시면 기분이 상쾌해지고 건강에도 좋다. 만일 산이 없다면 사람의 마음은 삭막해질 뿐 아니라 한여름 장마가 졌을 때 많은 산이 물을 막아 주지 못하여 온 세상은 물바다가 될 것이다. 산은 인간에게 말없이 행복과 평안함을 준다. 산에서 나는 신비한 향기와 깊숙한 곳으로부터 들리는 산새들의 지저귐은 우울하던 마음을 저 멀리 떠나게 하고 즐거움이 절로 넘쳐나게 한다.

당신의 영혼이 피곤하거나 고독하거든 산으로 가라. 가서 산의 품에 안겨 보라. 그럴 때 깊은 행복과 환희가 차고 넘칠 것이며 절로 즐거운 노래가 나올 것이다. 우리 마음이 슬프고 지쳐 삭막할 때에 산은 우리에게 친구 같은 다정함과 스승 같은 편안함을 준다. 산은 신께서 인간에게 내리신 위대한 선물이다.

나는 몇 년 전 알프스의 산을 다녀왔다. 엘리베이터를 타고 산을 향해 올라갔다. 시력이 없는 나는 경치를 세밀하게 볼 수는 없었다. 하지만 영감의 눈으로 바라본 알프스 산맥은 너무도 화려하고 경이로워 나의 가슴을 행복감에 물들였다. 이처럼 아름다운 산이 또 있을까라는 찬사가 아낌없이 나왔다. 평소에 그리던 알프스에 올라 마음껏 요들송을 노래하였던 그때는 다시 생각해도 즐거운 추억이다.

산은 침묵하며 하늘을 향해 우뚝 솟아 있다. 경건하고 위대한 덕을 지니며 우리에게 멋진 교훈을 준다. 괴테는 알프스 산의 장엄한 그 모습 앞에 예의를 갖추기 위하여 스스로 모자를 벗었다고 한다. 산의 웅장함은 우리에게 숙연한 권위를 느끼게 한다. 산을 보면서 침묵의 덕을 배울 필요가 있다. 산처럼 숭고한 양심과 지성과 인격을 갖춘 존재가 되어야 한다. 산봉우리 같은 큰 인간이 되어야 한다.

인간은 산과 같이 진실하고 정중한 마음으로 큰 역사를 이루어야 하고, 산처럼 지식과 인격이 장엄한 깊이 있는 사람이 되어야 한다. 옛 사람들은 산 속에 사는 사람을 가리켜 신선이라고 하였고, 산골짜기에 사는 사람을 속인이라 하였으며, 낮은 골짜기에 사는 사람을 속물 인간이라 하였다. 깊은 산에 사는 사람에게는 호연지기가 있다고 공자는 말한다. 그들은 산의 정기를 받아 영기가 넘치기 때문이다.

산은 사람으로 하여금 저절로 시를 읊게 하며 창조의 솜씨를 묵상하게 하니, 시와 묵상의 학교요 영감이 솟아나는 산실이다. 우리는 영혼과 마음과 육신을 아름답게 정화하고 강화시키고 산을 보며 큰 지혜를 얻어야 한다. 다윗은 "내가 산을 향하여 눈을 들리라 나의 도움이 어디서 올꼬 나의 도움이 천지를 지으신 여호와에게서로다"라고 하며 주님을 찬양하였다. 산이 말없이 주는 신비한 교훈을 배우자.

물이 인간에게 주는 교훈

　노자는 신이 만든 물을 가리켜 가장 으뜸가는 선(善)이라 하였다. 노자가 그렇게 말한 뜻은 무엇일까 궁금하지 않을 수 없다. 한번 생각해 보자.
　물은 만사의 변화에 따라 적응한다. 둥근 그릇에 담으면 둥그렇게 채워지고, 긴 그릇에 담으면 길게 채워지고, 모난 그릇에 담으면 모난 모양에 맞게 채워진다. 따뜻한 날에는 비가 되고, 겨울에는 눈이 되고 얼음이 되고, 또 안개가 되고 서리가 되고 구름이 되고 수증기가 된다. 이처럼 물은 때와 장소에 따라 어떤 상황에서도 자유롭게 변화한다. 우리 역시 어떤 환경에서도 유연하게 대처하는 물의 지혜를 배워야겠다.
　물은 만물을 이롭게 한다. 모든 생명 구성의 기본이다. 물은 사람 몸의 상당 부분을 차지하고 있기에 우리는 물 없이 살 수 없다. 논밭의 물이 마르면 농작물은 말라 타 죽어 버린다. 내리쬐는 태양 아래 긴 가뭄이 들었을 때 단비처럼 기쁘고 반가운 것은 없다. 갈증이 나고 목이 탈 때 물 한 잔이 그렇게 고맙고 상쾌할 수가 없다.
　성서에는 부자와 거지 나사로의 비유가 기록되어 있다. 부자는 넉넉하여 매일을 호화롭게 살았으나, 온몸에 피부병이 걸려 아프고 지저분한 거지 나사로는 그 부자의 대문 앞에서 버려지는 음식을 먹고 살았다. 세월이 지나 둘 다 죽어 거지는 천국으로 부자는 음부로 가게 되었다. 음부에서 고통스러움과 견딜 수 없는 목마름에 힘겨워하던 부자가 올려다보니 거기에 거지 나사로가 있었다. 그는 나사로가 손가락 끝으로 물을 찍어 그의 혀에 떨어뜨려 주기를 갈망하였으나 나사로와 부자 사이를 가로막는 큰 구렁텅이 때문에 도저히 불가능하였다. 이처럼 물은 마지막 순간까지도 생명체가 갈망하게 되는 그 무엇이다.

물은 다투지 않는 선함의 덕을 갖고 있다. 흐르는 물 가운데 가로막는 장애물이 있으면 장애물을 돌아가거나, 땅속으로 스며들며, 둑이 있다면 넘쳐흐른다. 물에게서 우리는 남과 다투지 않는 덕을 배워야 할 것이다. 지혜의 왕 솔로몬은 "사람이 네게 악을 행하지 아니하였거든 까닭 없이 더불어 다투지 말며"라고 하였다. 사람이 교만한 마음으로 다른 이를 해치면 다툼만 일어난다. 사람은 서로 해를 주기도 하고, 다른 이의 것을 강탈하고 사기를 치며 살인까지 저지르기도 한다. 그러나 물은 인간을 비롯하여, 생태계 만물을 이롭게 하는 존재이다. 인간은 물의 선함을 배워야 한다.

노자는 "물은 모든 만물 중에서 지극히 부드럽고 유하다."고 하였다. 약하면서도 강한 것이 물이다. 물은 죽어 가는 생명을 살리며, 화재 시 아무리 뜨거운 불길도 잡아내기 때문이다. 강한 돌도 깎아 내고, 쇠조차도 물속에서는 부식되어 부서져 버린다. 가장 약한 존재인 동시에 가장 강한 존재가 물이다. 성서에서 바울은 "내가 그리스도를 위하여 약한 것들과 능욕과 궁핍과 핍박과 곤란을 기뻐하노니 이는 내가 약할 그때에 곧 강함이니라"고 하였다. 약하면서도 강한 물의 덕을 배워야 한다.

물은 항상 낮은 곳으로 흐르는 겸손함을 갖고 있다. 그래서 큰 강을 이루고 큰 바다를 이루고 이 지구상에 오대양을 이룰 수가 있는 것이다. 물은 위로 올라가지 않는다. 언제나 낮은 곳으로 흘러간다. 인간은 물에게서 겸손의 덕을 배워야 한다. 솔로몬은 "사람이 교만하면 낮아지게 되겠고 마음이 겸손하면 영예를 얻으리라", "겸손과 여호와를 경외함의 보응은 재물과 영광과 생명이니라", "진실로 그는 거만한 자를 비웃으시며 겸손한 자에게 은혜를 베푸시나니"라고 하였다.

또한 물은 쉬지 않고 흐른다. 사람도 쉬지 않고 움직일 때 발전하며 건강하게 장수할 수 있다. 일어나면 살고 누우면 죽는다는 말이 있다. 사람은 쉬지 않고 흐르는 물을 보며 꾸준히 움직이고 부지런히 활동할 때 성공한다는 교훈을 배워야 한다.

사람은 다른 이를 짓밟거나 중상모략하는 것을 피하고 물의 겸손을 배우면서, 물처럼 밤낮으로 쉬지 않고 발전하며, 겸손한 자세로 꾸준한 노력을 하여 악으로부터 승리를 해야 한다.

노자는 사람들에게 물을 본받고 물에서 많은 것을 배우라고 하였다. 이렇듯 물은 인간의 큰 스승이며, 신이 만든 자연의 놀랍고 깊은 철학을 품고 있다. 물처럼 인간 세상을 깨끗하게 정화시키고 서로 다툼 없는 겸손한 자세로 다른 이를 용서하고 화해하며 쉬지 않고 노력하는 지혜로운 사람이 되자.

호랑이가 인간에게 주는 교훈

호랑이라는 짐승은 인간들이 무서워하고 접근하기를 원치 않는 동물이다. 호랑이는 인간을 해치는 맹수이자 동물의 왕이다. 이런 사나운 호랑이에게 인간이 어떤 교훈을 얻을 수 있을까?

첫째, 우리는 호랑이의 위풍당당함을 배워야 한다.

호랑이는 훌륭한 자세와 기상과 영웅적 품격을 지닌 동물의 왕으로서 왕좌에 걸맞은 정신과 기능을 갖추고 있다. 호랑이는 모든 동물을 지배하는 왕답게 날카로운 이빨과 큰 몸을 갖고 있어 매우 위협적이다. 호랑이는 배가 고파 굶어죽을지언정 썩은 고기는 절대 먹지 않는다. 비록 말 못하는 짐승이기는 하나 사람보다 낫다. 나는 어린 시절 거지 생활을 하면서 썩은 것을 많이 먹었다. 부산 어느 맹아원에서 쌀 배급이 나오지 않아 아이들이 굶고 있을 때 옆집 아저씨가 준 썩은 건빵으로 생명을 유지하기도 했다. 그뿐 아니라 굶주림에 못 이겨 이런저런 썩은 것을 수없이 많이 먹었다.

호랑이는 짐승의 왕이기에 위축되지 않고 비굴하지도 않고 강한 패기를 갖고 산다. 우리는 호랑이에게서 비굴하지 않고 위축되지 않는 정신을 배워야 한다.

둘째로 호랑이의 매우 치밀하고 빈틈이 없는 정신을 배워야 한다.

호랑이는 뚜렷하고 예리한 시각으로 사방을 둘러보며, 태연한 걸음걸이로 깊은 산 속을 다니고, 싸움을 할 때 상대방을 제압하는 일에 결코 실수하지 않는다. 퇴장을 할 때도 언제나 뒷걸음질하며 들어간다. 뒤를 살펴보지 못하여 자칫 다른 짐승에게 해를 당할까 앞과 좌우를 살피며 뒷걸음질하는 것이다. 그러기에 호랑이는 실패와 시행착오가 없다. 빈틈없고 물샐틈없는 그 정신을 우리는 반드시 배워야 할 것이다.

호랑이는 일반적으로 180kg의 육중한 몸으로 시속 약 60km로 달리며 번개같이 빠르게 움직인다. 사냥을 할 때도 사자는 상대를 발로 쳐서 쓰러뜨린 후 이빨로 물어뜯는 반면, 호랑이는 단번에 덤벼들어 앞발로 끌어당기면서 죽임으로 사냥 시간을 단축시킨다. 이 또한 보다 빠른 행동을 취하기 위한 치밀한 작전이다.

6·25전쟁 때 우리나라는 아무런 계획과 대책이 없었기에 더욱 힘겹게 보냈다. 또한 모 대통령이 선량한 사람들을 버마에 데려가 생명을 잃게 한 것도 생각이 짧고 빈약한 작전 때문이었다.

호랑이도 치밀한 작전을 가지고 사는데, 우리 사람들의 이러한 작전들은 말 못하는 호랑이의 작전만도 못한 것이었다. 우리는 호랑이의 완벽하고 빈틈없는 작전 정신을 배워야 한다. 그리하여 호랑이와 같은 정신과 기상으로 하나님을 의지하고, 그 믿음으로 당당하고 의젓하고 강하게 살아가자.

낙엽에서
깨닫는 인생관

　사계절 중 가을은 많은 이들이 좋아하는 계절이다. 나 또한 가을을 좋아한다. 가을의 태양은 논과 밭의 오곡 과실을 무르익게 하고, 들판을 황금물결로 화려하게 수놓으며, 사람들은 신선한 가을의 일기 속에서 사색을 즐긴다. 내 기억 속에 실명 전 보았던 그 광경들이 여전히 생생하다.
　가을이 되면 나도 모르게 숙연해지고 사색에 잠기곤 한다. 봄의 태양빛을 받고 자란 파랗고 무성한 잎들이 가을이 되면 울긋불긋 물들었다가 한 잎 두 잎 땅에 내려앉아 사람들에게 밟힌다. 그 바스락거리는 소리를 들을 때면 공연히 슬퍼지고 쓸쓸해진다. 프랑스의 유명한 시인 레미 드 구르몽은 "낙엽"이라는 시에서 우리의 인생도 언젠가는 낙엽이 된다고 읊었다. 낙엽을 밟을 때 들리는 바스락거리는 소리는 슬프기도 하고 애처롭기도 하다. 나는 소리 없이 땅으로 내려앉은 낙엽을 통해 많은 것을 느끼고 깨닫는다. 그리고 인생의 지혜를 발견하게 된다. 땅에 떨어진 낙엽에게서 무엇을 배울 수 있을까?
　첫째로 낙엽처럼 인생의 모든 일에도 때가 있다는 지혜를 배운다.
　봄과 여름에 제아무리 장맛비가 심하게 내리고 태풍이 분다 할지라도 잎들은 대부분 떨어지지 않는다. 가을이 되어야 비로소 자신의 사명을 다하기라도 한듯 미련 없이 떨어진다. 바람 한 점 없어도 땅으로 내려앉는다. 이러한 현상은 세상의 모든 일에는 때가 있다는 진리를 깨닫게 한다. 봄의 햇살은 잎을 무성하게 하고, 가을의 햇살은 잎을 울긋불긋 물들인다. 신은 만물을 창조하실 때 시간의 흐름에 따라 섭리대로 움직이고 변화되게 하셨다.

인생은 곧 낙엽이다. 인생의 가을이 되면 낙엽처럼 지고 만다. 솔로몬 왕은 지혜와 명철의 말씀을 깨달아 어리석은 자들은 슬기로워지고, 젊은 자들은 지식과 근신함을 갖게 된다고 하면서, 죽음이 오기 전에 때를 알고 지혜롭게 살라고 교훈한다.

둘째로 여름에는 결코 떨어지지 않다가 가을이 되면 지는 낙엽처럼 인간도 물러설 때를 알아야 함을 배운다.

여름에 잎이 떨어지지 않는 것은 강하고 무서운 집착력을 가지고 악착같이 가지에 붙어 있기 때문이다. 잎들은 비로소 가을이 되어 열매를 다 맺고 난 후에라야 떨어진다. 한 잎 두 잎 스스로 조용히 내려앉아 인간에게 밟힌다. 노자는 자신의 책임, 직책과 공을 완수한 후에는 조용히 물러서는 것이 도리라 하였다. 낙엽이 지는 모습은 인간들에게 때를 알라는 조용한 교훈이다.

낙엽은 땅에 깔려 온갖 고난과 추위를 지내며 밟혀 가루가 되어 다음해 봄 돋아나는 새싹을 위한 영양분이 된다. 여기에 세 번째 교훈이 있다. 사람마다 욕심을 버리고 더 힘든 다른 사람을 위해 헌신하고 자신의 삶을 바칠 줄 알아야 한다는 것이다. 즉, 희망의 새 생명을 위해 밑거름이 되어야 한다는 교훈이다.

낙엽을 통해 우리의 인생도 때가 있다는 지혜를 배우고, 자신의 몸을 내어주는 희생의 철학을 배우자.

꽃처럼
아름다운 인생이 되자

　꽃을 싫어하는 사람도 있을까? 빈 라덴이나 김일성, 성서의 헤롯 왕이나 가룟 유다도 꽃은 싫어하지 않았을 것이다.
　꽃은 지구상의 70억 인구에게 사랑받고 모든 이들이 좋아하는 신의 창조물이다. 꽃은 신이 만드신 자연의 여왕인 동시에 지구상의 축복이라고 말한 사람이 있다.
　사람들이 아름다운 마음을 표현할 때 예수님의 마음이라 하기도 하고, 천사 같은 마음이라 하기도 한다. 그리고 꽃 같은 마음이라고도 한다.
　이 세상에 꽃이 없다면 아마도 슬프고 삭막하여, 삶에 지쳐 황량하고 거칠어진 사람들의 마음을 더욱 강퍅하게 만들었을 것이다. 인간이라면 꽃처럼 아름다운 마음을 가진 꽃 같은 존재가 되기를 바라며 자신을 돌아보아야 한다.
　나는 어린 시절 초등학교 뒷산에서 봄에 피는 진달래와 철쭉, 할미꽃을 보며 자랐고, 여름이면 밤꽃, 해바라기를 보고 노래하면서 꽃을 따 한아름 안고 '나도 꽃처럼 아름답다면 얼마나 좋을까?' 생각했었다. 신의 창조물인 꽃은 참으로 신비하고 오묘하며 정교하고 섬세하고 화려하고 황홀하며 경이롭다. 꽃들은 보는 이로 하여금 얼굴에는 웃음을, 마음에는 행복을 안겨 준다.
지혜의 왕 솔로몬은 하나님과 인간 사이의 사랑을 꽃으로 표현한다.

> 나는 사론의 수선화요 골짜기의 백합화로구나
> 여자들 중에 내 사랑은 가시나무 가운데 백합화 같구나
> 지면에는 꽃이 피고 새의 노래할 때가 이르렀는데
> 반구의 소리가 우리 땅에 들리는구나
> 무화과나무에는 푸른 열매가 익었고
> 포도나무는 꽃이 피어 향기를 토하는구나
> 나의 사랑, 나의 어여쁜 자야 일어나서 함께 가자

찬송가 작가 C. A. 마일즈는 "저 장미꽃 위에 이슬 아직 맺혀 있는 그때에 귀에 은은히 소리 들리니 주 음성 분명하다 주님 나와 동행을 하면서 나를 친구 삼으셨네 우리 서로 받은 그 기쁨은 알 사람이 없도다" 하며 언제나 동행해 주시는 주님과의 아름다운 사랑을 노래하였다.

꽃은 생명의 신비인 동시에 아름다움의 신비요 선함의 신비이다. 꽃은 아름다움으로 축복과 기쁨과 희망을 준다. 그런 까닭에 문학가들은 꽃을 찬미한다. 괴테는 하늘에는 별이 아름답고, 땅에는 꽃이 아름답고, 인간의 가슴 속에는 꽃 같은 사랑이 아름답다고 했다.

꽃을 볼 때 예사로 보지 말고 나 자신도 꽃처럼 아름다울 수 없을까 생각해 보아야 한다. 꽃을 닮은 선량하고 아름다운 사람이 많아진다면 이 세상은 천사의 세상이 될 것이다.

잊을 수 없는 은인

나의 대학 시절에 "혼자는 못 살아"라는 영화가 선풍적인 인기를 끈 적이 있었다. 그 영화의 제목처럼 이 세상에 독불장군은 없다. 혼자는 살아갈 수 없는 것이 이 세상이다. 내가 아무리 돈이 많아도, 내가 필요한 물건을 누군가가 만들어 상품으로 내놓지 않는다면 나는 그것을 가질 수 없다. 농사를 짓는 사람이 쌀을 만들어 내야 쌀을 살 수 있고, 채소를 가꾸는 사람이 있어야 채소를 살 수 있고, 목수가 있어야 집을 지을 수 있고, 이발하는 사람이 있어야 단정한 머리를 가꿀 수 있고, 병원과 의사가 있어야 내 건강이 유지될 수 있다.

더욱이 나 같은 경우는 다른 사람의 사랑과 배려와 도움이 없이는 이 세상에 존재하기 힘들다. 전쟁을 겪은 후 어려운 격동기에 시각장애인으로서 일반 중·고등학교와 대학교를 다닌다는 것은 그야말로 계란으로 바위를 치는 것처럼 불가능에 가까웠다. 오늘날 내가 우뚝 설 수 있었던 것은 많은 분들의 대가 없는 사랑의 도움이 있었기 때문이다. 길을 안내해 주고, 책을 읽어 주고, 칠판에 있는 강의 내용을 읽어 주고, 시험지를 대필해 주고, 하나부터 열까지 모든 것은 다 끊임없는 도움의 힘이었다.

은인들에 대해서 글로 알리자면 책 몇 권을 써도 못 다 쓴다. 그분들을 내 마음속에 새겨놓고 매일 아침 기도의 시간에 돌이켜 보면서 하나님께 감사의 기도를 드릴 때 감격의 눈물이 얼굴을 적실 때가 많다.

그분 중에서 존경하는 스승님의 은혜를 잊을 수 없다. 나는 모든 학과 과정을 마치고 성직자가 되었다. 그러나 집안은 여전히 어려움 가운데 있었다. 어린 두 딸이 가게에서 파는 아이스크림을 사 달라고 울면서 매달릴 때 선뜻 아이스크림을 사 줄 수 없었다. 그것을 생각하면 생각할수록 아직까지도 가슴이 미어진다.

그렇게 어려운 시기에 미국을 가게 되었다. 비행기 표와 머물 수 있는 체재비가 필요하였다. 그러나 그 비용을 어떻게 마련할까 막막한 처지에 있을 때, 이렇게 저렇게 생각을 해도 찾아갈 분은 오직 한 분, 김형남 숭실대 이사장님밖에 없다는 결론이 내려졌다. 나는 결심을 하고 하나님께 김형남 이사장님의 마음을 감동시켜 달라고 기도한 후 어려운 발걸음을 떼어 그분이 계시는 서소문에 위치한 일신방직주식회사를 찾아갔다. 이사장님은 평소에 나를 사랑하시고 격려해 주셨기 때문에 나를 잘 아셨다. 졸업한 지 몇 년이 지나서 찾아간 나를 사랑으로 반갑게 맞아 주셨다.

잠시 차를 나누면서 대화를 나누는 중에 이사장님께 "제가 미국을 다녀오게 되었습니다."라고 말씀드렸다. 그 말이 떨어지자마자 "김 목사, 여비가 필요하지? 내가 좀 도와줄게." 하시면서 당시 사장이셨던 아드님을 불러서 나에게 여비로 얼마를 주라고 서명을 해 주셨다. 봉투를 받아들고 나는 이사장님의 손을 잡고 간절히 하나님께 기도를 드렸다. 덕수궁에 들어가 의자에 앉아서 행여 누가 뺏어갈까 주머니에 손을 넣은 채 세어 봤더니 그 당시 30만 원이라는 거금이 들어 있었다. 그렇게 큰돈은 처음 만져 보았다. 뜨거운 눈물이 쏟아졌다.

나는 그 돈으로 미국에 가서 1년 가까이 공부할 수 있었다. 주말에는 교회에 가서 설교도 하고 간증도 하였다. 그때마다 성직자와 교우들이 많이 도와주었다. 그 도움들이 모여서 오늘의 실로암 연못의 기초를 세울 수가 있었던 것이다.

시각장애인 선교를 하면서 어려울 때마다 스승님을 찾아가면 그냥 돌려보내지 않고 반드시 얼마의 헌금을 주셨다. 명절이 되면 나는 이사장님 댁인 이태원 외인주택에 가서 세배를 드리고 떡국도 먹고 놀다오곤 하였다. 김형남 이사장님을 아버지처럼 존경했다. 내가 가장 어렵고 절박하고 암담했을 때 도와주신 그 은혜와 사랑을 잊을 수 없다. 그분의 사랑을 생각하면서 나도 나를 찾아오는 사람들을 그냥 돌려보내지 않고 조금이라도 도움을 주는 생활을 실천하고 있다.

김형남 이사장님의 너그러운 사랑이 지금도 그립다. 그분은 학교를 집보다 더 사랑하셨다. 이른 새벽 학교에 나와 정원의 풀을 깎고 책상을 친히 닦는 겸손한 분이셨다. 돈을 벌어서 하나님의 영광을 위해 교회도 세우고 숭실대를 재건하는 일에 성심을 다한 기둥 같은 분이셨다. 지금도 그분의 가족분들과 사랑의 교제를 끊지 않고 있다. 그분의 다함이 없는 은혜를 이 땅에서도, 하늘나라에 가서도 내 가슴속에 영원토록 담아 두고 기억할 것이다.

하늘로 가신 나의 스승, 안병욱 교수님을 기리는 글

    2013년 가을, 내 평생의 정신적 지주이셨던 안병욱 스승님의 소천 소식을 듣고 나는 놀라운 마음 가눌 길이 없었습니다. 땅을 잃은 내가 보이지 않는 눈으로 이리저리 부딪혀 피 터지며 하늘을 얻으려 삶과 학문의 길을 치달릴 때, 안병욱 스승님은 그 길에 반듯하게 등불을 켜 주신 분이었습니다.

    스승님 덕분에 나는 청운의 꿈에 부풀게 되었고, 코스모스 하늘거리는 교정을 거닐며 그분의 철학 강의를 곱씹으며 지식을 사랑하게 되었습니다. 강의 시간마다 감격하였고, 사색의 즐거움을 알게 되었습니다. 그리고 말로만 듣던 지성인이 되어 가는 나 자신을 발견하곤 했습니다. 신입생인 내게 장애가 있다 해서 좌절하지 말고, 남에게 동정도 구하지 말고, 진지하게 학문을 닦으며 자신을 알차게 갈고 닦아 사회를 밝힐 등불이 되라고 일러 주셨습니다.

    그토록 깊은 사랑을 주시면서도 엄격하게 지도하셨던 스승님, 열정과 성실로 삶의 지평을 밝혀 주셨던 스승님, 그 후로도 계속하여 그 가르침을 오늘까지 지켜 올 수 있도록 격려해 주셨던 스승님, 그 은혜를 회상하며 애석한 마음 금할 길 없습니다. "선태는 귀와 코가 잘생겼다."며 칭찬해 주시던 스승님의 다정한 목소리를 더 이상 들을 수 없다는 생각에 눈시울이 뜨거워집니다. 스승님을 너무도 존경했기에 나의 서재에는 스승님께서 집필하신 수십 권의 책들로 가득하고 그 책을 손으로 매만지며 그리워합니다. 뵙고 싶은 마음 한이 없어 새해가 되면 맛있을 떡을 해서 마치 시집간 딸이 친정아버지를 찾아가듯 한걸음에 달려가 만나 뵙고, 옛이야기로 꽃피우고 웃음을 나누었었는데……. 가끔씩 스승님께 "맛있는 것 사서 잡수세요!" 하고 사랑으로 자그마한 돈을 손에 쥐어 드리면 함박웃음 지으시며 성공한 제자의 따뜻한 마음을 기뻐하셨었습니다.

이 땅을 떠나셨어도 숭실대학교 교정 곳곳에 묻어 있는 철학자의 검소함과 치열한 열정의 행적들은 결코 지울 수 없을 것입니다. 출퇴근하실 때 항상 버스를 이용하셨고, 짐 싣는 트럭도 마다하지 않으셨지요. 우연히 버스 안에서 만나면 제자에게 자리도 양보해 주시던 겸손하신 스승님, 더 사셨더라면 하는 인간적인 안타까움이 깊게 남습니다.

스승님은 철학과 종교와 예술을 어우르는 큰 범위의 학문을 하셨고, 한국의 젊은이들을 그런 범주의 지성인으로 키워 내셨으며, 진리와 양심에 바로 서서 제대로 된 인생을 살도록 가르치셨습니다. 나도 그렇게 배운 운 좋은 제자 중의 하나입니다.

오늘 스승님의 영정 앞에 모인 제자들의 허전한 가슴은 그 무엇으로 위로받겠습니까? 나의 손을 잡고 하염없이 눈물짓는 막내아드님의 모습에 같이 따라 울고 싶었습니다. 스승님께서는 공원에 외롭게 앉아 해가 지도록 사색했다던 칸트처럼 고독한 철학자의 모습으로 홀로 먼 길을 떠나셨습니까? 50년 전 오곡백과가 익어 가던 가을, 그날의 아름답던 향기가 그리워서 국화꽃 향기 가득한 이 가을에 낙엽을 밟으며 하늘나라로 가셨습니까?

막내아드님의 간곡한 부탁으로 스승님의 따스한 봉안함을 잡고 영혼을 위한 기도를 드릴 때 먼 훗날 하나님 나라에서 만날 소망 안에서 우리 모두가 위로받도록 간구하였습니다.

올 초에 만나 뵙고 저의 새로 나온 저서에 서명을 부탁드렸을 때 떨리는 손으로 써 주시던 은사님! 또 찾아뵙겠다 말씀드리고 돌아왔건만 이렇게 빨리 떠나실 줄은……. 진즉에 다시 찾아뵙지 못한 것이 송구스럽습니다.

내 삶에 가장 큰 교훈들은 거의 스승님이 주신 것입니다. 하늘나라로 가셨기에 이 세상에서는 이전처럼 만나 뵐 수가 없겠지만, 스승님께서 몸소 내게 주신 「빛과 생명의 안식처」, 「사랑과 지혜, 그리고 창조」 등의 책을 읽으며 항상 그리워하고 존경할 것입니다. 새 하늘과 새 땅에서 새롭게 만나게 될 날을 꿈꾸며 스승님의 안식과 평안을 기원합니다.

이 땅에 큰 별이 하나 졌습니다. 스승님 덕분에 우리는 그 지성의 빛에 기대 행복했었는데……. 이제 그 뒤를 이을 후대 사람들이 나타나 스승님이 앉으셨던 빈자리를 채워야 할 텐데요. 마음이 미어지며 스승님께서 안 계신 이 세상이 갑자기 허전해집니다.

금은을 주고도 살 수 없는
친구의 우정

친구 간의 우정은 가치 있는 고귀한 정(情)으로서 만인이 가지고 싶어 하는 것이다. 한문으로 친구를 '지기'(知己)라고 하는데, 이는 '나를 진실로 알아주고 속속들이 이해해 주는 사람'이란 뜻이다.

'다정한 친구', '영원한 친구', '막역지우', '죽마고우', '소꿉친구' 등 우정을 나누는 사람들에 관한 좋은 수식어가 붙은 말들이 참 많다.

내게는 지금껏 좋은 친구들이 늘 주변에 있어 왔다. 그들의 조건 없는 사랑의 도움이 있었기에 오늘의 내가 존재할 수 있었다고 나는 믿는다. 그들의 막역한 우애는 그 무엇과도 바꿀 수 없다. 그 친구들의 이름을 모두 호명할 수는 없지만 몇 사람만이라도 거명하며 이야기해 보고자 한다. 내게 마음과 뜻과 진실을 바친 막역한 친구들의 힘은 나에게 희망을 안겨 주었고, 사명감을 갖게 해 주었다.

나에게 자동차 핸들을 맡기고 운전해 보라는 친구가 있었다. 앞에는 깊은 미시간 호수가 있음에도 불구하고 나를 믿고 운전대를 맡긴 것이다. 또 다른 친구는 로스앤젤레스 한인 타운 한복판을 30~40마일로 운전할 수 있도록 차를 맡겨 주기도 했다. 그 차는 운전학원장으로 있는 친구의 운전학원에서 쓰는 차였기에 양쪽에 브레이크가 있어서 일반 차에 비해 안전하기는 했지만, 만일 경찰에 걸리면 여지없이 그 자리에서 경찰서로 불려 가고 교도소로 직행할 수도 있었다. 또한 생명과 직결된 위험성이 있었는데도 말이다. 그들이 나를 믿어 주었기에 가능한 일들이었다. 그들은 나의 막역한 친구로 지금도 옛이야기를 나누고 그때를 추억하며 사랑의 식탁 교제를 나누고는 한다.

신학교 시절부터 막역한 친구 사이였던 친구 강형길 목사가 있다. 그는 미국에 먼저 가서 많은 고생을 하며 교회도 개척하고 매코믹 신학대학의 교수도 역임하였다. 1970년도는 여권과 미국의 비자를 받기가 하늘의 별 따기처럼 어려운 시기였다. 그러한 때에 그는 나에게 초청장을 보내 주어 미국에서 공부하며 미국 전 지역을 다니면서 복음의 메시지를 전할 수 있도록 기회를 베풀었다. 내게 자기 딸의 침실을 내주어 내 집처럼 안락하게 거할 수 있게 하였다. 그의 부부가 며칠간의 긴 여행을 가게 되면 나에게 집과 자녀를 맡기었다. 또 이런저런 일을 적극 도와주어서 출세의 길을 열어 주었다. '내 은혜가 네게 족하다'는 말씀을 절감하였다. 강형길 목사는 피가 섞인 형제보다 더 가까운 친구이다.

황태준이란 신학교 동기동창 목사가 있다. 그는 잭슨빌 남쪽 지방에서 사역하였는데, 내가 3주간 편안하게 머물 수 있도록 안방을 내주었다. 그때 한경직 목사님이 플로리다에 오셨다는 연락을 받았다. 한경직 목사님은 내가 존경하는 신앙의 아버지이자 어려웠을 때 손잡고 축복을 빌어 주신 신앙과 용기의 멘토이시다. 그렇기에 어떤 방식으로든 한경직 목사님을 꼭 찾아가 인사드리며, 다만 얼마라도 용돈을 드리고 싶어서 황태준 목사에게 도움을 요청했다. 한경직 목사님을 이곳에서 만나 뵙고 대접해 드리는 것은 일생에 있을까 말까 한 일이니 도와 달라는 나의 요청을 그는 흔쾌히 받아들였다. 잭슨빌에서 수요예배를 마친 후 출발하여 바다를 가르며 두 내외가 번갈아가며 밤새도록 운전하여 플로리다에 도착하니 아침 8시가 되어 있었다. 우리는 식당에 들러 햄버거와 커피로 아침을 해결하고, 그날 정오에 철판구이로 유명한 식당에서 한경직 목사님을 만나 플로리다에서 일생에 잊을 수 없는 시간을 보냈다.

성경에는 "친구를 위해 목숨을 버리면 그보다 큰 사랑이 없다."는 말이 있고, 고사에는 "친구를 위해서라면 목이 잘려도 좋다."는 말이 있다. 우리의 인생을 통해 우리가 알게 되는 모든 사람이 다 우리의 친구가 되고 벗이 될 수는 없다. 그러나 나는 이곳저곳에서 나를 신뢰하며 깊은 우정을 나눠 준 친구들의 도움으로 세상을 바꾸어 놓는 큰 역사를 이룰 수 있었다. 삼강오륜 중 '붕우유신'(朋友有信)이란 말이 있다. 친구 간의 우애에는 반드시 신의가 있어야 한다는 말이다. 남녀가 서로 마음이 통하여 맞으면 연애를 시작한다. 그러다가 통하던 마음이 변하면 헤어질 수 있다. 그러나 우정은 생명을 내놓을 정도로 금은보다 귀한 것이다.

나는 어린 시절 고아가 되었고, 실명으로 인해 더욱 고독한 존재가 될 수밖에 없었다. 그러나 친구들의 사랑이 있었기에 그 고독을 이길 수 있었다. 친구들이 있었기에 자신만만하게 내 인생을 건설할 수 있었다. 그러기에 우정은 인생의 그 무엇보다도 귀한 가치이다.

우애는 우리의 정신적 지주가 될 수 있다. 어디 막역한 친구들이 이뿐이랴. 이상에서 언급한 친구들 외에도 나에게 기도와 사랑, 도움을 준 친구에게 고개 숙여 감사드리고, 그들을 위해 마음껏 축복을 기원한다. 앞 못 보는 이들의 선교와 개안수술과 복지관, 요양원을 위해 사심 없이 대가 없이 믿고 도와준 선후배 친구들에게 끝없는 감사의 마음을 전하고 싶다.

Like the

Light at

Daybreak

감사의 마음은 인생을 풍성하게 하고, 축복과 행복과 보람을 여는 열쇠인 동시에, 하늘의 복을 끌어들이는 해맑은 마중물이다. 그러나 불평과 불만의 마음은 인생의 축복도 행복도 몰아내고 불행을 끌어들인다.

다·섯·번·째·이·야·기

사막에서 오아시스를 발견하고 싶다면, 태양을 마주하라

24시간 감사와 희망의 손을 내밀게 될 것이다

사람은 어떤 그릇이 되어야 할까?
믿을 수 있는 인간상
신용의 기초 위에 행복의 집을 짓는 사람
위대한 창조를 이끌어 내는 생각하는 사람
밑천 안 들이고 행복을 만들어 주는 사람
투자 없이 다른 이를 행복하게 해 주는 인간
복을 누리는 인생이 되는 비결
샘물과도 같은 감사
부자이지만 가난하게 사는 사람
캘리포니아에서 맞는 나의 새벽
별 같은 지도자상

사람은 어떤 그릇이 되어야 할까?

우리는 인간을 일컬어서 만물의 영장이라고 한다. 인간이 왜 만물의 영장일까? 목석이나 짐승이 소유할 수 없는 인격을 가졌고 책임 있는 행동의 주체가 되기 때문에 만물의 영장이라고 한다. 만물의 영장인 인간의 자아 속에는 인격이 살아서 움직이고 있다.

인격이란 무엇일까? 쉬지 않고 피와 땀을 흘려서 쌓아 놓은 지식과 교양과 올바른 양심, 바른 이성을 가지고 세우는 덕이 인격이다. 그리고 물질세계를 넘어서서 정신세계 속에서 올바르게 인생을 살아가려는 의지가 인격이다.

인격을 지닌 사람은 깊은 사색과 뜨거운 감정과 함께 원대한 의욕으로 이 세상에서 진선미의 세계를 창조하고, 책임감을 가지고 인류를 위해 다양한 활동을 하며 덕을 세우는 삶을 살아가게 된다. 인생의 존재가치를 나타낼 때 인격을 담는 훌륭한 그릇이 된다. 즉, 만물의 영장인 인간은 정신적 차원에서 사람다운 자격을 갖추어 사는 인격의 그릇이 될 때 큰 그릇인 존재가 된다고 할 것이다. 명문 대학에서 학식을 쌓고 훌륭한 학위를 받았다고 해서 큰 그릇이 되는 것이 아니다. 반드시 인격이 따라가야 한다.

머리 좋고 학벌 좋은 교수가 있었다. 그는 강의 시간에 초등학교와 같이 학생들에게 받아쓰기를 시키고 학생들에게 불러 준 내용을 다시 설명했다. 그리고 중간고사나 학기말고사에 교수가 불러 준 대로 답을 쓰지 않으면 여지없이 낮은 점수를 주었다. 낙제를 해서 다시 한 학기를 수강해야 하는 경우도 있었다. 학생들은 졸업을 하고 세상에 나가서 지도자가 된 후에도 그 교수 이야기가 나오면 머리를 흔들고 만나기를 꺼린다. 그 교수는 학식은 풍부했으나 그의 성격과 인격이 너그럽지 못해서 존경받지는 못했다.

자신을 큰 그릇으로 만들기 위해서 너그러운 마음, 이해하는 마음, 다른 사람의 아픔과 고통을 생각하는 마음을 키워야 한다. 배려와 인정이 넘치는 사람이야말로 만인의 존경을 받을 수 있는 큰 그릇의 사람이다.

지혜의 왕 솔로몬은 "마음의 정결을 사모하는 자의 입술에는 덕이 있으므로 임금이 그의 친구가 되느니라"고 하였다.

누구나 풍성한 덕을 담을 수 있는 인격의 그릇을 만들어 가는 존재가 되었으면 한다.

믿을 수 있는
인간상

　이 세상은 약속의 기초 위에 존재한다. 약속을 지키는 것은 사회의 일원으로서 계약사회의 기본 원리를 지키는 것을 뜻한다. 국가와 사회, 개인이 약속을 지키지 않으면 신뢰가 무너지고 불신감과 배신감이 사회에 팽배해진다. 그런 까닭에 약속은 반드시 지키는 것이 인간사회 제일의 원칙이요 계명이다. 약속에는 강한 구속의 힘이 있다. 우리의 삶이 약속을 지키는 신의 위에 이루어진다면 이 사회는 멋진 사회가 될 것이다. 그렇게 된다면 어느 누구나 서로 신뢰하며, 서로에게 어떠한 일이라도 맡길 수 있으며, 안심하고 살 수 있는 밝은 세상이 될 것이다.
　만일 약속을 지키지 않아 한 번의 신뢰가 무너져 버리면 다음부터 그 사람의 말은 콩으로 메주를 쑨다고 해도 믿으려 하지 않을 것이다. 어떤 이가 한 번의 거짓말을 하거나 약속을 저버리는 행위를 했다면, 그 사람이 그전에 열 번의 참말을 했다 할지라도 그 참말까지도 거짓으로 느껴진다. 인간은 한 번 맺은 약속은 반드시 지키는 미덕을 지녀야 한다. 그러나 프랑스의 학자 파스칼은 인간의 약속은 깨어지기 쉽다고 했다.
　나는 살아오는 동안 약속을 했는데, 상대방이 지키지 않아 어려움을 당하고 실망할 때가 참 많았다. 어떤 성직자는 나와 만나기로 철저하게 약속을 하였는데, 약속 장소에서 한 시간을 기다려도 나타나지 않았다. 다음날이 되어 왜 그 장소에 오지 않았느냐 물으니 언제 약속했냐는 태도를 취했다. 이처럼 존경받고 신뢰받는 성직자 중에서도 약속을 지키지 않는 사람들이 의외로 많다. 인간이 약속을 지키는 것은 그 사람의 인격과 관련된 문제이다. 신의는 그 사람의 인격의 전부인데 신의를 저버리는 행위는 그 인격을 버리는 것이다.

대통령 선거 혹은 국회의원 선거 출마 때 여러 가지 많은 공약을 세워 놓고, 막상 당선이 되면 지키지 않는 헛된 약속을 하기도 한다. 기독교계도 마찬가지이다. 지도자들이 신성한 강단 위에서 공약을 해 놓고 막상 당선되면 지키지 못하는 경우를 많이 볼 수 있으니 참으로 부끄러운 일이다. 연인 사이에 사랑의 약속 또한 깨지기 쉽다. 남녀가 만나 마음을 주고받고 사랑과 시간을 주고받았다면, 처음 사랑의 감정을 가지고 변함없이 사랑의 약속을 지켜 결혼까지 이어지도록 하라고 강조하고 싶다.

자신과의 약속을 지키고, 다른 사람과의 약속을 지키고, 하나님과 맺은 약속을 지켜야 한다. 신은 인간을 사랑하사 아들을 세상에 보내신다고 하셨고, 그 약속을 지키셨다. 많은 사람들이 한 번 맺은 약속은 반드시 지키겠다는 철저한 신조를 가지고 살아간다면 이 세상은 훨씬 밝은 사회가 될 것이다.

신용의 기초 위에
행복의 집을 짓는 사람

나의 대학 시절에 동양철학을 강의한 교수님이 한 분 있었다. 그는 3년간 강의를 하면서 "인간이 신용을 잃으면 설 땅이 없고, 인간이 살아가는 데 있어서 신용이 가장 중요한 자본이다."라고 강조했다. 그 말씀은 나의 생에 큰 교훈이 되었다.

인간이 세상을 살아가는 데 여러 가지 자본이 필요하다. 건강의 자본도 필요하고 돈의 자본도 필요하고 지식의 자본도 필요하다. 그중 으뜸은 신용의 자본이다. 신용은 인간의 양심과 도덕의 기본이다. 마틴 부버는 "인간은 너와 나와의 깊은 관계 속에서 살아가는 존재이기 때문에 인간을 관계적 존재"라 하였다. 인간은 관계, 관련을 떠나서는 아무것도 할 수 없다. 아침에 자고 일어나서 눈을 뜨면 가족들과의 관계로부터 시작하여 사회활동을 통한 친구와의 관계, 스승과 제자와의 관계, 선배와 후배의 관계, 이웃과의 관계, 나아가 하나님이 창조하신 만물 속 자연과 관계를 맺는 것 등 이렇게 인간은 많은 관계로 얽혀 있다.

관계를 '간'(間)이라고도 한다. 위에서 언급한 바와 같이 사람은 '간'을 떠나서는 살아갈 수 없다. 사람을 '인간'이라고 하는 이유가 그 때문이다. 다시 말하면 나와 너의 관계가 신용이 있고 도덕적이고 공정한 관계로 올바르게 형성된다면 그 사회는 원만하고 질서가 확립된 사회가 된다는 것이다.

그렇다면 인간 '간'에 신용이란 무엇인가? 신용이란 신뢰이고 믿음이다. 이것이 무너지면 불행해지고 모든 것이 무너진다.

실례를 하나 들고 싶다. 부산 어느 지역에 시각장애인 부부가 살고 있었다. 그 부부의 자녀가 부모에게 언제까지 갚겠다고 약속한 후 얼마의 돈을 빌렸다. 그런데 그 자녀는 돈을 갚지 않고 차일피일 미뤘다. 어느 날 아버지는 약속을 지키지 않는 아들의 방에 신나를 뿌리고 불을 붙였다. 순식간에 불이 퍼져서 네 식구가 모두 불에 타 죽고 말았다. 이 끔찍한 사건이 신문에 크게 보도된 일이 있다. 이는 가족 간의 신용과 신뢰가 무너졌기 때문에 일어난 비극이다.

인간에게 있어서 신용이 붕괴되면 인간관계가 무너진다. 세상에는 종교의 유무를 떠나서 신용을 지키지 않는 지도자가 너무나도 많다. 나는 그런 경우를 실제로 많이 보았다. 약속을 확실하게 하고 손을 잡고 기도까지 했음에도 불구하고 약속을 하지 않았다고 회피하며 잡아떼는 것이다. 그런 상황들이 교계에 수없이 많다는 사실에 안타까움을 금할 수 없다.

사회구성원이 신용의 토대 위에 양심과 도덕을 세우고 살아갈 때 그 사회는 튼튼해진다. 개인적으로나 교회적으로나 국가적으로 신용이라는 토대 위에서 진실한 삶을 건설해 나간다면 그 사람, 그 교회, 그 국가는 흔들림이 없을 것이다. 거짓이 난무하고, 말과 행동이 일치하지 않고, 약속을 쉽게 어긴다면 그것은 신용이 없는 행동이다.

독일의 철학자 니체는 "인간은 약속할 수 있는 동물이다. 인간과 인간은 약속을 지키는 인격적 존재이다."라고 하였다. 사람이 굳게 약속하고 그 약속을 지키지 않으면 거짓말쟁이로 낙인이 찍힌다. 그렇게 낙인이 찍힌 사람은 설 자리가 없어진다. 기독교 조직에서도 조직의 지도자로 출마한 후보들이 정책 발표를 하는 것을 보면 일반적으로 그 공약들은 너무나도 거창하다. 지금까지 보아 온 바로는 막상 지도자로 선출된 후에는 자신이 출마 때 한 약속을 제대로 지키는 경우가 별로 없었다. 이를 가리켜서 부도수표, 공수표라 한다.

인격을 갖춘 사람은 신용을 철저하게 지킨다. 왜냐하면 신용은 인간이 관계와 관련 속에서 살아가는 힘이기 때문이다. 그러므로 올바른 양심을 가지고 신용을 지켜서 신용의 기초 위에 행복의 집을 지었으면 한다.

성서는 "헛 맹세를 하지 말고 네 맹세한 것을 주께 지키라"고 말하였다.

위대한 창조를 이끌어 내는 생각하는 사람

　철학자처럼 생각하고, 아름다운 자연을 보며 시를 쓰는 시인처럼 살고, 아침에 뜨는 태양과 함께 논밭에 나가 일하는 농부처럼 살고, 잠을 극복하며 책상에 앉아 열심히 공부하는 학생처럼 살면 그 사람은 큰일을 해낼 수 있는 사람이라고 어느 철인은 말했다.

　나는 철학자들의 사상에 매력을 느낀다. 철학자들은 깊은 사고와 냉철한 지성으로 사색하기에 많은 것들을 창조해 나간다. 시인들은 풍성한 감성으로 아름다운 음률을 창조하여 사람들로 하여금 잊지 못할 인생의 향기를 느끼게 해 준다.

　창조주 하나님은 사람마다 각기 다른 달란트를 주셨다. 동식물에게도 살아갈 수 있도록 각기 다른 은사들을 주셨다. 그중에서도 인간에게는 특히 창조적인 사고력을 주셨다.

　파스칼은 인간을 '생각하는 갈대'라 하였으며, 프랑스의 철학자 데카르트는 "나는 생각한다. 고로 나는 존재한다."라고 하였다. 인간에게만 주어진 이성적 능력으로 사고하고 연구하면 어떠한 불가능도 뛰어넘을 수 있다. 모든 만물 중 인간만이 창조적 사고력을 통해 상상할 수 없는 신비스러운 것을 창조해 낼 수 있다. 그런 까닭에 인간은 위대하며 만물의 영장이 된다.

하나님 다음으로 신비하고 지혜로운 능력을 가진 생명체가 인간이다. 그렇기에 인간이 무엇을 어떻게 사고하며, 세상 사람들에게 어떠한 유익을 주며 살아가는가 하는 것은 매우 중요하다. 고난과 실패, 좌절을 극복하면서 나와 세상은 간 곳 없이 골방에 앉아 깊이 사색하며 이끌어 낸 것들이기에 철학자들의 사상은 위대하다.

날마다 깊은 사고를 하며 생각에 잠겨 사는 사람은 알찬 인간이 되고, 세상 역사를 뒤바꿔 놓는다. 창조주의 도움을 받아 선하고 아름다운 생각 속에서 합리적으로 사고하고, 과학적 사고와 비판적 사고를 하며 공정한 사고를 하는 인간이 된다면 놀라운 창조의 목적을 달성할 수 있는 생산적인 사람이 될 것이다.

밑천 안 들이고
행복을 만들어 주는 사람

몇 년 전 일이다. 나는 미국항공으로 뉴욕에서 애틀랜타로 가게 되었다. 뉴욕의 케네디 공항까지 친구가 나를 태워다 주었다. 그런데 그날 갑자기 그가 목회하는 교회의 노인들을 자신의 집에 초대해서 저녁 파티를 하게 되었다는 것이다. 그래서 그는 나를 공항에 내려 주고 곧바로 집으로 돌아가 버렸다.

케네디 공항은 매우 복잡하였다. 혼자 남은 나는 공항에서 팁을 받고 일하는 어느 흑인 형제에게 부탁하여 짐을 부치고, 그 형제가 휠체어를 마련해 주는 대로 내 생애 처음으로 휠체어를 타고 비행기 안까지 들어갔다. 도움을 준 형제에게는 섭섭지 않게 팁을 주었다. 나는 앞을 보지 못하기 때문에 비행기를 타기까지 모르는 사람의 도움을 받아야 하는 것이 불안했고 신경을 많이 써야 했다. 그렇기 때문에 너무도 지친 나머지 나를 공항에 내려 주고 가 버린 친구에게 서운하기도 하고 한편으로는 불쾌한 생각마저 들었다. 신학교 동창으로, 내가 앞을 못 본다는 것을 알면서도 인정사정없이 공항 입구에 내려 주고 가 버린 그가 매정하게 느껴졌다.

비행기는 애틀랜타를 향해서 이륙했다. 그때 마침 나이가 지긋한 미국 승무원이 내가 시각장애를 가진 것을 알고 나를 찾아와 자신을 소개하면서 웃음과 친절로 나를 안심시키며 기쁨을 주고 행복하게 해 주었다. 그녀는 수시로 내 곁에 와서 짜증 한번 내지 않고 정다운 미소와 친절한 표정으로 내 마음을 포근하게 감싸 안았다. 드디어 비행기가 애틀랜타에 도착하였다. 그녀는 넘치는 미소로 나를 안내하며 비행기에서 내려 짐 찾는 데까지 따라와 도와주었다.

짐을 찾은 후 나를 마중 나올 친구를 만나기 위해 약속 지점으로 갔으나 그가 아직 보이지 않았다. 나는 다시 당황스럽고 불안해지기 시작했다. 나를 안내해 준 그녀는 40분 후에 시애틀로 떠나는 비행기에 탑승해야 했다. 그러나 그녀는 또다시 나를 감동시켰다. 약속한 친구가 나타날 때까지 비행기 출발을 두 번이나 늦추면서 함께 기다려 주었고, 마침내 친구가 나타난 후에야 비로소 안심하고 웃음이 가득한 얼굴과 사랑이 담긴 목소리와 친절한 모습으로 떠나는 것이었다.

미소와 친절은 말없는 꽃이며 정답고 아름다운 표정인 동시에 희망이다. 미소를 머금은 눈에는 정기가 감돌고, 가식이 없는 웃음소리는 상대방의 깊은 곳으로부터 희망을 길어 올리게 한다. 그래서 어떤 철인은 말하기를 "사람에게 있는 미소는 인생의 가장 값진 보배요 정신의 양식이며 빛나는 진주"라고 하였다.

얼굴에는 정다운 미소를 머금고 아름다운 입술로는 밝은 음성을 내며 인사와 대화를 주고받도록 하자. 이러한 인생이 바로 나 아닌 다른 사람에게 밑천 들이지 않고 꿈과 행복과 용기를 주는 삶이다.

칸트는 그의 저서에서 "미소는 기쁨과 행복과 감사가 넘치는 천국인의 표정이고 천국은 미소가 가득한 나라"라고 하였다. 그리고 "지옥은 미소가 없는 사람들이 서로 모여 사는 불행한 세계"라고 하였다.

나는 하늘나라에 가신 이명수 박사의 소개로 그 교단에서 가장 크다는 어느 교회 목회자와 어렵게 약속을 하고 그를 찾아간 일이 있다. 그의 집무실로 안내를 받아 가게 되었는데 그 방은 화려하고 넓었다. 나는 소파에 앉아서 잠시 묵상을 한 후 성직자에게 악수를 청했으나 악수를 거부당했다. 내가 그를 만나러 간 목적을 말했으나 그는 아무 대답이 없었다. 그를 만나서 10여 분 남짓하게 시간을 보냈으나 그는 묵비권 행사를 하였다. 그는 왜 그런 태도로 인생을 살아가는 것일까? 얼마 후 그는 불미스러운 일로 그 교회를 떠났고 세상 사람들에게 조롱거리가 되었다.

인생의 보람이란 미소와 웃음과 사랑과 친절이 서로 오고 가는 정담을 나누는 데 있다. 인생은 서로 간의 정다운 미소와 정다운 말과 정다운 친절과 정다운 희생과 정다운 베풂의 철학이 오고 갈 때 행복해진다. 반대로 정다운 미소와 사랑과 인정이 오고 가지 않을 때 그것이 인생의 불행이다.

내가 가진 아름다운 미소와 친절과 사랑을 나 아닌 다른 사람에게 베풀면 반드시 나에게 되돌아오기 마련이다. 나는 그 비행기 승무원의 대가 없는 미소와 사랑, 친절이 너무 고마워서 귀국한 후에 감사 편지와 더불어 천사를 상징하는 흰 블라우스를 그녀에게 선물로 보냈다.

나는 우리가 꽃보다 더 아름다운 미소와 부드러운 말, 기쁨으로 행복을 만들어 주는 사람이 되었으면 한다. 사도 바울은 말한다.

"즐거워하는 자들로 함께 즐거워하고 우는 자들로 함께 울라."

투자 없이
다른 이를 행복하게 해 주는 인간

　사람들은 나 아닌 다른 사람으로부터 인정받고 칭찬받고 사랑받고 싶어 하는 강한 의지와 욕구를 가진 존재이다. 사랑과 칭찬은 말 못하는 동물들도 좋아한다. 몇 년 전 나의 집 베란다에서 새를 기른 적이 있다. 매일 아침 인사를 하며 사랑한다 하였더니 새들도 지저귀며 노래하고 좋아하는 것을 보았다.
　미국 로스앤젤레스에 있을 때 매일 아침 산책을 하였다. 2~3km쯤 걸으면 길가에 허름한 집 한 채가 있었는데, 거기에 예쁜 토끼 한 마리가 있었다. 토끼를 발견하고 "토끼야 이리 오너라. 너는 참 예쁘구나." 하면 토끼는 내 주위를 돌며 좋아하였다.
　내가 가진 무엇에 대해 남에게 인정받을 때 누구나 삶의 보람을 느낀다. 그런데 우리는 한평생 살아가며 다른 이들을 얼마나 칭찬할까?
　나는 이 내용을 어느 대목에서 이미 언급했을 것이다. 열세 살 어린 시절의 일이다. 어느 목사님이 나의 신앙에 대해 몇 가지 물어보고는 "학생 참 훌륭하다. 하나님께서 많이 사랑하는 사람이구나. 넌 성공하겠다."며 주일 저녁 예배 시 신앙에 대해 간증을 하라는 것이었다. 그 이야기를 듣고 한 달간

잠을 못 잤다. 약속한 날이 되어 내 생애 처음으로 200~300명의 교인들이 예배드리는 자리에서 예수 그리스도가 앞 못 보는 이를 만나 침으로 흙을 이겨서 눈에 발라 주고 실로암 못에 가서 씻으라고 했던 요한복음 9장의 말씀을 전했고, 교인들은 눈물바다가 되었다. 노인에서 젊은이에 이르기까지 은혜받았다고 얼마나 칭찬을 해 주는지…….

나는 이때 '하면 된다'는 자신감을 얻었다. 칭찬은 희망과 용기, 꿈의 활력소인 동시에 위대한 강장제이며 기쁨의 촉진제가 된다. 어려워 낙심되고 좌절하였을 때 누군가의 칭찬을 통해 용기를 얻을 수 있다. 칭찬은 희망을 솟아나게 하고 생기가 넘치게 하며 삶의 긍지를 갖게 한다.

한 포기의 나무, 한 포기의 꽃이 싱싱하게 자라 제구실을 하려면 적당하게 비를 맞고 양분을 섭취하고 따뜻한 햇볕을 받아야 하는 것같이 사람이 성공하려면 반드시 칭찬이라는 단비와 햇빛이 필요하다.

현대인들은 나 살기에 급급하여 남 칭찬에 인색하다. 그리하여 현대인들은 칭찬에 굶주려 있다. 칭찬보다는 비난과 비판, 중상모략에 싸여 산다.

공자는 "훌륭한 사람은 다른 사람의 장점을 발견하여 더 잘하도록 신장시키고, 다른 이의 결점을 들춰내어 중상하지 않는 사람이다."라고 하였다. 그리스도는 자신의 눈 속 대들보는 보지 못하고 다른 사람 눈의 티를 보는 것에 대해 자기 자신이 어떠한지 깨닫지 못하기 때문이라 하였다.

나 아닌 다른 이를 칭찬하기 위해서는 너그러운 마음을 가져야 한다고 생각한다. 마음이 좁은 사람은 남을 칭찬하지 않으며, 그러한 사람은 옹졸한 사람이다. 그러나 언제나 다른 이를 칭찬하는 사람은 태양과 같은 사람이다. 칭찬을 통해 다른 사람을 행복하고 즐겁게 해 주는 큰 사람이 되었으면 한다. 마음껏 칭찬해 주는 것은 추운 겨울 한낮에 비치는 따뜻한 햇살 같으며, 사람에게 격려와 행복을 준다. 넓은 마음을 갖고 어디서나 다른 사람의 이름을 높여 주는 너그러운 사람이 되었으면 한다.

복을 누리는 인생이 되는 비결

세상 모든 인간들은 부족함 없는 풍성한 삶을 갈망한다. 그렇다고 해서 모든 사람에게 그 갈망이 충족되는 것은 아니다. 그렇다면 어떤 인생철학을 가지고 살아갈 때 풍성함을 누릴 수 있을까?

영국의 학자 토마스 헉슬리는 그의 저서에서 인간 복의 근원은 성실이고, 도덕의 핵심도 성실이라고 하였다. 빛이 태양의 핵심인 것과 같이, 또 짠맛이 소금의 핵심인 것과 같이 인간의 성실은 축복의 핵심이다. 신과 나와의 관계에 성실성을 다하고, 대인관계에 성실성을 다하고, 대물관계에 성실성을 다하면 그 삶은 복을 받는다.

성실의 반대는 거짓과 허위이다. 인생에 있어서 성실성이 없는 철학과 사랑, 우정과 교육, 성실성이 없는 정치와 국가의 미래는 비생산적이다. 그런 까닭에 성실성은 세상 모든 사람이 가져야 할 윤리인 동시에 도덕이다. 지혜의 왕 솔로몬은 "성실히 행하는 가난한 자는 사곡히 행하는 부자보다 나으니라"라고 하였다.

인간이 성실에 가까우면 가까울수록 알차고 참되고 의로운 사람이 된다. 그러나 성실에서 멀어지면 멀어질수록 가난과 허망에 빠진다. 아무리 명문

대를 거쳐서 학식이 많고 박사가 되었다 할지라도 성실이 없으면 그 사람의 성공은 헛것이다. 그래서 인생 공부 중에서 성실의 공부가 제일이다. 솔로몬은, 정직한 자의 성실은 그의 인생을 아름다운 곳으로 인도한다고 하였다.

   실존철학의 인간은 성실해야 한다는 것을 핵심으로 말한다. 성실이 풍요로운 인생을 만들어 간다. 복된 삶을 살고 싶으면 성실한 사람이 되자.

샘물과도 같은 감사

감사의 마음은 인생을 풍성하게 하고, 축복과 행복과 보람을 여는 열쇠인 동시에, 하늘의 복을 끌어들이는 해맑은 마중물이다. 그러나 불평과 불만의 마음은 인생의 축복도 행복도 몰아내고 불행을 끌어들인다.

그런 까닭에 흐뭇한 삶의 맛을 느끼고 싶으면 모든 일에 고맙고 감사하는 마음을 가져야 한다. 그래야 하나님도 그 사람을 사랑하고 좋아하고 축복하신다. 감사를 가득 품고 있는 사람의 모습은 태양처럼 빛이 난다.

앞서도 여러 차례 언급하였지만 전쟁은 나를 고아와 실명인의 이중고 속으로 몰아넣었다. 거지가 되어 구걸하여 깡통 속에 받아온 음식을 햇빛이 드는 양지에 앉아 감사 기도를 드린 후 손으로 집어먹었다. 밥에 돌이나 생선의 뼈를 뱉어 종이에 싸서 버린 것이 들어 있을 때가 있었다. 그러면 그것을 털어 골라내어 먹으며 "하나님! 이것이라도 주셔서 감사합니다."라고 기도했다. 썩은 밥을 먹고 식중독으로 수없이 고생하기도 했다. 지금 생각해 보면 내가 그 메스꺼운 밥을 어떻게 먹었나, 아찔할 뿐이다.

추위에 떨며 이른 아침 이 집 저 집 밥을 얻으러 돌아다니다 보면, 어느 잘 사는 집의 친절한 아주머니가 고깃국에 밥 한 그릇을 말아 깡통에 담아 주며

"이것 먹고 건강하게 오래 살아라."라고 희망의 말을 건네 줄 때도 드문드문 있었다. 그것이 어찌나 고맙고 감사했던지, 지금도 눈물이 글썽거린다.

감사의 마음으로 한평생을 살아가는 삶은 축복과 행복과 성공의 화원이 될 수 있다. 퍼내면 퍼낼수록 맑은 물이 솟아나는 샘이 될 수 있다.

다윗은 "여호와께서 내게 주신 모든 은혜를 무엇으로 보답할꼬 내가 구원의 잔을 들고 여호와의 이름을 부르며 여호와의 모든 백성 앞에서 나의 서원을 여호와께 갚으리로다"라고 하였고, 복음의 사도 바울은 "항상 모든 일에 감사하라."고 하였다. 또한 빌립보서에서는 "아무것도 염려하지 말고 오직 모든 일에 기도와 간구로, 너희 구할 것을 감사함으로 하나님께 아뢰라"고 하였다. 천지를 지으신 여호와께 감사하고 다른 이에게 감사한 마음을 품으면 물 댄 동산처럼 축복이 흘러넘칠 것이다.

부자이지만
가난하게 사는 사람

　이 세상에는 없으면서도 가진 척하고 자랑하며 허풍을 치는 사람이 있다. 반대로 있으면서도 없는 척하며 인색하게 굴고 비참하게 사는 사람도 있다.
　나는 대학 시절 교회의 중학생들에게 잠시 영어를 가르친 경험이 있다. 그 학생들 중에 그럴듯하게 부풀리고 허풍을 잘 치는 한 학생이 있었다. 그의 말에 따르면 자기네 집은 여섯 개의 방이 딸린 큰 대궐 같으며, 정원은 연못과 꽃들로 아름답기 짝이 없고, 토끼와 강아지와 새들로 가득 차 있으며, 뒤뜰에는 사과나무, 감나무, 밤나무가 있다고 하였다. 그리고 방에는 커다란 전축이 있고, 방마다 TV가 있다며 늘 자랑하였다.
　그런데 영어 수업을 시작한 지 석 달이 되어도 과외비를 내지 않는 것이었다. 그렇게 부자인데 왜 과외비를 내지 않을까 의아하게 생각하던 어느 날, 함께 가르치던 학생을 대동하여 그의 집을 찾아가 보고 충격을 금할 수가 없었다. 그 학생의 집은 자그마한 오막살이에 궁핍하기가 한이 없었고, 그의 아버지는 연탄을 배달하고 그의 어머니는 남의 집 청소를 하며 근근이 살아가는 아주 가난한 가정이었다. 그가 지금까지 말한 것은 모두 다 헛된 거짓말이었다. 그는 가난했지만 부유함을 상상하였던 것이다. 나는 어린 학생에게 실망과 절망과 낙심을 주지 않기 위해 그날의 일에 관해 한마디도 언급하지 않았다. 그러나 이와는 반대의 경우도 있었다.

내가 신학교를 졸업한 후 성직자가 되어 앞을 보지 못하는 사람들에게 개안수술로 빛을 찾아 준다는 소식이 널리 퍼지고 있을 때였다. 마침 서울 시내의 큰 교회에 출석하는 M집사가 있었는데, 그녀는 북한에서 살다가 월남하여 서울 한복판에서 식당을 운영하고 있었다. 열심히 돈을 모아 서울 변두리 외인 주택 근방에 엄청나게 큰 땅을 매입하였다.

M집사는 손위의 형제가 시력을 잃어 앞을 못 보기 때문에 시각장애인에 대한 관심이 있다고 하였다. 그녀는 우리 실로암안과병원에 한두 번, 사람들에게 빛을 찾아 줄 수 있는 소액을 후원하였다. 얼마 후 M집사는 나를 저녁식사에 초대하였다. 나는 두 직원들과 함께 그 가정을 방문하였다. 그의 집은 대궐 같았다. 그런데 문을 열고 현관에 들어갔을 때 전깃불이 없어 어두컴컴하였고, 들어가서야 전등을 켤 수 있었다. 방으로 안내받은 후 묵상기도를 하였다. 그렇게 부자인데도 방은 따뜻하지가 않았다. 잠시 후 식사가 차려져 하나님께 감사기도를 드리고 식사를 시작했다. 밥은 자그마한 공기에 많이 뜨면 세 숟가락, 적게 뜨면 다섯 숟가락 정도 들어 있었고 국도 충분치 않았다. 반찬도 두세 젓가락밖에 되지 않았다. 그렇지만 우리 일행은 감사한 마음으로 식사를 하고 대화를 하였다.

M집사는 땅 사 놓은 것이 그 값이 올라서 한 귀퉁이만 팔아도 몇 십억이 되고, 이것을 다 팔면 몇 백억의 돈을 받을 수 있다고 말했다. 실제로 그중의 한 귀퉁이를 떼어 팔았더니 20억을 받았다고 했다. 그러나 그녀는 신발이 떨어지면 수리하여 신고, 옷도 떨어지면 수선해서 입고, 아무리 추워도 온도를 높이지 않고 찬 기운만 없애고 산다고 하였다.

후에 M집사는 많은 재물을 가지고도 끝까지 가난하게 살며 보람 있는 일은 한 번도 하지 못하고 세상을 떠났다. 그분의 생애는 참으로 부하면서도 가난하고 비참한 삶이다. 이런 사람이 비단 M집사뿐이랴.

미국 미네소타 주의 한 노인이 사망한 사건이 있었다. 그 노인의 사망 원인을 추적해 보니 천만 달러에 가까운 돈을 가지고도 난방을 하지 않고 먹지도 않고 가난하게 살다가 영양실조 내지는 얼어죽었다는 것이다.

어떤 성직자는 누구도 감히 받을 수 없는, 상상도 못할 만큼의 몇 억 대의 사례비를 받으면서도 자신은 가난한 자라고 허풍을 친다. 그러면서도 넉넉한 사례비를 받지 못하는 동역자를 비난한다. 그는 몇 교회들로부터 1년에 몇 십억씩 상납을 받아 누리며 산다. 「베니스의 상인」에 나오는 샤일록과 같은 사람이다. 그런 까닭에 그에게 돈을 보내는 교회는 재정적으로 어렵게 교회를 지탱해 나간다.

또 시각장애인들을 위해 몇 차례의 바자회를 열어 시각장애인들의 선교 기금으로 조성된 금액 몇 억 원의 돈을 목적대로 쓰지 않고 착복하는 P목사라는 사람도 있다. 그 사람은 돈 때문에 세상을 떠들썩하게 하고 돈 때문에 하나님의 영광을 가리고 많은 사람들을 실망시켰다. 그 사람은 돈에 대해 무엇보다도 관심이 많은 사람이었다. 욕심으로 인해 올바른 양심을 저 멀리 보낸 사람이다. 이런 사람들은 부하면서도 그 부의 축복을 제대로 누리지 못하는 딱한 사람들이다.

우리는 가진 것이 없을지라도 마음이 부하고 넉넉한 사람인 동시에 없는 자의 아픔을 나의 아픔으로 생각하고 대가 없이 헌신할 수 있어야 할 것이다.

캘리포니아에서 맞는 나의 새벽

　서울에서 넓디넓은 태평양을 건너 미국의 캘리포니아 땅에 도착하면 시차로 인해 낮에는 잠이 오고 밤이면 몽롱하여 제대로 된 밤잠을 며칠간 이루지 못한다. 그러나 그 시기가 지나면 적응이 되어 서울에서의 생활과 마찬가지로 나는 새벽 3시 이전에 잠에서 깬다.
　그리고 창을 열어 놓고 엎드려 하나님께 기도한다. 어디선가 들려오는 기적 소리는 마치 교회에서 나를 부르는 새벽 종소리같이 느껴진다.
　기적 소리는 내게 어린 시절 좀 더 나은 삶을 살기 위해 승차권 없이 부산에서 서울로, 서울에서 부산으로 기차에 몸을 싣고 다니던 때를 떠올리게 한다. 그때 나는 표 한 장 살 돈이 없어 검표원이 저쪽에 보이면 얼른 의자 아래 숨고 화장실로 피하곤 했다. 아픔과 고통의 추억들 중 하나이다. 그때를 생각하면 눈물이 얼굴을 적신다. 무사히 역에 도착하였어도 표가 없어 나가지 못하고 기차역 주변에 앉아 있으면 때로는 인정 많은 역무원들이 눈감아 주어 빠져나갈 수 있었던 그때를 떠올리면 지금도 아찔하다.
　이른 새벽 하나님과의 대화를 마친 후 아내와 함께 왕복 3km를 걷기 위해 우리가 머물고 있는 사랑하는 양(養)딸의 집 대문을 열고 나선다. 맑고 청정한 캘리포니아의 독특한 새벽공기가 우리에게 안겨든다.

한 발 한 발 내딛으면 내딛을수록 캘리포니아의 새벽공기는 오아시스에서 흘러나오는 물처럼 맛있고 신선하다. 새들의 지저귀는 소리, 어쩌면 그렇게도 아름답고 깨끗하고 맑기가 한이 없는지! 그 새들이 나의 머리 위에, 나의 손 위에 앉으면 먹이라도 한없이 주고픈 마음이 든다. 새들은 마음이 맑기에 저렇게 투명하고 청아한 소리를 내는구나. 나도 새처럼 저렇게 맑은 소리, 깨끗한 소리로 방황하는 사람들에게 희망의 메시지를 전해 줄 수는 없을까?

따뜻한 봄바람이 불면 얼음이 녹아 샘에서 맑은 물이 흐르고 나무에서 새순이 돋는다. 우리의 마음에도 따뜻하고 맑은 바람이 불면 마음에서 선함과 사랑이 나오며, 그럴 때 우리는 맑은 언어로 사람에게 감동을 줄 수 있다.

나는 새처럼 맑고 아름다운 밝은 소리로 이 세상을 맑게 만들어 가는 선한 사람이 되길 소망한다. 마음이 청결할 때 하나님을 볼 수 있다. 천국에는 맑은 생명수가 흐르고 새소리와 같은 천사들의 소리가 들린다고 성서는 말한다.

맑은 마음, 맑은 생각과 맑은 몸의 맑은 사람이 되자. 우리 인류 모두가 새처럼 맑은 소리, 아름다운 소리, 깨끗한 소리로 이 세상을 맑게 만들어 갔으면 한다.

별 같은 지도자상

　별을 보기 위해서는 하늘을 올려다봐야 한다. 별은 언제나 높은 곳에서 아름답게 빛난다. 사람 중에도 한없이 빛나는 별과 같은 존재가 있다. 별처럼 우러러볼 수 있는 자화상을 마음에 지니고 인생을 살아간다면 그 사람은 존경받으며 역사에 길이 남는 사람이 될 수 있을 것이다. 우리는 이러한 인물을 별과 같은 존재라고 한다.

　별은 희망의 상징이고 광명의 상징이다. 고대 희랍 철학자 플라톤과 화가 레오나르도 다빈치와 라파엘로, 미켈란젤로는 별과 같은 위대한 존재들이었다. 이 밖에도 고대로부터 현대에 이르기까지 인류에게 문학적, 철학적, 신학적 영향을 끼친 위대한 인물들, 아우구스티누스를 비롯하여 토마스 아퀴나스, 칸트나 하이데거, 키르케고르, 셰익스피어는 인류에게 많은 영향을 주었던 별과 같은 존재들이다. 또 슈바이처와 리빙스턴, 테레사 수녀 역시 그들의 생애를 통해 어두운 세상을 빛으로 밝혀 준 위대한 별들이다.

　우리가 살아가는 이 시대에도 별과 같은 존재가 필요하다. 별은 아름답고 순수하다. 별의 세계는 한없이 맑고 깨끗하여 오염도 없고 혼탁하지도 않다. 우리 자신이 순수하고 오염되지 않은 별 같은 존재로 세상에 희망의 빛이 될 수는 없을까?

현대의 지도자들은 실망스럽기 한이 없다. 학계와 정치계나 종교계나 다 똑같다. 조금 유명해지면 교만하고 돈과 권력의 노예가 되어 양심과 이성을 잃어버리는 것을 종종 볼 수 있다. 예수 그리스도는 뒷전에 놓고 여러 교회에서 몇 억씩 상납받으며 너무도 비인간적으로 사는 성직자도 있다.

반면 평생을 나라와 민족을 위해 헌신하며 생을 바친 지도자, 무소유의 삶을 살며 재산을 자녀들에게 물려주지 않고 사회에 모두 환원하는 등 인생을 별처럼 깨끗하고 성스럽게 살아온 훌륭한 인물도 있다. 이런 이들은 진실로 위대한 이상적인 지도자이다.

별과 같은 이상적 인간이 되려면 순결하고 정결한 마음의 옷을 입고 인류를 향해서 희망을 던져 주는 존재가 되어야 한다. 이런 사람들이 다른 이들을 위해 일생을 살다 세상을 떠나면, 후대에 길이 존경을 받고 그리움을 남기게 된다. 이런 사람들은 높은 하늘에서 빛을 발하는 별과 같은 존재들이다. 우리도 세상 사람들이 별처럼 높이 우러러보는 정신적 지주가 되고, 인격의 지표가 되고, 사랑의 길라잡이가 되자.

위대한 자취를 남기고 간 인물들이 참 많다. 절망과 고뇌, 낙심 가운데서도 하나님을 믿는 믿음을 가지고 인류에게 영원한 희망을 안겨 준, 크로스비도 그중의 한 사람이다.

이 오염된 세상에서 희망의 새 천지를 창조해 가는 별과 같은 존재가 되기를 바란다. 남한산성 기슭의 작은 처소에서 평생을 소탈하고 검소하게 무소유의 삶을 사시다가 98세로 하늘나라에 가신 한경직 목사님처럼 세상의 선과 사랑의 별로서 겸손하게 살자. 진정한 별, 사랑의 슈퍼스타였던 그분처럼 말이다.

Like the
Light at
Daybreak

인생은 아침 태양처럼

사람이 새 역사의 주인공이 되려면 미쳐야 한다. 하나님도 우리에게 미치셨다. 하나님은 타락한 인간을 미치도록 사랑하셔서 인간의 구원을 위해 독생자를 세상에 보내셨다.

여·섯·번·째·이·야·기

오늘보다 나은 내일의 태양을 마주하라

아침을 깨우는 희망의 불덩어리가 발걸음을 인도해 줄 것이다

인간의 행복을 만드는 재료
인생의 행복의 집을 어디에 지을까?
행복한 국가, 행복한 가정, 행복한 일터가 되는 비결
인생의 자리에서 오는 행복과 보람
무에서 유를 만드는 비결
오늘보다 내일이 알차려면
나를 성공으로 이끌어 주는 좋은 책
인생을 행복하고 튼튼하게 사는 비결
사람이 해야 할 다섯 가지 선(先)
인생의 멋진 후반전과 종반전
웰빙과 웰다잉

인간의 행복을
만드는 재료

　　네덜란드의 철학자 스피노자는 말하길 "인생은 종합건축물과 같다."고 하였다. 인간의 행복은 집을 짓는 것과 같다는 의미이다.
　　넓고 튼튼한 대지 위에 벽돌, 나무, 돌 등 좋은 재료가 있어야 견고한 집을 지어 편안하게 살 수 있다. 그러나 재료만 있다고 간단하게 아름다운 집이 지어지는 것은 결코 아니다. 튼튼하고 아름다운 집을 짓기 위해서는 훌륭한 아이디어의 설계자가 있어야 하고, 각 분야에 따라 기술이 좋은 유능한 기술자들이 있어야 하는 동시에 분야별로 필요한 도구가 있어야 한다. 또한 건축물의 디자인에 있어서도 깊은 고민과 지혜의 기술이 필요하다. 이 모든 것들이 합하여질 때 훌륭한 지상의 집이 완성된다.
　　그렇다면 인간이 그렇게도 바라고 원하는 행복이란 집의 구성요소는 무엇일까? 기본적으로 행복한 삶을 위해 건강, 돈, 지혜, 지위, 사랑, 교양, 지식, 보람의 재료가 있어야 한다. 이러한 재료들은 행복한 삶의 중요한 요소가 된다. 그 위에 다음과 같은 재료를 보태면 이보다 더 훌륭한 행복은 없을 것이라 생각한다.
　　첫째는 '감사'의 재료 위에 행복의 집을 지어야 한다.

복음의 사도 바울은 "범사에 감사하라"고 하였으며, "또 무엇을 하든지 말에나 일에나 다 주 예수의 이름으로 하고 그를 힘입어 하나님 아버지께 감사하라"고 하였다. 그리고 "아무것도 염려하지 말고 오직 모든 일에 기도와 간구로, 너희 구할 것을 감사함으로 하나님께 아뢰라"고 강조했다.

인간이 살아가면서 감사의 신앙과 철학을 갖고 살면 영혼과 육신이 살찌고 모든 일이 형통하다. 감사함은 하나님의 무궁무진한 축복을 내 것으로 삼는 것이다. 그러므로 감사의 재료 위에 행복의 집을 지어야 한다.

둘째는 '평화'의 재료 위에 행복의 집을 지어야 한다.

솔로몬은 "마른 떡 한 조각만 있고도 화목하는 것이 육선이 집에 가득하고 다투는 것보다 나으니라"고 하였다. 나와 아내는 젊은 시절에 맹학교에서 일하였다. 그곳은 어린아이부터 노인에 이르기까지 70여 명의 앞 못 보는 이들이 생활하는 곳이었다. 아침 일찍 일어나 예배를 드린 후 학생들은 보리밥에 시래깃국, 김치 몇 조각을 놓고도 화목하게 먹는 반면, 그곳의 원장과 일하는 노인이 겸상하다가 매번 말다툼하여 밥그릇이 앞마당으로 날아다니는 것을 여러 번 목격하였다. 다툼 후에는 할머니의 손을 잡고 '잘못했다'고 용서를 구하기는 하였지만 매번 그 일이 반복되었다. 뿐만 아니라 원장은 그날 기분이 좋지 않으면 학생들을 향해 욕설을 퍼붓고 순박한 학생들의 마음을 멍들게 하였다. 마음에 안 드는 학생이 있으면 머리채를 잡고 인정사정없이 구타하기도 하였다. 그 상황들은 나의 가슴을 도려내는 것같이 아프게 했다.

대구에는 200여 명의 고아들이 지내는 애망원이란 곳이 있다. 그곳은 교회의 장로가 원장으로 있으며 아침 일찍 예배로 하루를 시작한다. 나는 어린 학생들의 신앙 성장을 위해 특별 강연을 하러 간 적이 있다. 원장이 학생 한 명 한 명을 친아들과 친딸처럼 아끼고 사랑하였다. 공부를 잘 못하는 학생이 있을 경우에 그 이름을 부르며 "애야, 참 잘했다. 다음에는 조금 더 잘하자."며 격려하였다. 그곳은 사랑과 행복, 기쁨과 축복의 동산처럼 평화롭게 느껴졌다. 그런 사랑을 받고 자란 아이들 중에는 후일 성직자가 탄생하기도 하였다.

어느 시골에 위치한 다른 고아원의 원장 역시 학생들을 친아들과 친딸처럼 사랑하고 다독거리며 자신의 아들과 딸을 원생들과 함께 자라게 하였다. 그들 중에는 훌륭한 미디어 기관의 장을 역임한 사람도 있고, 성직자가 되어 역사와 전통이 깊은 교회의 담임목사가 된 사람도 있다.

이처럼 평화의 재료 위에 집을 지으면 세상을 바꿔 놓을 훌륭한 지도자가 탄생한다. 예수 그리스도는 "평안을 너희에게 끼치노니 곧 나의 평안을 너희에게 주노라 내가 너희에게 주는 것은 세상이 주는 것 같지 아니하니라 너희는 마음에 근심도 말고 두려워하지도 말라"고 하였다. 평화는 근심과 두려움을 몰아내고 행복만을 깃들게 한다.

셋째는 '기쁨', 즉 즐거운 마음의 재료 위에 행복의 집을 지어야 한다.

인간이 살아가는 데 있어서 근심과 걱정, 두려움은 극약과도 같다. 두려움과 근심, 걱정이 있는 곳에는 억만금이 있어도 기쁨과 행복이 부재한다. 어떤 큰 부자는 삶의 기쁨이 없고 불안과 근심으로 가득 차 있어 많은 이들이 부러워하는 부유한 삶을 버리고 자살을 택하였다. 이렇듯 물질의 부유함이 행복과 비례하는 것은 아니다.

지혜의 왕 솔로몬은 "마음의 즐거움은 양약이라도 심령의 근심은 뼈로 마르게 하느니라", "마음의 즐거움은 얼굴을 빛나게 하여도 마음의 근심은 심령을 상하게 하느니라"고 하였다. 이사야서에서는 "두려워 말라 내가 너와 함께 함이니라 놀라지 말라 나는 네 하나님이 됨이니라 내가 너를 굳세게 하리라 참으로 너를 도와주리라 참으로 나의 의로운 오른손으로 너를 붙들리라"고 하였다.

끝으로 깊은 '가치'의 재료 위에 집을 지으면 그야말로 그 사람과 그 주변은 행복의 동산이 될 것이다.

각자가 느끼는 인생의 최고 가치가 무엇일까? 그 영원한 재료 위에 행복의 집이 지어진다면 그 집은 에덴 동산에 버금가는 복되고 행복한 집이 될 것이다.

인생의 행복의 집을
어디에 지을까?

사람은 저마다 행복하기를 원하고, 행복을 꿈꾸고, 행복을 소유하기 위해 노력한다. 행복이란 무엇일까? 행복은 인생의 아름다운 교향악과 같다. 생기발랄한 리듬과 아름다운 멜로디, 은은한 하모니의 교향악을 감상하고 있노라면 밝은 희망이 넘치고 삶이 즐겁고 살맛이 난다. 마찬가지로 우리의 삶에서 연주되는 행복이라는 교향악은 우리의 인생이 흐뭇한 미소를 머금을 수 있게 해 주고, 삶에 대한 자신감이 넘치게 만든다.

대다수의 많은 사람들은 돈을 많이 가진 사람이 행복할 것이라 말한다. 또는 명예가 있는 사람이 행복할 것이라 말한다. 그런데 나는 행복을 그렇게 정의하고 싶지 않다. 많은 돈을 갖게 되는 경우에도 그 돈으로 인해 불행할 수 있다. 수천억 원의 돈을 가진 사람이 스스로 목을 매 자살하고, 인기가 높았던 유명 연예인은 행복하지 않았기 때문에 자살을 했다. 그런 것을 보면 돈이나 명예 자체가 행복의 척도는 아니다.

많은 재물은 없을지라도 밝은 희망을 갖고 기쁘게 사는 것이 행복이다. 그리고 행복은 인생 최고의 선이다. 최고의 선 위에 인생의 올바른 목표를 세우고, 그 목표가 성취되어서 보람과 만족을 느낄 때 그것이 진정한 행복이다.

가끔 사람들은 행복과 행운을 같은 개념으로 생각하기도 한다. 그런데 여기서 우리가 반드시 알아야 할 것은, 행복과 행운은 비슷한 개념인 것 같아도 전혀 다른 차원의 개념이라는 것이다. 행운이란 기대하지 않고 복권을 샀다가 몇 백억 원짜리가 당첨되었거나 길을 가다가 금덩어리나 다이아몬드를 줍는 것이다. 행운을 가리켜서 요행이고, 우연의 산물이라고 한다. 이런 것은 흔하지 않다.

그러나 모든 사람이 추구하는 행복은 하나님을 믿는 믿음 안에서 기도하며 땀 흘려 노력하고 지혜를 모아 정성과 인내를 가지고 쌓아 올리는 인생의 공든 탑에서 얻어지는 과정인 동시에 결과이다. 찬란하게 빛나는 구슬을 만들려면 셀 수 없이 갈고 닦기를 되풀이해야 보다 가치 있는 구슬을 만들 수가 있다. 인간의 행복도 마찬가지이다. 밭에다 콩을 심으면 콩이 나고 팥을 심으면 팥이 난다. 스스로 올바른 마음과 정신을 가지고 부단히 노력할 때 비로소 아름다운 행복의 열매를 맺을 수 있게 된다.

어느 철인은 말하기를 "행복은 인생의 정성스러운 창조"라고 했다. 행복은 추구하는 것이 아니라 창조하는 것이다. 왜냐하면 창조를 이루어 내기 위해서는 지혜와 정성과 능력이 있어야 하기 때문이다. 이런 행복을 창조하는 요소들이 있다.

첫째로 '건강'의 기둥 위에 인생의 집을 지을 때 행복하고 성공하게 된다.

건강 관리의 기초는 올바른 정신과 생각이다. 생각이 맑고 정신이 건전할 때 행복의 주인공이 될 수 있다. 마음과 정신과 육체가 건강하려면 고난과 싸워야 하고, 역경을 이겨 내야 하며, 시련을 극복하고 목표에 도전하며 나아갈 때 성공과 승리의 언덕을 넘어갈 수 있다. 우리는 성실하고 건전한 밝은 인생관 위에 집을 지어야 하며, 하나님을 사랑하고, 부모와 형제를 사랑하고, 스승님을 사랑하고, 동료를 사랑하고, 학교를 사랑하고, 하나님이 만드신 자연을 사랑하는 아름다운 정신을 바탕으로 행복의 집을 지어야 한다.

뿐만 아니라 건강은 인생의 기본 주춧돌이다. 내 인생에 있어서 건강을 잃으면 아무 소용이 없다. 그런 까닭에 건강 위에 인생의 행복을 지어야 한다. 튼튼한 기둥 위에 기초를 세울 때 집은 무너지지 않는다. 건강을 초석으로 한 행복의 집짓기를 하자.

둘째로 '신념'의 기둥 위에 인생의 집을 지을 때 행복하고 성공하게 된다.

희망은 '하고 싶은' 것이요 신념은 '할 수 있다'고 믿는 것이다. 할 수 있다는 신념을 가질 때 해 보려는 온갖 노력을 기울이게 된다. 반면에 할 수 없다고 단념할 때 인간은 모든 노력을 포기한다. 위대한 진리의 발견, 놀라운 사업의 성취, 뛰어난 발명의 완성, 모두 다 신념의 산물이다. 할 수 있다고 믿으면 할 수 있고, 할 수 없다고 믿으면 할 수 없는 것이다. 신념은 기적을 낳고, 훈련은 천재를 만든다. 신념은 위대한 힘의 원천이다. 신념은 불가능을 가능으로 만드는 놀라운 힘이요 무에서 유를 창조하는 무서운 능력이다. 우리는 신념의 위력을 알아야 한다. 신념은 나를 움직이는 동시에 남을 움직인다. 뜻이 있는 곳에는 언제나 길이 있다. 신념이 강하면 반드시 이루어진다. 인간 개발의 근본은 정신력 개발이요, 정신력 개발의 근본은 신념으로 무장하는 것이다. 산다는 것은 신념을 갖고 신념대로 행동하는 것이다. 아무 신념도 없이 살아간다는 것은 인생을 헛사는 것이나 다름없다. 우리는 신념의 반석 위에 굳건히 서서 씩씩하게 인생을 살아가야 한다.

셋째로 '용기'의 기둥 위에 인생의 집을 지을 때 행복하고 성공하게 된다.

용기란 무엇인가? 굳센 것이요 늠름한 것이다. 적극적인 정신으로 사는 것이요 자주적 의지로 생활하는 것이다. 용기가 있는 사람은 두려워하지 않고 강한 의지를 가지고 자기 목표에 도전한다. 용기를 가진 사람은 살아서 꿈틀거리는 사람이다. "운명아 비켜라, 내가 나아간다." 마테를링크의 「파랑새」라는 명작에 나오는 말처럼 용기가 있는 사람은 운명에 도전한다. 그는 환경의 피지배자가 되지 않고 환경의 지배자가 되려고 한다. 그는 고난에 도전하고, 역경을 돌파하고, 시련을 이겨 내고, 유혹을 물리친다. 악성 베토벤은 "인간의 위대성의 척도는 용기에 있다."고 말하면서 "용기는 고난 앞에서 늠름한 태도"라 하였다. 인간이 얼마만큼 훌륭한가를 판단하는 기준은 얼마만큼의 용기가 있느냐 하는 것이다.

우리는 운명의 도전을 받고 고난의 시련을 겪을 때 굴복하지 않고 늠름한 정신으로 이겨 내야 한다. 산다는 것은 싸우는 것이다. 특히 나 자신과의 싸움에서 이겨야 한다. 인생은 긴 장애물 경주와 같다. 우리가 넘어야 할 시련의 언덕들이 수없이 많고, 우리가 건너야 할 고난의 강이 허다하다. 우리가 이 언덕과 강을 넘어 승리와 성공과 행복의 정상에 도달하려면 무엇보다도 용기가 필요하다. 용기 있는 사람은 승리하고 용기가 없는 사람은 패배한다. 모름지기 우리는 인생의 용사가 되어야 한다.

넷째로 '하나님의 말씀과 기도'의 기둥 위에 인생의 집을 지을 때 행복하고 성공하게 된다.

하나님의 말씀 속에는 보이지 않는 신비의 기적이 있고 축복이 있기 때문이다. 또한 하나님의 말씀에는 영원한 생명이 있다. 세계적 부호 카네기는 아침저녁으로 성경을 묵상하고 시간만 있으면 성경을 읽었다. 그런 까닭에 카네기는 하나님이 함께하셔서 세계적인 부호가 될 수 있었다. 헤아릴 수 없는 축복이 바로 하나님 말씀 속에 있기 때문이다.

백화점의 왕 워너메이커는 뛰어난 경영자일 뿐만 아니라 훗날 체신부 장관이라는 직임을 수행한 위대한 사람이다. 그의 삶의 기초는 바로 기도였다. 그는 관직을 수행하면서 자신이 봉사했던 주일학교 교사를 맡지 못할까 봐 끊임없이 기도하며 하나님 앞에 정직하고 성실하게 기도했다. 사람들 앞에서 주일학교 교사가 자신의 본업이고 장관 자리는 부업으로 생각한다는 말을 하며 기도하는 지도자의 모습을 보여 주었다. 그는 처음부터 넉넉하고 부유하지는 않았지만 하나님께 모든 것을 맡기고 기도하며 생활했기 때문에 하나님께서 더 큰 복으로 채워 주신 것이다.

사람은 건강의 기둥, 신념의 기둥, 용기의 기둥, 마지막으로 말씀과 기도의 기둥 위에 집을 지을 때, 진정한 행복을 발견할 수 있다. 하나님의 도우심을 힘입을 때에 승리의 인생, 성공의 인생, 행복의 인생, 보람의 인생이 될 수 있다.

행복한 국가,
행복한 가정,
행복한 일터가 되는 비결

    나는 10여 년 전에 선배 허중호 목사가 목회하는 워싱턴 D.C.의 제일장로교회에 가서 말씀을 전하고, 그곳에서 4주 가까이 머무르며 이곳저곳을 방문하여 하나님의 말씀을 전했다. 그곳에 한 달 가까이 머물다 보니 머리가 길어져 미용실에 가서 이발을 하게 되었다. 그 미용실은 선배 목사의 부인이 미용사로 오랫동안 일하고 있는 곳이었다. 그런데 놀라운 것은, 그곳에서 일하는 대여섯 명의 미용사들이 한결같이 밝은 얼굴, 행복한 마음으로 오는 손님마다 기쁘게 맞이하며 머리를 손질해 준다는 것이었다. 그들이 그렇게도 행복하고 기쁘게 일하는 비결이 어디에 있을까?

    선배 목사의 부인은 아침부터 저녁까지 일하며 찬송도 부르고 우리 가곡, 동요도 부르면서 즐겁게 일하였다. 그 영향을 직원들이 받아 손님의 머리를 감기고 이발을 할 때 늘 찬양소리와 웃음소리가 끊이지 않았다. 얼마나 행복하고 즐거움이 넘치는 모습인가!

    행복하고 풍요로운 국가가 되려면 어떤 요소를 갖추어야 할까?

    많은 국민들이 행복하게 살 때 풍요로운 국가가 된다. 집안에서는 베 짜는 소리, 물레소리가 들려오고 가족들의 웃음소리, 어린 아기의 웃음소리가 들려올 때 그 가정은 행복하고 복이 있는 가정이다. 우리나라에 전해 오는 말에, "웃는 집에 복이 있다."라는 말이 있다. 또한 '조기개문만복래'(早起開門萬福來)라는 말은 아침 일찍 문을 열면 복이 들어온다는 뜻이다.

나는 수십 년 전 어느 집에 세 들어 살았던 적이 있다. 이상하게도 그 가정에서는 아침 식사 때마다 싸움이 벌어지고 밥상이 마당으로 날아오고 울음소리가 밖에까지 들렸다. 그 가정은 잘될 리가 없었다.

언제나 일하는 소리, 노랫소리, 웃음소리가 대문 밖까지 들려올 때 행복한 가정이 되는 것이다. 그리고 그런 가정이 많은 국가가 힘이 있는 국가로 우뚝 서는 법이며, 위정자들은 국민이 그렇게 살 수 있도록 애써야 하는 법이다.

나는 어린 시절에 전국을 누비며 거지 생활을 했다. 뜨거운 여름, 농촌을 지나가노라면 농부들이 논에서 풀을 뽑고 밭을 갈면서 열심히 일하며 노래를 부르는 풍경을 자주 볼 수 있었다. 논에서는 흥겨운 농부가가 들리고 밭에서는 소의 목에서 울리는 워낭소리가 들리고, 농부들이 소몰이 노래를 부르면서 즐겁게 일하였다. 그들은 가을이 되면 논밭에 오곡을 풍성히 거두면서 즐겁게 노래하였고, 탈곡기로 벼를 털면서도 기쁨에 찬 모습으로 일하였다. 그런데 이렇게 열심히 일해도 보릿고개라는 가난이 있었고 보리죽, 조죽(조당수)으로 그날그날 생명을 이어 가기도 어려운 때가 있었다. 그러나 우리나라는 하나님의 도우심으로 오늘날에는 부강한 나라가 되었다. 그런 어려운 시절을 거쳐서 대한민국이라는 나라는 이만큼 성장했다. 흥이 많고 유난스레 부지런한 우리 국민성의 덕택이다.

그러나 유감스럽게도 욕심이 많은 이들이 단체를 조직하고 일을 적게 하고 더 많은 것을 받고자 하는 것을 보면, 나는 심장이 끊어지는 것같이 마음이 아프다. 파업으로 인해 생산에도 차질이 생기고 수출에도 커다란 손해를 가져오고 나라가 혼란해지고 경쟁력이 떨어지기도 한다. 우리나라의 어려운 경제를 부흥시키기 위해서는 서로가 하나 되는 협력이 무엇보다 우선되어야 한다.

국민들이 열심히 일하면 잘사는 나라가 되는 것은 기정사실이다. 요즘에는 주 5일제 근무, 주 40시간 근무라는 개념 때문에 회사나 기관, 단체들, 병원 등에 적지 않은 어려움이 있다. 우리나라가 잘살기 위해서는 다른 나라 국민보다 더 열심히 즐겁게 일하며, '잘사는 나라, 부자 나라를 만들자'는 구호를 외치며 기쁘게 일해야 한다. 그럴 때 부자 나라가 되기 마련이다. 그리고 그 나라, 그 사회가 잘되려면 실력 있는 지도자가 많아야 한다. 좋은 지도자가 없으면 그 나라는 망하게 된다.

옛 중국 고사에 재미있는 이야기가 있다. 어느 두 나라의 임금들이 만나 서로 자기 나라 자랑을 하게 되었다. 한 임금이 먼저 "우리나라에는 비싼 보석이 무척 많다."고 했다. 그러자 다른 나라 임금은 "우리나라에는 그렇게 비싼 금은보화는 없으나 국민에게 행복을 주고 나라를 빛나게 하는 훌륭한 지도자가 많다. 이것이 우리나라의 자랑이다."라고 했다.

물론 나라가 잘되려면 재정이 풍족해야 하는 것이 사실이다. 그러나 재정이 많다고 해서 그 나라가 부유한 나라, 위대한 나라가 되는 것은 아니다. 그 나라의 민족과 사회를 빛나게 해 줄 지도자가 밤하늘의 별처럼 많을 때 진정 부유한 나라가 된다.

그렇다면 그 나라에 지도자가 많이 배출되려면 어떤 요소를 갖추어야 할까?

여기저기에서 글 읽는 소리가 들릴 때 그 나라는 희망이 있다. 과거 우리나라가 잘살지 못할 때는 희미하게 비치는 등잔불을 켜 놓고 글을 읽고 공부해서 여러 지도자를 배출하였다. 김구 선생, 조만식 선생, 안창호 선생, 신익희 선생은 가난을 이겨 내며 등잔불 밑에서 열심히 책을 읽고 공부했으며, 어떤 분들은 유학까지 다녀와 나라의 일꾼이 되었다. 글 읽는 소리가 나고 공부하는 자세가 되어 있는 나라와 민족은 발전의 원동력을 갖춘 나라이다.

이러한 맥락에서 나는 현재까지 시각장애인 초등학생, 중·고등학생, 대학생, 대학원생, 신학생, 박사 과정의 학생들 1,200여 명에게 장학금을 지급하여 석·박사 지도자를 길러 내었고, 어두웠던 시각장애인 사회에 밝은 희망과 꿈을 실어 줌으로써 높은 지성과 문화를 창출하기 위해 나의 모든 정열을 바쳤다.

우리나라와 같이 작은 나라에서 유엔 사무총장이 배출되었다는 것에 무척 자부심을 갖고 자랑스럽게 생각한다. 우리나라가 앞으로 더욱 발전하려면 진실한 국민, 열심히 일하는 국민, 일하는 소리가 들려오며 글 읽는 소리, 공부하는 모습이 여기저기에서 보여야 한다. 그리고 국민의 세금을 받아 사는 여야 국회의원들이 싸우지 말고 진심으로 국가와 민족과 사회를 위해 협력하는 국회를 만들어야 한다. 그럴 때 우리나라는 더 잘사는 나라가 되고, 부강한 나라의 틀을 확립하게 될 것이다.

인생의 자리에서 오는 행복과 보람

　지구상에 존재하는 모든 만물은 저마다의 자리가 있다. 사람으로부터 초목에 이르기까지 모두 자리가 있는데, 만일 어떤 사람이 이 세상 어디에도 자리가 없다면 그처럼 큰 불행은 없을 것이다. 나는 지금껏 살아오면서 자리가 없어서 당하는 슬픔을 여러 번 경험하였다. 앞을 보지 못하고, 부모형제가 없고, 가난하여 멸시와 천대와 인간으로서의 인정을 받지 못하였기 때문에 내가 설 자리는 없었다. 그러나 나의 가슴속 자아의 자리와 하나님 보시기에 진정한 그리스도인으로서의 자리는 잃지 않았다. 작은 자리라도 만드는 것이 참으로 힘들었던 나는, 하나가 생기면 그 자리를 지키기 위해 넘어져도 다시 일어나며 희망을 잃지 않았다.

　인간에게는 모두 자기 자리가 있어야 한다. 그 자리에서 맡은 일에 책임을 다할 때 삶의 보람과 행복을 체험하게 된다. 그런 까닭에 저마다에게 주어진 자리는 매우 중요하다.

　그 자리에 없어야 할 존재, 그 사람이 있어서 일에 지장을 주고 해를 끼쳐 불편을 주는 사람은 그 자리에 있으면 안 된다. 나는 공직 생활을 하면서 여러 사람을 만났다. 만나는 이들 중에는 두 번 다시 마주치고 싶지 않은 사람이 있다. 실력으로나 인격으로나 생활 자세가 수준에 도달하지 못한 사람이 있다. 그런 사람이 많다면 이 사회는 혼란에 빠진다. 사람은 어디서나 나를 필요로 하는 그 자리에 꼭 필요한 인물이 되어야 한다.

실로암안과병원에서 높은 직위의 직원이 주변의 청탁을 받고 입사시킨 사람이 하나 있었다. 그는 전기공으로 인맥을 통해 입사하여 원무과에 배치되어 행정 및 보험 청구 일을 하였다. 그러나 후에 트러블 메이커가 되어 문제를 일으켜 병원을 혼란에 빠뜨렸다. 자신의 자리가 아닌 자리에 가서 일을 망치는 사람이었다. 자신의 직분을 제대로 감당하지 못할 뿐더러 사명감조차 없는 사람이 남의 자리에 가서 간섭한다면 그 공동체는 힘들어진다. 우리는 자신이 속해 있는 나라와 기관으로부터 반드시 필요한 존재, 공동체 안에서 빛과 영광이 되며 칭찬의 대상이 되는 존재가 되어야 한다. 맡은 바 사명을 알고 역할을 충분히 해내는 존재가 되어야 한다. 자신의 자리에서 주어진 의무를 충실히 감당할 때 보람이 있으며 질서가 세워진다.

사람은 어디서나 이탈을 하지 말아야 한다. 부정과 부패의 행위는 주어진 본인의 임무를 망각하는 것이며 자리의 이탈이다. 사물은 제자리에 있어야 온전하며 아름답다. 가령 자신이 사는 집 앞마당에 묘가 있다고 생각해 보자. 그리고 안방에 화장실이 있다고 생각해 보자. 그 얼마나 상상할 수 없는 일인가?

몇 가지 예외가 있다. 독일의 비텐베르크 성당에는 마틴 루터의 묘가 있다. 우리나라의 양화진에 위치한 교회도 마찬가지이다. 교회 앞 양화진 선교사 묘원에 잠들어 계신 분들의 헌신으로 오늘날의 한국 교회가 존재하며 이를 기념하기 위해 교회가 세워졌다. 이분들은 그날의 자신의 자리에서 생명을 바쳐 삶을 헌신한 분들이시다.

이 세상에서 인간을 비롯한 만물은 제자리에 있을 때 아름답다. 자신의 자리를 지킬 때 행복과 번영과 기쁨이 오고, 창조가 이루어진다.

무에서 유를 만드는 비결

　아무것도 없는 가운데 무언가를 만들어 낸다는 것은 쉬운 일이 아니다. 천지만물을 창조하신 하나님은 땅이 혼돈하고 공허할 때 6일 동안 만물을 창조하셨다. 그것은 무소불능한 신의 능력이 있기에 가능한 것이었다.
　인간인 우리는 어떻게 무에서 유를 창조해 낼 수 있을까? 나의 견해로는 당장 아무것도 없을지라도 반드시 이루어야겠다는 목표가 있고 그 목표에 미치면, 인간도 무에서 유를 창조해 낼 수 있는 가능성이 있다고 사료된다. 어떤 일을 시작하여 밤낮으로 그 일에 미쳐서 자나 깨나 그 일에 혼신을 바쳐 몰두하면 안 될 것이 없다. 문명을 발전시킨 발명가들은 모두 목표를 정하고 그 일에 미쳤기에 자신의 발명품들을 만들어 냈다.
　사람이 죽기 살기로 정해 놓은 목표에 몰두하면 위대한 창조가 이루어진다. 우리나라는 과거에 경제적으로 주변 국가에 비해 뒤쳐진 나라였다. 보릿고개 시절이 있었고, 밥을 차려 놓으면 파리가 새까맣게 달려들어 밥과 함께 파리를 반찬처럼 먹어야 하는 어려운 시대도 있었다. 하루에 죽 한 끼로 생명을 이어 가는 사람들도 많았다. 불행하게도 전쟁까지 일어나 수많은 사람들이 죽어 갔고, 경제적으로 더욱 어려워졌다. 우리나라가 어려웠을 때 앞을 내다본 대통령은 보릿고개를 없애고 초가집도 없애고 국토 건설과 산업화에 노력을 기울여서 현대화를 시켰다. 그 후 우리도 잘살아 보자는 신념으로 국민을 한마음으로 똘똘 뭉치게 하였다. 그는 우리나라가 경제적으로 잘사는 나라가 되어야 한다는 신념하에 오로지 그 목표에 미쳤다. 그래서 결국 잘사는 선진국을 따라잡을 수 있는 나라로 바꿔 놓았다. 그가 이루어 놓은 업적들은 오늘날의 우리의 삶에도 영향을 주고 있다.

사명이라고 느껴지는 일에 깊이 빠져 그 일이 달성되도록 미치면 반드시 이루어진다. 나는 1970년도부터 어떻게 하면 시각장애인들이 잘살고 그들의 사회가 발전할까 깊은 관심을 갖고 기도하고 연구하면서 그 사명에 나의 모든 마음을 쏟으며 나의 모든 것을 투자하였다. 그래서 그 일에 목표를 세워 40년 가까이 새벽 3시에 기상하여 잠자리에 누울 때까지 목숨을 걸고 미치도록 열정을 다했다. 누가 자금을 지원해 준 것도 아니다. 글자 그대로 아무것도 없는 무에서 시작하였다. 미치도록 오직 한 목표에만 나의 삶을 바쳤다. 상대적으로 가족과 함께할 수 있는 시간은 적었다. 남들처럼 가족과 함께 시간을 보내며, 좋은 식당에서 외식 한 번 하기 어려웠다. 가족들은 집에서는 잠만 자고 나가는 나를 하숙생이라 부르기도 하였다. 그러나 나의 삶을 시각장애인의 선교 사업에 미치도록 바쳤기에 마침내 무에서 유를 만들어냈고, 이 세상에서 나의 몫을 할 수 있었다.

사람이 새 역사의 주인공이 되려면 미쳐야 한다. 하나님도 우리에게 미치셨다. 하나님은 타락한 인간을 미치도록 사랑하셔서 인간의 구원을 위해 독생자를 세상에 보내셨다. 하나님의 명령을 받고 세상에 오신 예수 그리스도 역시 하나님의 뜻에 미쳤고 인간의 구원을 위해 미쳤기 때문에 십자가에 기꺼이 달리시고 3일 후 무덤에서 부활하셨다.

무엇이든지 미치면 된다. 학생이 공부에 미치면 그 미래는 밝다. 교사는 열심히 공부하여 좋은 지식을 전수하며 제자를 올바른 길로 인도할 때 참 교육자가 된다. 성직자는 신앙과 양심을 지키고 인격을 쌓아 다른 영혼을 위해 열정을 다할 때 변화를 이루어 낸다. 예술인과 문학인, 정치인, 발명인이 목표로 삼은 것에 열정을 다하여 미치면 무에서 유를 만들어 내는 놀라운 창조의 역사를 일으키게 된다. 이처럼 어떤 일에 일편단심으로 미친다면 못 이룰 것이 없다. 당대뿐 아니라 다음 세대에 선한 영향을 끼치려면 꿈을 정하여 자신감을 갖고 그 목표에 충실히 미쳐라. 그럼 안 될 것이 없고 무에서 유를 창조해 내게 될 것이다.

오늘보다 내일이
알차려면

　무더운 여름 숲 속에서 시원한 소리를 내며 노래하는 매미는 듣는 사람들에게 기쁨을 안겨 준다. 그러다 약 2주가 지나면 어디론가 사라지고 만다. 매미는 아침 이슬을 받아먹고 한낮에 울다 죽는 것이다. 이는 매미에게 오늘만 있고 내일이 없기 때문이다. 하루살이도 오늘만 있고 내일은 없다.
　그러나 만물의 영장인 인간에게는 오늘도 있고 내일도 있고 미래가 있다. 내일이 있는 인간이 오늘보다 내일을 더 알차고 보람되며 행복하게 살려면 어떤 신념과 철학을 갖고 살아야 할까? 나는 오늘의 현실을 살아가는 젊은이들이 오늘보다 더 나은 내일을 살게 하기 위해 다음과 같이 제언하고 싶다.
　힘을 기르며 그 힘을 준비해야 한다.
　독립운동가 안창호 선생은 젊은이들에게 "오늘보다 내일을 더 잘살 수 있는 무기는 젊은 사람으로서 갖추어야 할 건강과 올바른 정신의식과 놀라운 기술과 뛰어난 인격과 올바른 양심이며, 어학의 지식과 다양한 표현력이다. 이런 일종의 무기를 준비한다면 그 사람의 미래는 반드시 보람과 행복이 넘치게 된다."고 하였다.
　링컨은 일생 동안 자신에게 찾아온 좋은 기회를 소유하려면 힘이 있어야 한다고 강조했다. 즉, 평소에 준비해 놓은 자신만의 무기로 기회를 살려서 붙들 수 있는 힘만 있다면 그 사람은 성공한 사람이 될 것이다.

세상을 살면서 준비처럼 중요한 것이 없다. 우리 대한민국이 북한 공산주의자들로부터 남침을 당한 것은 전혀 준비가 없었기 때문이었다. 그런 까닭에 젊은이들은 주어진 상황 속에서 열심히 공부해서 다양한 학식을 쌓아 어떤 일을 맡겨도 감당할 수 있는 힘을 길러야 한다.

그리고 충실하게 학식을 갖추고 힘을 준비했다면 그 힘을 가지고 국가와 민족, 그리고 사회와 소외당한 사람들을 위해 열심히 헌신해야 한다. 적성에 맞는 공부로 실력을 쌓아 마음껏 발휘하여 부지런한 일꾼이 되고 지도자가 될 때, 위대하고 훌륭한 사람이 된다.

나는 중·고등학교와 대학에서 학생들을 오랫동안 가르쳤다. 나에게 배운 학생들 중에 졸업 후 찾아와서 직장을 구해 달라는 이들이 있다. 한번은 어떤 졸업생의 부탁을 받고 이곳저곳을 알아보고 직장을 구해 주었다. 그러나 막상 그는 실력이 모자라서 그 일을 할 수가 없다고 했다. 준비가 안 되었던 것이다. 내일이 없이 오늘만 산 사람이다. 인생의 보람과 행복의 새 아침을 맞으려면 열심히 공부해서 미래를 위한 힘을 길러야 한다.

요즘 젊은이들을 보면서 염려되는 바가 적지 않다. 젊은 학생들 중에는 컴퓨터에 중독되어 밤이 새도록 남녀 간에 채팅을 하는 경우가 많다. 뿐만 아니라 스마트폰에 중독되어 수업 시간에도 강의를 듣지 않고 연인과의 사랑을 주고받는다. 그러나 반대로 환경이 넉넉하지 않고 부유하지 않아도 열심히 공부하여 빈틈없는 실력을 갖춘 젊은이는 어디서나 쓰임을 받는다.

내가 가르친 학생 중에 작고 허름한 방에서 살며 그의 부모는 여름에는 냉차 장사, 겨울에는 붕어빵 장사를 하는 아주 가난한 가정의 학생이 있었다. 그런 환경 속에서도 그는 열심히 신앙생활도 하고 쉼 없이 공부하였다. 그는 후에 어느 대학교 교수가 되고 교회에서는 장로의 직분까지 맡는 복을 받았다.

대한민국의 이름을 빛내고 있는 사람으로서 UN 사무총장이 된 반기문 박사 역시 경제적으로 넉넉하지 않았지만 젊은 시절에 영어 공부를 비롯하여 미리미리 미래를 위한 준비를 해 놓았기 때문에 때가 주어졌을 때 세계의 평화를 위한 지도자가 되었다.

대한민국 청소년과 젊은이들은 오늘만 살려 하지 말고 내일을 위해 오늘을 충실하게 살아야 한다. 솔로몬은 "지혜 있는 자는 듣고 학식이 더할 것이요"라고 하였다.

나를 성공으로 이끌어 주는 좋은 책

좋은 책은 인간의 운명을 바꿔 준다. 독일의 철학자인 라이프니츠는 말하기를 "알차고 좋은 책은 인간의 운명을 바꿔 주고 불행을 행복으로 바꿔 준다."고 하였다. 청소년들이 좋은 영향과 희망을 주는 책을 읽으면 인생관과 가치관이 바뀐다. 그래서 괴테는 한 권의 책에는 한 인간의 운명을 바꿔 주는 힘이 있다고 강조했다. 러시아의 문학자 톨스토이는 긍정적이고 덕이 있는 희망의 말 한마디가 생애의 방향을 올바르게 인도한다고도 하였다.

나는 초등학교 4학년 때 국어책에서 헬렌 켈러에 대해 처음 읽고 매우 흥미롭고 신기하여 연이어 세 번을 읽었다. 헬렌 켈러는 눈이 안 보이고 귀가 안 들려 말도 못하는 고난의 장애를 가졌음에도 불구하고 세 개의 박사 학위를 가졌고, 전 세계의 시각장애인과 농아들에게 희망의 별이 되었다. 나는 그 자리에서 책상에 엎드려 하나님께 기도하였다.

"하나님, 헬렌 켈러는 세 가지의 장애를 가지고도 세 개의 박사 학위를 받았습니다. 그러나 저는 한 가지의 장애만을 가졌을 뿐입니다. 저에게도 헬렌 켈러에게 주셨던 은혜를 주셔서 세 개의 박사 학위를 가지고 모든 사람에게 희망을 줄 수 있는 사람이 되게 해 주세요."

그때의 그 기도를 60여 년간 하였다. 그러자 하나님께서 내게 정말 세 개의 박사 학위를 주셔서 나 나름대로 앞을 보지 못하는 이들에게 희망을 주는 일을 지금껏 해 오고 있다. 이처럼 좋은 책의 경험은 영혼 깊숙이 박혀 그 사람의 인생관과 가치관을 긍정적으로 만들어 준다.

대학 시절 말썽을 일으키고 방탕한 생활을 일삼는 학생이 있었다. 불량한 그의 생활태도를 바로잡아 주기 위해 기숙사 사감은 내가 있는 방에 본래 있던 친구와 바꾸어 그를 나의 룸메이트가 되게 했다. 나는 친구들과 매일 새벽기도를 드린 후 등교를 하고, 저녁이면 몇 명이 침소에 둘러앉아 성경을 읽고 기도한 후 잠자리에 들기 때문에 그 친구가 나와 함께 생활하면 변화가 되리라 기대한 것이다. 그러나 그는 변화되지 않았다. 그의 머리맡에는 항상 나체 여성이 그려진 책들이 가득하였고, 벽에도 나체 여성의 그림을 걸어 놓고 혼자 웃고 즐겼다. 결국 그는 유종의 미를 거두지 못하고 퇴학 처분을 받았다. 그는 황금과 같은 젊은 시절을 낭비하는 어리석은 사람이었다.

많은 책들이 쏟아져 나오고 있다. 그러나 그 책들이 다 좋은 책들은 아니다. 삶을 좀먹고 불행으로 이끄는 책들도 많다. 사람 중에도 선한 사람과 악한 사람이 있고, 짐승 중에도 사나운 개와 순한 개, 사람을 마구 들이받는 사나운 소와 순한 소가 있다. 우리가 먹는 과일도 한 나무에 맛과 향이 다른 과일이 있듯, 책도 우리 삶에 유익한 영향을 주는 책이 있고 그렇지 않은 악서도 있다. 가능하면 인격과 덕이 있는, 존경받는 분들이 쓴 책을 읽어서 마음의 밭과 인격을 아름답게 가꾸고, 좋은 성품과 훌륭한 교양을 가진 인간이 되었으면 한다.

나는 고등학교 시절 괴테의 「파우스트」를 읽고 깊은 감동을 받았다. 그리고 대학 시절에는 스승이신 안병욱 교수님과 김형석 교수님의 철학책과 수필집을 읽고 많은 영향을 받았다. 나는 지금도 그분들의 책을 읽으며 여전히 많은 것을 배우고 있다.

문학과 철학, 과학, 교양, 음악, 미술 등 풍부한 내용이 담긴 책을 읽고 지식을 넓히면 우리의 정신이 새로워진다. 넓은 지성의 세계를 향하여 비전을 가지고 인격을 풍성하게 만들 때 우리는 비로소 위대한 인물이 된다. 훌륭한 철인들이 쓴 책과 선배들이 쓴 책을 읽으면서 깊은 정신적 교감으로 우리의 영혼을 풍성하게 했으면 한다.

책은 늘 우리를 기다린다. 아름다운 지성과 교양과 덕이 담긴 위대한 정신적 향연은 우리를 성공으로 이끌어 가는 길라잡이가 된다. 독서가 메마르면 우리의 정신도 자연히 메마른다.

나는 많은 책 중에서도 성경을 권하고 싶다. 바울은 "배우고 확신한 일에 거하라 네가 뉘게서 배운 것을 알며 또 네가 어려서부터 성경을 알았나니 성경은 능히 너로 하여금 그리스도 예수 안에 있는 믿음으로 말미암아 구원에 이르는 지혜가 있게 하느니라"고 하였다. 성경은 하나님의 감동으로 기록되어 교훈과 책망과 바르게 함과 의로 교육하기에 유익한 책이다. 아인슈타인이나 베토벤, 슈베르트, 쇼팽, 에디슨은 성경을 읽고 지혜를 얻어 그 분야의 위인이 되었다. 일반 책이 나에게 풍부한 지식과 교양을 쌓게 하여 보다 나은 인격과 덕을 갖게 해 준다면, 성경은 나를 하나님 나라의 축복과 영원한 생명으로 인도하기 때문에 세상 사람들을 향해 책 중의 책인 성경을 읽으라고 더욱 권하고 싶다.

인생을 행복하고 튼튼하게 사는 비결

　인간이 이 세상에서 행복하고, 튼튼하고, 알차고, 편안하게 살기 위해서는 반드시 삶의 터전이 있어야 한다. 인생을 살아가는 데 있어서 삶의 터전이 없다면 세상에 발을 붙이고 살아갈 수 없다. 인간은 삶의 터전을 든든히 세우고, 그 위에 인생의 집을 지어야만 한다. 인간에게 필요한 삶의 터전에는 다섯 가지가 있다.
　첫째, '장터' 라는 삶의 터전이다.
　장터란 물건을 사는 터이다. 인간이 제아무리 돈이 많고 권력의 힘이 있을지라도 장터가 없으면 살아갈 수가 없다. 장터에 가서 쌀도 사야 하고, 야채도 사야 하고, 과일도 사야 하고, 옷도 사야 하고, 생활에 필요한 생필품들을 사야 하기 때문이다.
　도시에서는 주로 집 근처의 편의점이나 마트, 백화점에서 물건을 사지만 시골에서는 장터가 서야 필요한 것들을 살 수 있다. 시골에서는 장터가 없으면 살아가는 데 큰 불편함을 느낀다. 시골 사람들은 3일장, 5일장으로 열리는 장날을 경사스러운 날로 여기고 그때 물건을 사고판다. 심지어는 소나 닭, 개, 돼지 등 짐승들도 장터에서 사고판다. 시골 사람들의 삶이 곧 이곳에서 펼쳐지는 것이다. 이처럼 인간이 인생을 살아가기 위해서는 장터가 있어야 한다.

둘째, '놀이터'라는 삶의 터전이다.

인생을 살아가면서 정신과 육체가 건강하기 위해서는 즐거운 놀이터가 필요하다. 놀이터는 인생이라는 삶에서 싸움을 한 후 쉴 수 있는 터전을 말한다. 인간은 언제나 치열한 삶의 싸움터에서 정신적으로, 육체적으로 싸우며 살아간다. 살벌한 싸움터에서 심신이 피곤에 지쳐서 살아가는 것이 곧 인생인 것이다. 이러한 인생에는 절대적으로 쉼이 필요하다. 이 쉼이란 곧 유희를 즐기며 향락을 통해 얻는 쉼을 말한다. 여기서 말하는 향락이란 죄를 짓지 않는 한도 내에서 이루어지는 건전한 쉼을 말한다. 어떤 사람은 스키장에 가고, 어떤 사람은 골프장에 가고, 어떤 사람은 등산을 하고, 어떤 사람은 바둑을 두며, 어떤 사람은 여행을 가고, 어떤 사람은 테니스를 치고, 어떤 사람은 영화를 보며, 어떤 사람은 연인이나 친구와 대화를 하고, 어떤 사람은 음악감상을 하는 방법으로 쉼을 누린다. 인생을 산다는 것은 이와 같이 죄를 짓지 않으면서도 건전하게 창조적으로 쉼을 누리며 즐기는 삶의 터전을 꾸리는 것이다. 여기에서 인생은 삶의 보람을 찾는다.

인간은 열심히 일한 후 반드시 휴식을 취해야 다음에 또 다른 일을 할 수 있다. 쉬면서 좋은 음악도 듣고, TV도 시청하고, 하늘도 보고, 꽃도 보고, 오고 가는 사람들의 모습도 보고, 음료수도 마시고, 맛있는 음식도 먹으면서 쉬어야 싸움터인 인생의 마라톤에 힘 있게 나아가 창조적인 일을 할 수 있다. 인생에 있어서 이와 같은 쉼이 없으면 긴장된 싸움에서 기진맥진해 힘을 잃게 되고 의욕을 잃게 된다. 내가 아는 한 사람 중 미국으로 이민을 가서 돈을 벌기 위해 공장에 나가 하루 18시간씩 일하다가 생명을 잃은 사람이 있었다. 긴 인생에서 쉼을 누리지 않은 결과이다.

공자는 말하기를 인생은 덕 속에서 놀고 예술 속에서 즐기라고 하였다. 놀이 터라는 터전에서 인생을 편히 쉴 때, 인생의 리듬을 타며 멋진 조화를 이룰 수 있다. 그럴 때 인생은 마음과 육체가 건강해지고 즐겁게 된다. 하나님이 주신 놀이터라는 터전에서 선하고 아름답게 즐거움을 만끽하며 삶의 보람을 갖도록 하자.

셋째, '인생'이라는 삶의 터전이다.

인생을 산다는 것은 곧 일하는 것이다. 예수님은 "하나님이 일하시기 때문에 나도 일한다."라고 하였다. 천지만물을 창조하신 하나님도 일하시는데 하나님의 창조물인 인간이 일하지 않고는 살아갈 수 없다. 바울은 "누구든지 일하기 싫어하거든 먹지도 말게 하라."고 하였다. 그런 까닭에 인생은 열심히 일하고 생산하고 건설하고 창조해야 살아갈 수가 있다.

인생이 만일 향락에만 빠져 산다면 그런 사람은 불행하게 되고 파멸의 비극으로 빠지고 만다. 인생은 주님의 일을 열심히 하고, 선한 일을 열심히 하고, 국가와 민족을 위해 열심히 일하고, 가난한 자를 위해 일하고, 나의 미래의 행복을 위해 일의 터전에서 부지런히 성실하게 일해야 한다. 이런 사람의 가정, 이런 사람이 있는 직장, 이런 사람이 속한 국가와 사회는 창조가 있고 보람이 있고 건설의 기쁨이 있다. 그러므로 인생은 가장 이상적이고 바람직한 삶의 터전에서 열심히 일할 때 멋진 인생을 살아갈 수가 있다.

넷째, '싸움터'라는 삶의 터전이다.

인생은 늘 삶의 치열한 싸움 한가운데 있다. 싸움에는 선한 싸움이 있고 생존경쟁을 위한 싸움이 있다. 바울은 사랑하는 믿음의 아들 디모데에게 "믿음의 선한 싸움을 싸우라. 영생을 취하라. 이를 위하여 네가 부르심을 입었고 많은 증인 앞에서 선한 증거를 하였다."라고 했고 바울도 "내가 선한 싸움을 싸우고 나의 달려갈 길을 마치고 믿음을 지켰다."라고 했다.

바울은 복음을 위해 부당하게 고통과 가난과 핍박과 죄와 몸의 병을 짊어지고 믿음의 선한 싸움을 싸웠다. 그리고 그를 억누르는 죄와도 끊임없이 싸웠다. 그리고 믿음으로 선한 싸움을 싸워 승리하였다.

"내가 원하는 바 선은 하지 아니하고 도리어 원치 아니하는 바 악은 행하는도다 만일 내가 원치 아니하는 그것을 하면 이를 행하는 자가 내가 아니요 내 속에 거하는 죄니라…… 내 지체 속에서 한 다른 법이 내 마음의 법과 싸워 내 지체 속에 있는 죄의 법 아래로 나를 사로잡아 오는 것을 보는도다 오호라 나는 곤고한 사람이로다 이 사망의 몸에서 누가 나를 건져 내랴 우리 주 예수 그리스도로 말미암아 하나님께 감사하리로다 그런즉 내 자신이 마음으로는 하나님의 법을, 육신으로는 죄의 법을 섬기노라."

우리가 사는 세상은 모두가 다 싸움터이다. 우리 역시 이 싸움터에서 선한 싸움을 계속해야 한다. 입학시험, 입시시험, 취직시험 등이 줄줄이 이어지고, 사업을 해도 무한한 노력과 머리싸움을 해야 한다. 이 싸움에서 이기려면 신념과 의지와 실력이 있어야 한다. 힘이 있을 때 영광된 승리자가 될 수 있다. 그런 까닭에 뼈를 깎는 아픔과 고난을 참아 가면서 무한한 정신력을 가지고 부단히 싸울 때 승자가 된다. 승자는 하늘의 태양이라면 패자는 땅에 떨어진 하나의 벌레와 같이 비참하게 되고 만다. 그런고로 믿음으로 극기해서 세상을 이기는 인생을 살아야 한다.

다섯째, '집터'라는 삶의 터전이다.

튼튼한 터 위에 집 곧 우리의 가정을 세우면 그곳에서 행복과 평안이 흘러넘친다. 집을 세울 튼튼한 터는 두 가지 요건이 충족되어야 한다.

먼저, 믿음의 터 위에 가정이라는 제2의 천국을 건설해야 한다. 믿음의 터란 하나님을 중심한 믿음의 반석이며, 우리 인생의 요새가 되시는 하나님의 말씀에 바탕한 터이다. 또한 하나님의 방패 위의 터이며, 하나님의 구원의 뿔 위에 선 터이자 영원한 산성 위의 터이다. 이러한 터 위에 가정을 세우는 것은 곧 영원한 하나님의 소망의 터 위에 인생의 가정을 세우는 것이다. 이럴 때 우리의 가정은 무너지지도 흔들리지도 않게 된다.

다음으로, 튼튼한 기초 위에 가정을 세워야 한다. 그렇지 않으면 무너져서 불행을 당하게 된다. 1990년대 우리나라에 두 가지 큰 사건이 있었다. 삼풍백화점이나 성수대교의 붕괴가 그것이다. 삼풍백화점이나 성수대교는 겉모습은 거대하고 무엇보다 화려했으나 내실이 부족하였고 기초를 제대로 세우지 않아 무너지고 말았다. 그 결과 수많은 사람들의 목숨을 앗아 갔고 아픔으로 남게 되었다. 이 두 가지 사건은 튼튼한 기초가 얼마나 중요한지 알려 준다.

성경은 튼튼한 기초에 대해 다음과 같이 말한다. "튼튼한 반석 위에 짓지 않는 집은 모래 위에 세운 집같이 비가 오고 바람이 불면 쉽게 무너진다. 그러나 반대로 하나님의 말씀의 반석 위에 세운 집은 비가 오고 바람이 불고 홍수가 나도 무너지지 않고 흔들리지 않는다."

우리 모두 다섯 가지 터 위에 인생의 집을 건설하되, 하나님의 말씀의 터 위에 인생의 집을 세워서 행복과 승리를 얻는 인생을 살아가자.

사람이 해야 할 다섯 가지 선(先)

우리가 세상을 살아갈 때 먼저 해야 할 것들과 나중에 해야 할 것들이 있다. 하나님을 믿는 사람이 먼저 해야 할 것들은 무엇일까?

첫째, 하나님을 믿는 사람은 먼저 하나님을 경외하는 신앙과 정서를 가져야 한다.

하나님을 경외하고 인간관계를 회복할 때 기쁨과 행복, 그리고 즐거움을 느끼기 때문이다. 성경 마태복음은 "너희는 먼저 그의 나라와 그의 의를 구하라 그리하면 이 모든 것을 너희에게 더하시리라"고 하였다. 그리고 잠언에 "여호와를 경외하는 것은 생명의 샘이라 사망의 그물에서 벗어나게 하느니라"고 하였다. 잠언에는 "네 마음으로 죄인의 형통을 부러워하지 말고 항상 여호와를 경외하라"고 하였으며 "항상 경외하는 자는 복되거니와 마음을 강퍅하게 하는 자는 재앙에 빠지리라"고 하였다. 또 잠언에는 "겸손과 여호와를 경외함의 보응은 재물과 영광과 생명이니라"고 하였다.

최우선으로 하나님을 경외하는 사람에게 하나님께서는 재물의 축복과 생명의 축복과 영광을 주신다고 약속하셨다. 그러므로 하루 일과를 시작하기 전에 먼저 하나님께 단 10분이라도 찬양과 경배를 드리자.

둘째, 하나님을 믿는 사람은 어떠한 상황이 찾아오든지 먼저 기도로 하나님과 교통하여야 한다.

기도는 펌프의 마중물과 같아서 우리 안에 역사하시는 하나님의 능력을 끌어올린다. 예수님께서는 누가복음에서 "내가 또 너희에게 이르노니 구하라 그러면 너희에게 주실 것이요 찾으라 그러면 찾을 것이요 문을 두드리라 그러면 너희에게 열릴 것이니"라고 하셨고, 요한복음에서 "너희가 내 안에 거하고 내 말이 너희 안에 거하면 무엇이든지 원하는 대로 구하라 그리하면 이루리라"고 하였다. 그리고 요한복음에서 "지금까지는 너희가 내 이름으로 아무것도 구하지 아니하였으나 구하라 그리하면 받으리니 너희 기쁨이 충만하리라"고 하셨다.

신앙의 자유를 찾아 신대륙에 도착한 청교도들은 추위와 인디언의 습격과 질병으로 고통의 시간을 보냈지만 원망보다는 먼저 감사기도를 드렸다. 그랬더니 인디언 쪽에서 먼저 상호협력과 불가침조약을 맺자고 제의해 왔다.

아들이 없어 큰 고통 속에 있던 한나는 하나님의 전에 나아가 먼저 기도함으로 이스라엘의 위대한 선지자 사무엘을 낳는 축복을 받았고, 장자인 그 아들을 하나님께 바쳤더니 세 아들과 두 딸을 더 낳는 축복을 받았다.

예수님은 공생애를 시작하시기 전 세례 요한으로부터 물로 세례를 받으신 후 제일 먼저 성령에게 이끌리어 광야에서 40일을 금식기도 하셨다. 그러자 하나님께서 예수님에게 성령을 한량없이 부어 주심으로 물로 포도주도 만드시고, 수많은 병자와 귀신 들린 자를 고치시고, 죽은 자를 살리시는 능력을 행하실 수 있었다.

사복음서에 모두 나오는 오병이어의 기적 역시 예수님께서 사람들에게 음식을 나누시기 전에 하나님께 먼저 감사기도를 드리심으로 일어난 기적이었다.

기도의 힘을 알고 있었던 사도 바울은 빌립보서에 "아무것도 염려하지 말고 오직 모든 일에 기도와 간구로, 너희 구할 것을 감사함으로 하나님께 아뢰라"고 하였고, 야고보 장로도 야고보서에 "너희 중에 고난당하는 자가 있느냐 저는 기도할 것이요 즐거워하는 자가 있느냐 저는 찬송할찌니라"고 하였다. 그러므로 언제나 하나님의 능력을 힘입고 하나님의 인도함을 받기 위해 먼저 기도하는 습관을 들이자.

셋째, 하나님을 믿는 사람은 서로 오고 갈 때 먼저 기쁘고 정답고 상냥한 인사를 나누어야 한다. 그럴 때 모두가 기쁨을 느낀다. 악수하며 먼저 상냥한 인사를 보내는 것은 행복을 주는 삶의 원칙이다. 국보 제1호인 '숭례문'의 이름은 '예를 숭상하다'라는 의미이다. 서로 오가며 다정한 인사를 나누고 예를 정중히 지킬 때 인간관계도 좋아진다. 더불어 그 단체와 일터는 좋은 곳이 된다. 그러므로 먼저 다정한 인사를 나누고 악수하는 정서가 있도록 하자.

넷째, 하나님을 믿는 사람은 서로 만나 정감을 느끼는 멋진 미소를 나누어야 한다. 괴테는 "얼굴의 미소는 아름다운 장미꽃 같다."고 하였다.

실로암시각장애인복지관에서 얼마 전에 결혼한 직원이 있다. 그녀는 어린 학생들을 교육하기 위해 국립 서울맹학교에 나가는데, 늘 청와대 정문 앞을 지나서 갔다. 그러면서 그곳을 경비하던 경찰과 마주칠 때마다 미소를 띠며 인사를 하였다고 한다. 그것이 기회가 되어 그 둘은 사랑하게 되었고, 결혼에 이르렀다는 것이다.

미소는 중요하다. 미소를 지으면 복을 받는다. 미소는 인간의 얼굴에 피는 아름다운 장미 송이다. 말없이 즐거움과 행복을 주는 따뜻한 사랑의 표현이다. 누군가 우스갯소리로 천국에서는 즐거운 소리가 많이 나고, 지옥에서는 "살려 달라!"는 괴로운 비명이 들린다고 했다. 아기의 미소도 아름답고, 남녀가 데이트를 하며 방긋이 서로를 향해 짓는 미소도 아름답다. 노인의 빙그레 웃는 주름진 얼굴의 미소도 좋다. 미소와 인사를 주고받으며 다정하고 훈훈한 대인관계를 이룰 때 그 사람에게 주의 평안과 축복이 있다. "웃는 문으로 만복이 들어온다."라는 의미의 고사성어 '소문만복래'(笑門萬福來)라는 말도 있지 않은가! 그러므로 "언제나 먼저 멋지고 환한 미소를 짓는다."라는 삶의 철학을 가지고 인생을 살아서 우리의 주변을 즐거움 가득한 천국으로 만들자.

다섯째, 하나님을 믿는 사람은 서로 먼저 칭찬을 아끼지 말아야 한다.

"칭찬은 고래도 춤추게 한다."고 하지 않는가? 예전에 환자로부터 선물 받았던 하얀 강아지가 있었다. 내가 공을 던지면 그 강아지는 얼른 가서 그 공을 물어 가지고 왔다. 잘했다고 머리를 쓰다듬어 주면 그렇게 좋아할 수가 없었다. 그리고 칭찬을 한 다음에 다시 공을 멀리 던지면 열 번이 되고 스무 번이 되어도 얼른 다시 가서 힘차게 물어 가지고 왔다. 칭찬은 누구나 기분 좋게 하고 의욕이 생기게 한다.

내가 열세 살 때 부산에서 첫 설교를 하였다. 200~300명이 모인 저녁예배시간에 요한복음 9장을 가지고 설교와 간증을 하였다. 이곳저곳에서 "아멘!" 소리와 눈물이 쏟아져 나왔다. 간증이 끝난 후 사람들은 나에게 "선태야, 잘했다. 훌륭하다. 나중에 커서 큰 목사가 되겠다."고 말해 주었다. 칭찬을 들은 나는 그때부터 '반드시 목사가 되어야겠다!'는 사명감을 갖게 되었다.

이처럼 칭찬은 희망의 종합비타민 역할을 한다. 칭찬은 나와 다른 사람에게 흐뭇한 애정을 느끼게 하기에 충분하다. 그러므로 서로 먼저 칭찬하기를 아끼지 말고, 너그럽게 포용하며 살자.

전 삶을 통해 최우선으로 하나님을 경외하고, 하루 일과 시작 전 먼저 10분이라도 틈을 내어 기도와 묵상을 하고, 대인관계에서 내가 먼저 인사하고, 먼저 미소 보내고, 먼저 칭찬함으로써 자신과 공동체에 행복을 창조해 가자.

인생의 멋진
후반전과 종반전
끝을 아름답게 맺는 생애

운동 경기에서 농구나 축구에는 전반전과 후반전이 있다. 권투도 국제 경기와 국내 경기 중 프로의 경우에 12회전과 15회전이 있다. 이럴 경우 전반전, 중반전, 후반전으로 나뉜다. 후반전의 끝을 알리는 종이 울리면 모든 경기는 마무리되기 마련이다.

어떤 팀이든 전반전을 잘 못했다고 하더라도 후반전을 잘하면 만회할 수 있고, 반대로 전반전을 잘 뛰었다고 하더라도 후반전에 큰 실수를 하면 질 수밖에 없다. 그래서 무슨 경기든 전·후반전을 다 잘해야 하지만, 특히 후반전이 게임의 승리에 미치는 영향이 더 크다.

그 이유는, 후반전은 마무리 경기이고 더 이상의 접전의 기회가 없을 뿐더러, 선수들이 경기 초에 안배했던 체력을 다 소진한 상태이기 때문이다. 그러므로 선수들이나 스태프들은 방심하여 긴장을 풀지 말고, 희망의 끈을 놓지도 말고 마지막 1초까지 성실한 자세로 임해야 한다는 것은 누구나 다 잘 아는 사실이다.

우리 인생도 운동경기의 전·후반전과 같다. 시작은 거창하고 화려하고 잘했다 할지라도 삶의 끝을 잘 맺지 못하면 사람들의 인정은커녕 불명예만을 뒤집어쓰게 된다. 그러므로 하나님의 은혜로 선물 받은 우리 인생의 끝을 말끔하게, 아름답게, 덕스럽게 끝낼 수 있도록 바른 자세로 살아가자.

내가 모 학교의 재단이사로 있었을 때 경험한 일이다. 그 학교는 역사와 전통이 있는 기독교 계통의 학교였다. 그 학교의 교장은 이사장을 역임하며 여러 해 동안 학교를 높은 수준으로 끌어올렸고 꽤 크게 성장시켰다. 그러나 그는 모든 것을 제대로 정리하지 못한 상태에서 갑자기 세상을 떠나고 말았다.

그가 없어진 학교는 자신의 이익만을 챙기려는 사공들이 많아졌고, 설립정신이 흔들리고, 교사들은 불안에 빠져 혼란스럽기가 한이 없어졌다. 게다가 책임을 진 한 동문은 근거도 없이 새로 세워진 교장과 몇 사람의 부정을 내세워 이사 추대가 잘못되었다고 교육청에 고발하며 학교를 좌지우지하였다.

내가 곁에서 지켜보며 그 원인을 곰곰이 생각해 보니, 이 혼란은 전임자가 전반전은 훌륭하게 장식했으나 마무리를 잘해 놓지 못한 데 기인했다는 것을 알게 되었다. 그래서 그가 쌓아올린 공은 모두 무너져 내리고 원망의 소리만이 하늘 높이 치솟게 된 것이다.

또 P라는 사람이 있었다. 그는 오랫동안 한 교회를 맡았다. 그러나 그만 돈 몇 억의 욕심 때문에 그 명예를 땅에 떨어뜨리고 말았다. 교회 역사에 이름조차도 올리기가 민망할 정도가 된 것이다. 많은 사람들이 그 사람이라면 머리를 흔든다. 비단 P에게만 해당되는 이야기는 아닐 것이다. 나는 40년이 넘도록 공직 생활을 하면서 몇 십 년간의 전반부는 천사처럼 선교하다가 돈의 맛 때문에 끝을 유감스럽게 맺는 경우를 허다하게 보아 왔다.

시작과 진행이 훌륭하였으나 끝을 흙탕물로 만드는 사람은 참 불행한 사람이다. 시작은 비록 보잘것없을지라도 기도와 열정과 성실로 차곡차곡 벽돌을 쌓아 올리듯이 어려움을 극복하고 정상에 오른 후에, 이 공을 믿음과 덕과 인격으로 잘 지켜서 끝을 아름답게 마무리하는 사람이 진정으로 성공한 사람이자 두고두고 존경받을 사람이고, 모두에게 기억될 훌륭한 사람이다.

웰빙과 웰다잉

    이 세상의 사람들은 어떻게 하면 행복하게 살까 하는 생각들로 가득 차 있다. 불안할수록 삶의 안정과 행복을 추구한다. 그래서 행복 여행, 행복 바이러스, 행복 스트레스 등 행복에 대한 책들이 출판되고 있다.
    행복에 관한 물음은 다양하다. 과연 이 세상은 행복한 세상인가? 세상 사람들은 어떻게 살아야 불행하지 않을까? 인간들이 생각하는 행복은 거품처럼 부풀어 올랐다가 없어지는 신기루일까? 행복이 확실하게 있는 것이라면 나 스스로 행복을 찾을 수는 없을까? 이러한 고민과 갈등 속에 있다.
    모두가 삶의 경쟁에 처해 있는 현실 속에서 행복하고자 하는 갈망은 당연한 것이다. 오늘날 한국의 많은 젊은이들은 한국은 행복한 나라가 아닌 불행한 나라라며 실망에 빠져 있다. 왜냐하면 우리가 살아가는 이 시대는 존경할 만한 정치가, 믿을 만한 성직자, 의지할 만한 친구가 없기 때문이다. 어떤 지도자는 자살을 하고, 어떤 지도자는 재임 기간 중 나라와 국민을 위하지 않고 자신의 탐욕을 채우기 위해 부정부패로 세상을 떠들썩하게 한다. 더욱이 믿고 기도하는 국민들의 편을 들어 주어야 할 정치인들은 가난한 국민들의 세금을 받아서 먹고살면서, 국가와 민족과 나라를 위해 충성하기보다는 정쟁(政爭)과 집회를 함으로써 서로를 향해 비난을 일삼는 현실을 보면 참으로 실망스럽기 한이 없다. 인생의 선배님들이 생명을 바쳐 피 흘려 되찾은 대한민국이라는 것을 직시하고 나라와 국민을 위해 진실하고 양심적으로 일하는 국회가 되었으면 한다. 나라와 국민을 위해 창의적으로 일해야 할 중대한 사명을 잊고 싸움만을 일삼고 있는 현실은 젊은이뿐만 아니라 국민 모두에게 아픔과 절망을 안겨 준다.

그럼에도 불구하고 우리는 어딘가 한구석에 행복의 햇살이 비쳐지고 있기에 기대를 걸어 보기도 한다. 이 나라 어느 작은 모퉁이에 있는 소수일지라도 이 세상에 희망을 주며 잘살기(웰빙, Well-Being)를 원하고, 잘 죽기(웰다잉, Well-Dying)를 원하며 성실한 자세로 살아가고 있는 사람들이 있다. 그들로 인해 우리는 좌절을 떠나서 희망의 가닥들을 잡아 볼 수 있다.

그렇다면 잘사는 인생은 어떤 삶을 말하는가? 스스로 고난과 어려움 속에서 모든 것을 극복하면서 불행을 기쁨과 보람으로 바꿔 가는 신념과 의지를 가진 사람이 잘사는 사람이고 행복을 만들어 가는 사람이다. 그리고 평생을 살아오면서 가난하게 살았든지, 부유하게 살았든지, 불편하게 살았든지, 외롭게 살았든지, 병마에 시달리며 살았든지 그 삶을 아름답게 잘 끝맺을 때 멋진 인생과 훌륭한 인격의 사람이 된다.

죽음이 왔을 때 살아 있는 가족과 이웃들에게 부담과 고난을 끼치지 않고 세상을 마감하는 사람이 참 웰빙이며 참 웰다잉한 인물이다. 최근에 하늘나라에 가신 이수영 목사님의 장인이신 남대문교회 김영선 장로님께서는 90세로 생을 마감하시는 날, 주일 예배로 성스럽게 하나님께 예배를 드리고 집으로 가셔서 가족들과 기쁘게 점심을 나누고 그가 평소에 좋아하는 팥죽을 맛있게 잡수신 후 방에 들어가 쉬겠다며 누우시고는 하늘나라로 가셨다. 그분은 성실하신 치과의사로, 신실하신 장로님으로 검소한 삶을 실천하며 사시다가 그 누구에게도 아픔과 괴로움을 주지 않고 하나님의 부름을 받으셨다.

또 다른 유명한 사례가 있다. 학자이면서도 정치가였고, 동시에 성직자이고 미국 대사였던 제임스 레이니는 임기를 마치고 귀국하여 에모리 대학의 교수가 되었다. 그는 매일 건강을 위해 집으로부터 학교까지 걸어서 출퇴근하였다. 그런데 매일 아침 그는 한 노인이 쓸쓸하고 초라하게 집 앞에 앉아 있는 것을 보았다. 레이니 교수는 저분이 어떤 분인가 궁금하던 차에 어느 날 그에게 다가가 인사를 하고 그때부터 다정한 말동무가 되었다. 그리고 그는 강의를 마치고 집으로 가는 도중 시간이 날 때면 노인을 찾아가 잔디도 깎아 주고 커피도 마시며 2년간 사랑의 교제를 나누었다.

그러던 어느 날 출근길에 그 노인이 집 앞에 나와 있지 않았다. 레이니 교수는 궁금하여 노인의 집을 방문하였다. 그런데 전날 아침에도 만났던 노인이 어제 저녁 세상을 떠나 운명하였다는 것이다. 그때 가족 중 한 사람이 레이니 교수에게 다가와 그 노인이 남긴 유언장을 전해 주었다. 레이니 교수는 그로부터 받은 유서를 보고 감격과 놀라움을 금할 수가 없었다.

"레이니 교수, 당신은 나의 집 앞을 지나면서 나의 말동무가 되어 주었고, 커피도 함께 나누고 잔디도 깎아 주는 나의 소중한 친구였습니다. 고맙고 감사합니다. 나는 당신에게 25억 달러와 코카콜라 주식 중 5%를 유산으로 남깁니다."

레이니 교수는 상상도 못할 유산을 받고 놀랐다. 왜냐하면 첫째는 세계적인 기업 코카콜라를 가진 부자가 매우 검소하게 살고 있는 모습을 보았기 때문이고, 둘째는 그가 코카콜라의 회장임에도 불구하고 그의 신분을 밝히지 않았기 때문이고, 셋째는 2년 동안 말동무가 되어 주었다는 이유로 아무런 연고도 없는 사람, 잔디를 깎아 주고 함께 커피를 마시던 친구 레이니를 믿고 천문학적인 큰돈을 주었다는 것이다.

레이니 교수는 코카콜라 회장이었던 그 노인이 준 유산을 에모리 대학의 발전기금과 장학금으로 헌납하였다. 그는 그 돈을 자신의 것으로 할 수도 있었고 가질 수도 있었으나 진실하고 사심 없이 에모리 대학에 바침으로써 학생들이 장학금을 지급받고 성직자와 지도자로 성장할 수 있도록 하였고, 학교는 놀라운 발전을 이룩하게 되었다. 그 기금으로 인해 레이니 교수에게는 에모리 대학의 총장까지 역임하는 명예가 주어졌다.

성서의 인물 중에서 웰빙과 웰다잉의 대표적인 사람의 예로 들 수 있는 사람이 바로 사도 바울이다. 그의 인생은 일반적 관점에서는 험난하고 불행한 삶이었을지 모른다. 그러나 그는 자신의 믿는 바에 진지하고 용감했고 자신의 사명에 충실하고 정직했기 때문에 어떠한 상황에서도 그의 마음은 침착하게 안정되어 있었으며, 행복과 기쁨과 자신감과 확신이 넘쳐나는 삶을 살았다.

사도 바울은 사명을 마치고 그 앞에 죽음이 왔을 때 죽음을 마음껏 승리로 노래하면서 하늘의 면류관이 주어졌음을 확신하며 생을 마쳤다. 사도 바울의 인생의 마감은 감격에 찬 마감이며, 그의 생과 죽음이 곧 웰빙이고 웰다잉이다.

Like the

Light at

Daybreak

인생은 아침 태양처럼

이 세상은 절망의 힘이 크다. 그러나 절망 못지않게 희망의 힘은 더욱 크고 위대하다. '희망'은 불가능을 가능으로 바꾸어 놓는 신비한 힘이 있다.

일·곱·번·째·이·야·기

밝아 오는 새 아침, 태양을 마주하라

온 가슴속에 창조의 힘이 자라날 것이다

아침에 뜨는 태양을 보며 살자
훈훈한 향기로 가득 찬 인간상
인간에게 가장 아름다운 씨
높은 뜻을 품고 사는 인생
인간 누구나 바라고 원하는 사랑
고난과 어려움 속에서도 행복을 만들어 가는 사람들
사랑의 섬김 모델이 된 부산 동래중앙교회
사람다운 사람이 되는 비결
이 세상에 남겨야 할 아름다운 이름
인간은 이런 마음의 철학을 가지고 살면 성공한다
나를 나답게 만들어 가는 비결

아침에 뜨는
태양을 보며 살자

　철학자 스피노자는 "내일 이 세상에 종말이 올지라도 한 그루의 사과나무를 심겠다!"고 하였다. 독일의 시인 괴테는 "마음속에 밝은 태양을 가져라. 그리고 얼굴과 입술에는 미소를 지으면서 살아라. 언제나 희망을 노래하는 지혜를 배우라."고 강조하였다. 이 말들에는 모두 '희망'이란 메시지가 담겨 있다. 이 세상은 절망의 힘이 크다. 그러나 절망 못지않게 희망의 힘은 더욱 크고 위대하다. '희망'은 불가능을 가능으로 바꾸어 놓는 신비한 힘이 있다. 어두운 긴 밤이 지나면 밝은 아침이 오고 검은 구름이 걷히면 찬란한 태양이 비추듯, 우리가 살아가는 세상은 기근과 전쟁 등 평화를 깨는 불안의 요소들과 치유할 수 없는 많은 질병들로 인해 어려운 현실이지만 희망을 품으면 불안을 행복으로 바꿔 놓을 수 있을 것이다.

　현대인은 현실 속에서 지상의 유토피아를 찾을 수 없다고 말한다. 인간의 존엄성과 자아가 상실된 시대를 살면서 삶을 허무주의로 이끌어 가는 인간들에게 파라다이스는 존재하지 않을 것이다. 인류의 종말과 파멸이 다가온다는 불안에 휩싸여서 내일은 없다고 생각하며 인생을 포기하는 이들도 있다. 그런 삶은 정신적·육체적 의미 상실의 시대에 갇혀 불안의 안개와 허무감, 좌절감에 덮여 있을 뿐 출구는 없다.

　비관적인 삶 속에서 어떻게 하면 아침에 뜨는 밝은 태양처럼 인생을 긍정적으로 살 수 있을까? 또한 불안 속에서 좌절하고 포기하는 이들에게 무엇으로 상처를 극복하게 하고 치유해 줄 수 있을까? 이 물음에 대한 해답은 마음에 불타는 희망을 가지고 인생을 살라는 것이다. 그럴 때 인간이 바라고 원하는 유토피아, 천국을 만들 수 있으며 기쁨의 세상을 만들 수 있다. 예수 그리스도의 가르침은 "내가 세상의 인간들을 향해 평안을 주겠다. 내가 주는 평안은 마음에 근심도 두려움도 없게 하고 오로지 희망을 마음속에 심어 주기 위함"이라는 것이다.

　그리스도의 복음의 사도로 부름 받은 바울은 "아무것도 염려하지 말고 평안을 주러 온 그리스도에게 모든 불안과 염려를 맡기라."고 하였다. 이러한 가르침이야말로 아침에 뜨는 밝은 태양처럼 모든 인간들에게 밝은 희망을 주는 메시지이다. 그런 까닭에 우리는 마음속 희망의 등불을 켜고 살아야 한다. 깜깜한 방 안에 등불을 켬으로써 어두움이 밝은 빛으로 바뀌듯 깜깜한 절망이란 방을 희망의 등불로 밝혀야 한다. 그러한 희망의 등불을 밝히며 사는 사람은 아침에 뜨는 태양처럼 밝다.

　'희망'의 힘은 기적을 만드는 위대한 힘이다. 우리는 절대로 삶을 포기하지 말아야 한다. 아침 일찍 떠오르는 태양이 온 세상을 밝히듯 마음속의 희망으로 미래를 밝히며 인생을 살았으면 한다. 그리하여 희망의 등불로 불안한 세상을 밝히는 존재가 되길 바란다. 헬렌 켈러는 귀도 안 들리고 눈도 안 보이고 말도 못하는 절망의 여성이었다. 그러나 어머니와 그의 스승 설리번이 심어 준 '희망' 때문에 수많은 노력의 결과, 절망을 극복하고 인류에게 밝은 희망을 심어 주는 아침 태양처럼 빛나는 존재가 되었다.

　크로스비는 절망의 늪에서 벗어나지 못할 때 아침의 태양처럼 빛나는 예수 그리스도를 만남으로써 용기와 신념을 가지고 절망을 극복하고 희망을 향해 살았고, 찬송가 작시를 통하여 인류에게 희망을 주는, 떠오르는 아침 태양처럼 살았다. 그녀 역시 앞을 보지 못하는 장애를 가졌음에도 불구하고 숨을 거두는 최후의 5분까지도 남을 돕고 위로하며 살겠다고 하였다.

인간은 언제나 아침 태양처럼 희망을 노래하고 웃음을 잃지 않고 감격 속에서 밝은 마음과 밝은 신념, 그리고 밝은 생각으로 인생을 살아야 한다. 그러므로 우리는 희망을 품으며 아침에 뜨는 밝은 태양처럼 살아가자.

훈훈한 향기로 가득 찬 인간상

인간은 살면서 멋있는 사람을 만날 때 흥이 나는 법이다. 물론 인간미를 풍기는 사람을 만나면 매력을 느끼고 존경하는 마음이 절로 든다. 인간다운 인품에서 나오는 훈훈한 향기란 지성미와 감성미, 그리고 인격미가 골고루 갖추어진 데서 나오는 향기라고 하겠다. 그렇다면 구체적으로 인간은 어떤 향기를 풍기며 살아야 할까? 어떠한 향기를 풍기며 사는 사람이라야 매력이 넘치는 사람일까?

첫째는 '사랑의 향기'를 풍겨야 한다. 요한복음서에서 만나는 마리아는 "값비싼 향유를 가져다 예수의 발에 붓고 자기 머리털로 그의 발을 닦으니 온 집안에 향유 냄새가 가득하였다."고 기록한다. 마리아는 예수님을 너무 존경한 나머지 자신의 향유를 예수의 발에 부음으로 최상의 사랑을 표시한 것이다.

내가 아는 시각장애인 목사가 있다. 그는 폭탄에 두 눈과 오른팔을 잃었다. 시각장애인에게는 손이 눈 역할을 하는데 손마저 없으니 얼마나 불편하겠는가? 이 불편함은 상상을 초월한다. 그런 그가 여러 가지 역경을 이기고 성직자가 되어 아름다운 미모의 여성과 함께 가정을 이루었다. 그녀는 밤낮

없이 남편의 눈과 오른팔이 되어 성직자 생활의 80~90%를 도와주었다. 나는 그 부부를 보며 많은 감동을 받고 때로는 감격의 눈물을 흘리기도 한다. 얼마나 아름다운 사랑인가? 훈훈한 사랑의 향기가 물씬 풍긴다. 그녀가 풍기는 사랑의 향기는 희망과 생명이 넘치는 삶의 향기이다. 솔로몬은 "죽음같이 강한 것이 사랑이다."라고 하였다. 그녀가 지닌 사랑은 그리스도의 사랑을 몸소 실천하는 겸손하고도 소박한 사랑이며, 순수한 사랑의 여성상을 느끼게 한다.

둘째로 인간은 '청결의 향기'를 풍겨야 한다. 청결한 향기란 맑고 깨끗하며 청초한 아름다움의 향기이다. 또한 밝은 웃음의 향기인 동시에 맑은 희망의 향기이자 매력의 향기이며 다른 사람의 마음을 움직이는 향기이다. 예수 그리스도는 마음이 청결한 자는 하나님을 볼 수 있다고 하였다. 청결 속에는 그 무엇과도 바꿀 수 없는 아름다움이 있다. 인간이 가진 청결한 향기는 끝없는 매력을 느끼게 하고, 그 속에 생명의 신비가 있고 아름다운 삶을 향한 축제가 담겨 있다. 그와 같은 향기를 품은 사람을 만나면 기쁨이 충만해져 저절로 노래가 나온다. 그런 까닭에 맑은 마음을 가지고 다른 사람들 앞에서 청결한 모습의 삶을 살자.

셋째로 인간은 '친절의 향기'를 풍겨야 한다. 친절한 모습 속에는 행복을 담은 평화의 언어가 흘러나오기 마련이다. 그런 사람과 함께라면 새 힘을 얻게 된다.

친절함 때문에 아름다운 사랑을 이룬 실화가 있다. Y교회 장로님의 딸이 미국에서 한국으로 돌아오면서 비행기를 탔다. 그런데 그 여성의 가방이 열려 모든 물건이 밖으로 쏟아졌다. 그때 마침 옆에 있던 어떤 남성이 친절히 그녀의 물건을 가방에 잘 담아 정리하여 주었다. 그 친절이 기회가 되어 그들은 결혼을 하기에 이르렀다. 친절이 주는 감동은 상상을 초월하는 결과를 이끌어 낸다.

어떤 철인은 말하기를 "마음은 밝은 태양과 같이 청결한 향기로 가득하고, 얼굴은 화평과 행복함이 넘치고, 입술에는 희망의 미소를 지으며 친절한 언어로 향기를 풍기며 살라!"고 강조했다. 친절은 너와 나를 화목하게 하고 따뜻함을 안겨 준다. "따뜻하고 부드러운 삶의 친절은 행복을 창조해 내며 행복의 기본 원리가 된다."고 미국의 문학자 랠프 에머슨은 말하였다. 이처럼 친절의 향기는 삶의 무기가 되고 자산이 되며, 참된 행복을 이루어 낸다.

넷째로 인간은 '지성의 향기'를 풍겨야 한다. 지성의 향기를 풍기는 사람을 만나면 왠지 모르게 따르고 싶고, 배우고 싶고, 의지하고 싶어진다. 지성은 생산적인 삶의 힘이다. 배워야 산다는 말이 있듯이 우리의 옛 노래 중에는 "베 짜는 어머니도 배워야 하고, 들에서 밭을 가는 아버지도 배워야 하고, 시냇가에서 고기 잡는 어린이도 배워야 한다."는 가사가 있다. 이 노래에는 배움의 중요성이 내포되어 있다.

인간에게 배움이 없으면 정신과 마음이 어두워지고 때가 낀다. "배움을 지속하는 사람의 몸은 늙어도 정신은 늙지 않는다."고 철학자 칼 힐티는 강조하였다. 배울수록 정신은 젊어지며, 정신이 젊어지면 자연히 몸도 젊어진다. 그러나 정신이 늙으면 몸도 늙고 모든 것이 다 시들어 버린다. 정신과 몸과 마음이 젊다는 것은 지성미로 가득히 채워져 고상한 체취를 풍기는 것을 의미하고, 그럴 때 인간다워진다. 그러므로 사람이 산다는 것은 부단한 의욕을 가지고 배우는 것이다. 우리는 죽는 날까지 배워 지성미를 갖추어야 한다. 지성의 향기를 풍기며 미래를 열어 갔으면 한다. 성서는 "그리스도를 아는 지식에서 자라 가라!"고 하였다. 과학과 문학의 지식을 쌓고 신앙의 지식도 갖추어 지성의 향기를 풍기는 삶은 깨어 있는 지성의 자세라고 하겠다.

다섯째로 인간은 '덕성의 향기'를 풍겨야 한다. 덕이 풍부한 사람은 외롭지 않다. 덕이 있으면 그를 믿고 따르는 이웃이 있기 때문에 외롭지 않다. 그러나 덕이 없으면 고독하다. 덕이 없는 사람은 그를 따르고 신뢰하는 사람이 없다. 아무리 재산과 지식이 풍부하고 권력이 있다 할지라도 덕이 없으면 아름다운 향기를 품은 인간이라 할 수 없다. 왜냐하면 덕은 인간의 필수적인 요소이기 때문이다. 덕이 있는 사람에게는 따뜻한 사랑과 관용의 향기가 난다. 그리고 다른 사람이 잘못했을 때 너그러운 마음으로 용서하며 덮어 주고 이해한다. 덕이 있는 사람은 의리와 신의를 지키며 너그러운 인정을 베푼다.

그러나 덕이 없으면 동지도 없고 주변 사람들과 멀어져 자연히 외로울 수밖에 없다. 인간이 제물을 얻고 친구를 얻고 이웃을 얻으려면 덕의 향기를 품어야 한다.

인간은 덕성의 향기를 내야 한다. 덕성은 삶이 인간다워지는 기본 뿌리이며, 덕이 있는 사람은 신실하고 정직하고 사랑이 많고 베푸는 삶을 살아 결코 외롭지 않다.

의미 있는 인생은 서로가 어울려 화목하고 원만한 관계를 이루면서 산다. 화목하고 원만한 관계를 위해서 너그러운 덕성의 향기를 풍기며 따뜻하고 훈훈한 향기를 내야 한다. 그러므로 사랑의 향기, 청결의 향기, 친절의 향기, 지성의 향기, 덕성의 향기는 사람이 살아가는 데 반드시 품고 살아야 할 행복의 자산이 될 것이다.

인간에게 가장 아름다운 씨

사람은 누구나 태어나면서 다섯 가지 귀중한 씨를 가지고 태어난다.

조상으로부터 물려받은 성씨, 무엇을 보기 좋게 하는 맵시, 무엇을 잘 만드는 솜씨, 사람이 살아가면서 서로 나누는 말씨와 마음씨, 이 다섯 가지 씨는 누구에게나 다 있다.

이 다섯 가지 씨 중에서 나는 마음씨를 강조하고 싶다. 성실한 정신과 진실한 자세, 선량한 양식과 의지는 마음씨로부터 비롯된다. 마음씨가 인생의 근본 바탕이고 자세이다. 아름다운 마음씨 위에 삶을 건설해 간다면 그 사람은 참으로 훌륭한 사람이다.

유명한 소설가 펄벅은 "인간에게 가장 중요한 것은 다른 사람을 속이지 않고 미워하지 않고 시기하지 않는 마음"이라고 하였다. 미국의 16대 대통령 링컨은 "살아가면서 악을 품지 않고 모든 사람에게 선한 사랑을 가지고 대하는 사람이 착하고 아름다운 마음씨를 가진 사람"이라고 하였다. 바울 사도 역시 "너희 안에 예수 그리스도를 닮은 착한 마음을 가지라."고 하였다. 솔로몬은 "다른 사람의 약점을 말하지 않는 자는 마음이 신실한 자"라고 하였다.

말씨와 맵시, 성씨와 솜씨가 아름답다고 할지라도 마음씨가 선량하지 않다면 그 사람은 인정은커녕 존경이나 신뢰를 받지 못한다.

함께 일하던 동료가 있었다. 나는 그를 믿었기에 여러 가지 계획을 의논하고 함께 미래를 향해 갈 것을 다짐하곤 하였다. 그러던 어느 날 내가 실로암안과병원의 협력관계 조성을 위해 미국으로 출장을 떠나기를 일주일 남겨 놓았을 때 그가 나에게 만나자고 하였다. 나는 좋은 계획이 있을 줄 알고 기쁜 마음으로 그를 오라고 하였다. 그런데 그는 실로암안과병원에 사표를 내고 자신의 병원을 개업하겠다는 것이었다. 순간 내 가슴은 덜컥 내려앉았고 마치 세상이 무너지는 것 같았다. 세상에 이럴 수가 있을까? 거기에다 성실하게 일하는 직원 서너 명을 데리고 나가겠다는 것이다. 그러면서도 그의 자세는 조금도 거리끼거나 미안한 마음은 없고 당당할 뿐이었다. 수일 후 스스로 퇴직금을 반납하겠다고 찾아왔기에 그래도 일말의 양심은 있다고 생각했다. 그러나 그는 바로 다음날 말을 번복하며 퇴직금을 주지 않으면 법정 소송을 하겠다고 했다.

나는 그 상황을 겪으면서 공자가 한 말이 생각이 났다. "예가 아니면 보지도 말고, 예가 아니면 듣지도 말고, 예가 아니면 말도 하지 말고, 예가 아니면 생각도 하지 말라." 예라는 것은 올바른 마음자세이다. 나는 원수를 사랑하라는 예수님의 말씀을 따라 푸짐한 송별회까지 열어서 그를 좋게 보냈다.

"온 천하 만물 우러러"라는 찬송가에서는 "너 선한 마음 가진 자 늘 용서하며 살아라 할렐루야 할렐루야 큰 고통 슬픔 지닌 자 네 근심 주께 맡겨라 하나님을 찬양하라 할렐루야 할렐루야 할렐루야" 하고 찬양한다. 나는 그 영혼을 생각하며 그리스도의 사랑으로 용서하였다.

사람이 아무리 교양과 지성을 지녔다 하더라도 마음씨가 삐뚤어지고 나쁘다면 그런 사람은 인간 대접을 못 받는 법이다. 그러므로 인간의 내적인 씨, 마음씨를 선하게 가지고 살아야 한다. 선한 마음을 가진 많은 사람들이 악한 세상을 선한 세상으로 바꿔 놓을 것이다.

높은 뜻을 품고 사는 인생

중·고등학교, 대학 시절을 수많은 고난 속에서 보냈던 나이기에, 주위의 젊은이들을 보며 안타까운 마음이 생길 때가 있었다. 좋은 조건과 좋은 환경에도 불구하고 공부하지 않고 우왕좌왕 젊음을 탕진하며 살아가는 젊은이들을 보면서 나는 저렇게 살지 말아야겠다는 생각을 품었다. 술과 담배, 질서 없는 이성교제 등으로 학업에 집중하지 못하여 퇴학과 낙제를 당하는 젊은이들을 보며 불행을 알았다.

알차고 성공적인 인생을 살며 쓸모 있는 사람이 되려면 깊고 넓은 선한 뜻을 가슴에 품고 그것을 달성하기 위해 생명과 맞바꿀 수 있을 정도의 노력을 해야 한다. 그런 사람에게는 반드시 성공의 문이 열린다. 높은 이상과 바람직한 목표를 가지고 그것의 달성을 위해 포기하지 않고 노력하며 앞으로 나아갈 때, 그 꿈은 틀림없이 나의 손에 잡히며 나의 것이 될 것이다.

인생의 중요한 것은 성공의 뜻을 품는 것이다. 동서양의 성공자로 역사에 이름을 남긴 사람들이 고난과 역경, 그리고 가난을 극복할 수 있었던 것은 모름지기 큰 뜻을 세우고 그것을 향해 노력했기 때문이었다.

선하고 올바른 큰 뜻을 세우며 목표를 향해 흔들리지 않을 때 꿈에 도달할 수 있다. 독립운동가 도산 안창호 선생은 "젊은이들이여, 우왕좌왕하지 말고 큰 뜻을 품으라. 투지만만하고 초지일관하며 의지력을 가져라!"고 외쳤다.

꿈이 천리만리에 있다 하더라도 쉬지 않고 목표와 이상을 향해 걸어갈 때 종착역에 도착하게 된다. 어린 시절 나는 전쟁으로 인해 죽음의 구렁텅이에 빠졌다가 겨우 벗어나 거지 생활을 하며 깡통을 들고 대한민국 땅을 횡단하였다. 전쟁이 심한 서부와 동부 전선은 못 갔으나 춘천까지는 걸어서 갔다. 당시 춘천은 미군 부대가 많아서 먹을 것이 풍부하다는 소문이 자자하였기 때문이었다. 살기 위해 쉬지 않고 전국을 걸어 다녔다. 그때 받은 고난의 훈련이 있었기에 튼튼한 두 다리와 현재의 성공을 이룰 수 있었다고 믿는다.

자신의 목표 달성을 위해서는 칠전팔기의 정신이 필요하다. 때로는 생명과 맞바꿀 순교의 정신이 필요할 수도 있다. 위대하고 놀라운 인류의 역사는 백련천마의 산물이라 하였다. 백 번 연습하고 천 번 갈고 닦는다는 말이다.

신학생 시절에 대학부에 들어온 여학생이 있었다. 그녀는 검정고시 출신이었기에 다른 학생들의 공부 수준을 따라가기 힘들었다. 그러나 그녀는 초지일관 교수님의 강의를 전부 필기하였고, 밤잠을 자지 않고 공부하여 졸업이란 목표를 성취하였다.

태산이 높아도 오르고 또 오르면 못 올라갈 것이 없다는 말이 있다. 그런 까닭에 성공적인 삶의 근거는 깊고 큰 뜻을 품는 것이다. 품은 뜻이 삶의 목표가 되기 때문이다. 그리고 그 목표는 그를 사막에서 오아시스로 이끌어 가는 힘이 된다.

인간 누구나 바라고 원하는 사랑

　독일의 유명한 고전 철학자 피히테는 말하기를 "사랑은 인생에 없어서는 안 될 중요한 요소이자 인생 최고의 가치다."라고 하였다. 살아가는 데 있어서 행복감과 보람을 느끼는 것은 서로 사랑의 가능성을 갖고 살기 때문이다. 사랑은 최고 행복의 핵심이자 살아가는 힘이요 최고의 무기가 된다. 사람은 사랑하기 위해 살며, 사랑으로 서로의 잘못을 덮어 주고 감싸 줄 때 희열이 찾아든다.

　나는 얼마 전 어느 이름난 가수와 방송을 하였다. 그는 오토바이를 타다가 교통사고가 나서 하반신 마비가 되어 휠체어를 타야만 했다. 그럼에도 불구하고 그의 아내는 그를 위해 모든 힘을 기울이고 그에게 희망을 주고 두 발이 되어 주었다. 또 어떤 청년은 두 팔이 없고 다리도 하나뿐인 여성을 너무나 사랑하여 결혼하였고, 하나부터 열까지 그녀의 곁에서 그녀가 필요한 모든 것을 적극적으로 도와주었다. 이는 사랑 없이는 불가능한 것이다.

　솔로몬은 사랑은 죽음같이 강한 것이라고 말했다. 인간이 밥만 먹고 살면 하등동물과 다를 바가 없다. 인간은 사랑을 먹고 사는 존재이다. 사랑이 인간의 정신의 양식, 인격의 양식, 지성의 양식, 양심의 양식이라면, 인간이 먹는 밥은 하루를 살기 위한 육신의 양식일 뿐이다. 그러므로 인간은 사랑의 주체가 되어 서로 사랑하여야 한다. 부부간에 사랑하고, 가족끼리 사랑하고, 음악을 사랑하고, 자연을 사랑하고, 친구를 사랑하면서 살아야 한다.

아무도 나를 사랑해 주지 않는다면 그처럼 불행하고 삭막하고 쓸쓸하고 슬픈 일이 없을 것이다. 사랑은 인간에게 있어서 근본적 가치인 동시에 깊은 철학적 사색이 담겨 있는, 영적이고 지적인 힘을 가지고 있다. 이제 내가 사고한 사랑을 구체적으로 재조명하고자 한다. 사랑은 넓은 의미에서 더 많은 것을 포괄한다.

사랑은 용서하는 것이다. 인간이 타락하자 하나님은 인간을 사랑하셨기 때문에 독생자를 보냄으로써 인류를 무거운 죄에서 건져 내 주셨다. 독생자를 십자가 사형틀에 내주기까지 하시면서 말이다. 그리고 또한 그 사실을 믿는 자는 구원을 받아 하나님의 자녀가 되게 하셨다. 나는 칠십 평생을 살아오면서 용서할 수 없는 인간을 만났지만 그를 용서했기 때문에 그가 성직자가 되었고 지도자가 되었다. 만일 내가 그를 용서하지 않았더라면 아마도 그는 인생의 낙오자가 되었을 것이다. 용서할 수 없는 사람을 용서했기에 그는 사람답게 존재할 수 있었다. 이처럼 진정한 사랑은 용서이다.

그리고 사랑은 다른 사람에게 관심을 갖는 것이다. 누군가에게 관심이 깊으면 깊을수록 마음이 가고 배려해 주고 싶은 충정이 생긴다. 북한이 정권 교체 때마다 극단의 위협을 하고 전쟁을 운운하는 것은 우리나라와 미국으로 하여금 자기들에게 따뜻한 관심을 가져 달라는 의미이다. 그러나 그러한 북한의 사고방식은 매우 비겁하고 유치하다.

그리고 사랑은 내가 사랑하는 사람이나 내가 하고 있는 일, 내가 살고 있는 나라에 대해 책임감을 갖는 것이다. 인간이 살아가면서 책임감을 갖는다는 것은 고마움에 응답하는 것이다.

현대에는 책임을 회피하는 젊은이들을 많이 볼 수 있다. 나는 지금껏 수

백 명의 학생들과 상담을 하였다. 이성 간에 서로 만나 함께 사랑을 하다가 그 사랑이 식으면 책임을 지지 않고 쉽게 헤어지는 경우를 많이 보았다. 양심적·윤리적·도덕적·신앙적으로 사랑을 고백했다면 반드시 책임을 지는 것이 사랑이다.

그리고 사랑은 서로를 존중하는 것이다. 상대방을 사랑한다면 나의 이기심을 버리고 상대방의 인격과 생각과 뜻을 존중하여야 한다. 그 사람의 자유와 그가 원하는 것을 최대한 배려하고 협력할 때 정감이 깊어지고 서로를 존경하게 된다. 그런 까닭에 다른 사람을 심리적으로 억압하고 복종시키고자 하는 것은 참 사랑이 아니다. 무시하는 것도 사랑이 아니다. 다른 사람의 뜻과 생각을 포용력 있게 받아들여서 최대한 존중해 주는 것이 사랑이다.

사랑은 상대방을 넓고 깊게 이해하는 것이다. 상대방을 넓고 깊게 이해할 때 사랑은 더욱 신비하게 느껴지고, 그 안에 숨겨진 의미를 발견하게 된다. 인간에게 있어서 사랑이 없으면 상대방을 이해할 수 없다. 그러므로 서로 사랑한다는 것은 너그럽게 이해하는 것이다.

그리고 사랑은 대가 없이 주는 것이다. 정말 사랑한다면 주고 또 주고, 주면 줄수록 더욱 주고 싶어진다. 내가 가진 돈과 마음과 애정을 아낌없이 주고 싶어진다.

일본의 훌륭한 시각 장애인 지도자가 있었다. 그는 중도 실명자인데, 실명하였을 때 크게 낙심하여 자살하려고 목을 매는 것을 그의 아내가 발견하였다. 그녀는 남편에게 "하나님이 계시고 내가 있는데 왜 죽으려고 하세요? 그 용기로 살아 큰일을 하세요."라고 만류하며 그의 자살을 막았다.

그 후 그가 영국 에든버러 대학에 입학하여 공부하게 되었다. 그러나 그들의 생활은 넉넉하지 않았다. 어느 날 아침 식사 시간, 차려진 식탁에는 두 사람이 먹기엔 부족한 1인분의 식사뿐이었다. 그의 아내는 잼을 바른 빵과 함께 우유와 커피를 남편에게 모두 주고 자신은 빈 접시를 들고 먹는 시늉만 하였다. 그것을 눈치챈 남편은 아내를 끌어안고 하염없이 감동의 눈물을 흘리며 "내가 성공하여 당신의 은혜에 꼭 보답하겠소."라며 굳게 약속하였다. 그는 그 굳은 결심대로 공부를 마친 후 일본으로 돌아와 크게 성공한다. 그가 바로 일본 시각장애인들의 대부이자 희망의 등불인 '이와하시 다케오'이다.

이처럼 대가 없이 주는 사랑, 그것이 '아가페 사랑'이다. 바울은 "천사의 말을 할지라도 사랑이 없으면 소리 나는 구리와 울리는 꽹과리 같다."고 하였고 "믿음, 소망이 있다 할지라도 사랑이 없으면 아무것도 아니다."라고 하였다.

슈바이처, 테레사 수녀, 성 다미엔, 그리고 예수 그리스도는 가난하고 못 배우고 불행한 사람들에게 관심을 가지고 그들에게 도움을 주었다. 무조건적인 하나님의 사랑, 인간의 사랑, 육신의 사랑을 모두 바침으로써 다른 이들의 운명을 바꾸어 놓았다. 이것이 진정한 사랑이다.

고난과 어려움 속에서도
행복을 만들어 가는 사람들
선한 에덴 동산을 이룬 나의 동문 부부

　이 세상에는 남들이 부러워할 정도로 몇 십억, 몇 조 원의 재산을 소유하고 있음에도 불구하고 불행한 삶을 살고 이혼하여 가정이 깨지고 형제간에 원수가 되는 사람들이 많다. 그런가 하면 TV나 영화에서 인기를 독점하며 화려한 삶을 살지만 만족하지 못하고 스스로 생을 포기하는 사람이 얼마나 많은가? 영화배우나 가수, 탤런트, 운동선수들 중에는 유명 호텔에서 수천 명이 모인 가운데 화려한 결혼식을 했지만 얼마 가지 않아 그 약속이 깨져 가루처럼 흩날리며 불행해지는 사람도 적지 않다. 그런 사람들은 다음에 내가 피력하는 글을 보고 바른 인생관을 가졌으면 한다.

　미국 캘리포니아 주의 LA 동북쪽으로 차를 타고 40~50분을 가면 나의 대학 동문 부부가 산다. 그녀의 남편은 서울에 있는 한 명문대를 졸업하고 미국 미네소타 대학에서 생약학을 전공하여 생약학 박사·교수로 다년간 재직한 성실한 지성인이다. 나의 대학 동문인 그녀는 모교인 숭실대학에서 우수한 성적으로 졸업한 후 외무부에서 근무한 인재였다. 그녀는 가정을 이루고 남편을 따라 미국으로 건너가 남부럽지 않게 살았다. 남편은 약사로서 존경을 받고 그녀도 좋은 직장에 다니며 멋진 삶을 살았다.

그러던 어느 날 두 사람은 일행들과 함께 차를 타고 가다가 운전이 미숙한 한 청년이 급정거하는 바람에 큰 사고를 당했다. 그녀의 남편은 팔이 찢어지고, 나의 동문 송금순은 목의 중추신경 2, 3, 5, 6번이 손상되어 그만 상반신과 하반신이 마비되고 말았다. 그녀는 재활병원에서 몇 개월 동안 치료를 받았으나 회복하기 어려웠다. 시력과 언어가 조금 회복되었고, 양팔이 그나마 약간 치켜 올릴 수 있을 정도로 회복되었으나 손가락도 모두 마비되었고, 배뇨 기능조차도 제대로 할 수 없어 그녀의 삶은 누군가의 도움 없이는 홀로 생활할 수 없는 삶으로 바뀌었다.

이동을 위해서는 휠체어를 타야만 하는 고난과 절망의 삶을 살아야 했고, 그 아픔은 무엇으로도 표현할 수 없었다. 그러나 그녀의 남편은 아내를 위해 한이 없는 사랑과 열정을 다 바쳐서 모든 것을 헌신하여 섬기고, 불행 가운데서도 천국을 이루며 에덴 동산을 창조하여 가고 있다.

그녀의 얼굴에는 늘 미소와 행복이 가득하고, 말에는 믿음에서 나오는 긍정과 감격이 흘러넘친다. "언젠가는 나도 걸을 수 있고 달릴 수 있으며 등산도 할 수 있다."는 자신감에 차 있는 모습은 보는 이들을 감동시킨다.

사고가 났을 당시 그녀는 아무것도 할 수 없다는 절망에 휩싸였다고 한다. 그러나 그녀는 그녀에게 계속해서 희망을 심어 주며 그러한 역경을 사랑으로 극복하여 천국으로 만들어 가는 남편의 의지와 신념에 고개를 숙이지 않을 수 없었다고 한다.

그는 아내를 돌보면서 수백 그루의 선인장을 기른다. 크고 작은 각종 선인장 화초가 약 400여 종으로 화분이 2,000개쯤 된다고 한다. 앞·뒤뜰 동산 안에는 이름 모를 희귀종의 화초들이 살고 있다. 자두나무, 살구나무에는 열매가 주렁주렁 달려 있고 석류, 밥풀선인장, 손바닥선인장, 공작선인장, 가시꽃 선인장, 소철, 아데니움, 코끼리 다육식물(마종류), 산세베리아, 제라늄, 천사의 흰 나팔꽃, 오리털(말꼬리) 선인장, 아프리칸 바이올렛, 칼랑코에, 겨자, 해바라기, 쑥, 갓, 무꽃 등 다양한 화초들 사이로 각종 새들이 날아다닌다. 맑고 투명한 통유리 밖으로 내다보이는 정원은 자그마한 산까지 있어서 그야말로 에덴 동산과 같고, 꽃 선인장을 비롯한 여러 종류의 꽃향기로 가득하다. 아침이면 반갑게 지저귀는 새들을 위해 먹을 것과 물을 주고, 수많은 꽃을 돌보는 그를 보면 천사가 따로 없다는 생각이 든다. 그렇게 하다 보니 그들의 정원에는 어느새 꾀꼬리와 벌새, 비둘기, 참새, 벌도 오고 다람쥐, 토끼, 고양이도 와서 모이를 먹고 물을 마시며 놀다 간다. 참새는 둥지를 틀어 알을 품는다. 새들은 그의 남편을 피하기는커녕 기쁜 듯이 졸졸 따라다닌다.

아름다운 천여 평의 꽃동산을 바라보고 있노라면 탄성이 절로 나오고 마음속 깊은 곳으로부터 찬송가 79장이 저절로 흘러나와 주님이 지으신 세계에 감격하게 된다.

> 주 하나님 지으신 모든 세계 내 마음속에 그리어 볼 때
> 하늘의 별 울려 퍼지는 뇌성 주님의 권능 우주에 찼네
>
> 숲 속이나 험한 산골짝에서 지저귀는 저 새소리들과
> 고요하게 흐르는 시냇물은 주님의 솜씨 노래하도다
>
> 주님의 높고 위대하심을 내 영혼이 찬양하네
> 주님의 높고 위대하심을 내 영혼이 찬양하네

아가서의 아름다운 말씀도 떠오른다.

> 나의 누이, 나의 신부는 잠근 동산이요
> 덮은 우물이요 봉한 샘이로구나

> 네게서 나는 것은 석류나무와 각종 아름다운 과수와
> 고벨화와 나도초와 나도와 번홍화와 창포와 계수와
> 각종 유향목과 몰약과 침향과 모든 귀한 향품이요
> 너는 동산의 샘이요 생수의 우물이요
> 레바논에서부터 흐르는 시내로구나

젊은 나이에 모든 것을 잃은 아내에게 기쁨을 주기 위해 변함없는 사랑으로 돌보며, 자연 속에서 꽃과 새들과 벗하는 그 삶이야말로 모든 사람이 보고 배웠으면 하는 삶이 아닌가 한다. 많은 것을 가지고도 고마워할 줄 모르고 불만이 많고 죄 짓고 불성실하게 살며 가정을 파괴하는 사람들은 이들이 사는 모습을 보고 반성하며 행복을 창조해 가는 인생으로 바로 살았으면 한다.

송금순 동문은 마치 찬송가에 수록된 스물네 곡을 작시한 크로스비 같다는 생각이 든다. 그녀는 자신의 절망을 믿음으로 극복하고 찬송가를 작시하여 많은 사람들에게 희망을 주며 불행을 행복으로 변화시켜 주는 삶을 살았다. 송금순 동문은 하늘 화원에서나 만날 법한 해맑은 얼굴로 화원의 꽃처럼 아름다운 미소를 띠고 살아간다. 말할 수 없이 불편한 몸을 가지고 살아가지만 그럼에도 불구하고 사랑하는 남편과 두 남매와 함께 행복하게 살면서 많은 사람들에게 도움을 주며 선하고 착한 마음을 품고 정성껏 가꾼 꽃 화분을 나누어 주곤 한다.

하나님의 창조 세계 중 상상하면 상상할수록 신비함과 성스러움과 희망과 감격과 축복이 넘치는 에덴 동산, 우리도 삶 속에서 그 동산을 만들어 갔으면 한다.

사랑의 섬김 모델이 된 부산 동래중앙교회

　이 세상에 오신 예수 그리스도는 앞 못 보는 이들과 많은 병자와 가난한 자와 소외된 자들을 섬기는 사역을 하셨다. 그 사랑으로 인하여 죄인이 의인이 되었고, 지옥 갈 사람이 천국에 가게 되었고, 평생을 어둠 속에서 살던 사람이 밝은 빛으로 나오게 되었다.

　우리 그리스도인들에게 예수 그리스도의 복음은 상실에서의 회복이다. 그 회복은 예수 그리스도의 십자가를 통한 섬김에서 시작된다. 지구상에는 그리스도의 섬김의 본을 받아 절망에 있는 자들에게 희망으로, 가난한 자들에게 부유함으로, 병들어 고통받는 자들에게 치유로 아무런 대가 없이 선을 베풀어 준 믿음의 사람들이 수없이 많다.

　영광스러운 삶을 포기하고 아프리카에 가서 일생을 바친 슈바이처와 리빙스턴이 섬김의 모델이다. 간호사들의 어머니인 나이팅게일은 적군의 기지에까지 들어가 총에 맞아 신음하는 군인들을 사랑으로 끌어안고 치유해 주었다. 이는 바로 원수를 사랑하라는 예수 그리스도의 정신을 이어받은 것이다. 뿐만 아니라 테레사 수녀도 부귀영화를 버리고 병으로 고통받는 인도 캘커타 지역에서 일생을 바쳤다. 그리스도를 본받아 헌신의 모델이 된 사람을 열거하자면 몇 만 권의 책을 써도 모자랄 것이다.

　나는 여기서 빛과 사랑의 모델이 된 부산 동래중앙교회의 아름다운 분들에 대해 피력하고 싶다. 1980년대 우리나라는 가난하고 샤머니즘 사상이 강하였다. 이런 상황하에서 시각장애인들의 세계는 어둡고 암담하였다. 사람들에게 인간으로서의 인정을 받지 못하는 아픔까지 있었다. 당시에는 시각장애인들을 멸시, 천대하는 이들이 참 많았다.

　이러한 격동기에 부산 동래중앙교회의 신동혁 목사님은 교회의 사명이 무엇인가를 깊이 기도하고 생각하던 중에 시각장애인들에게 수술로 영과 육의 눈을 열어 주는 것이 진정한 선교라 인식하게 되었고, 반드시 실천해야 할 사명이라 확신하기에 이르렀다. 때마침 1981년, 세계장애인의 해를 맞이하게 되자 앞 못 보는 이웃들에게 밝은 눈을 안겨 주자는 목회방침을 설정, 그 교회의 여전도회를 중심으로 하여 사랑의 바자회를 크게 열어 그 헌신과 정성의 열매인 수익금을 대한예수교장로회 총회 전도부 산하 맹인선교부에 바침으로써 상당수의 시각장애인이 눈을 뜰 수 있도록 돕게 되었다.

　당시 그 여전도회 회원들의 기도와 열정은 그 무엇을 주고도 살 수도 바꿀 수도 없는 놀라운 사랑과 헌신의 모델이었다. 그녀들은 가정이 있고 남편이 있고 자녀들이 있는 안락하고 편안한 생활을 누리며 사는 분들이었다. 남편들 역시 요소마다 지도자로 한몫을 하는 훌륭한 신앙과 지성을 갖춘 분들이었다. 아쉬울 것이 없는 그들인데도 모두 아내들이 하는 일에 적극 동참하였다.

　한 해의 바자회를 끝마치고 그 교회의 모든 여전도회 회원들은 계속해서 각 분야별로 다음 바자회를 철저하게 준비하였다. 바자회에서 팔 물건들을 낮은 가격으로 구입하기 위해 밤을 꼬박 새워 기차를 타고 서울의 남대문과 동대문 시장에 다녀가기도 했고, 바자회에 내놓을 스웨터를 1년 전부터 준비하여 짜는 분들도 있었다. 또 어떤 분들은 각 업체마다 전화를 걸어 섭외하여 물건을 기증받아 그야말로 완벽한 바자회를 위한 준비에 만전을 기하였다. 이 얼마나 감동적인가!

신동혁 목사님은 바자회에 초청한 목사님에게 숙소와 식사대접을 충분히 넘치게 베풀었고, 바자회의 수입 전액을 개안수술 헌금으로 완벽하게 바쳤다.

동래중앙교회를 모델로 하여 몇몇 교회에서도 바자회를 실시하였으나 막상 이익금이 발생하면 마음이 달라져서 다른 목적으로 쓰는 경우도 있었다고 한다. 하지만 동래중앙교회의 사랑의 선교정신은 꾸준하였다. 동래중앙교회가 지상에 존재하는 한, 시각장애인을 위한 사랑의 바자회를 계속한다는 것을 당회록에 굳게 기록하였다. 신동혁 목사님께서 심장마비로 일찍이 하늘나라로 가신 후에도, 후임 정성훈 목사님께서 이 사업을 중단하지 않고 계속 수행하여 오늘날까지 이어지고 있다.

동래중앙교회는 올해 2013년, 예수님 생애의 나이인 33회 사랑의 자선바자회를 맞이하게 되었다. 한때는 여전도회 주관으로 하다가 현재는 교회 전체의 사업으로 당회에서 결정하여 온 교인이 하나 되어 한마음으로 하고 있다. 매년 9월 혹은 10월 아름다운 가을에 열리는데, 기독교인이 아닌 사람들도 이 바자회를 학수고대한다고 한다. 바자회의 목적이 아름답고 선하기에 수많은 사람들이 바자회에 참여한다.

이때가 되면 교회의 모든 성도들이 음식을 서로 나누고 함께 어울려 물건을 구입한다. 남자들은 천막을 치고, 호박의 딱딱한 껍질을 자르고 속껍질을 벗기는 일에 신이 난다. 불을 피우고 호박떡, 호박죽의 요리를 하는 등 마치 천국 잔치와 같은 대대적인 잔치가 벌어지는 것이다. 이때 사용할 호박을 위해 밭을 사 수천 통의 호박을 생산한다고 한다. 이 일로 인해 동래중앙교회는 사도 바울이 세웠던 데살로니가교회처럼 모범이 되는 교회로, 앞 못 보는 이들에게 빛을 주는 교회로 소문이 자자해졌다. 바자회 행사를 통해 수천 명의 시각장애인들에게 눈의 고통을 치료해 주고, 개안수술로 빛을 찾아 주고, 실명에 이를 뻔한 사람들을 예방시키며, 이 지상에 실로암이라는 상징적인 연못을 크게 이루고 있다.

　동래중앙교회는 성경말씀대로 세상을 향한 소금이 되었고, 세상을 향한 예수 그리스도의 착한 빛이 되었다. 바자회로 인하여 교회는 부흥되고 모든 성도는 하나가 되었다. 약자를 돕고 그들과 함께 살아가야 한다는 신앙 철학이 뿌리내려졌다.

　동래중앙교회는 "이같이 너희 빛을 사람 앞에 비춰게 하여 저희로 너희 착한 행실을 보고 하늘에 계신 너희 아버지께 영광을 돌리게 하라"는 말씀처럼 선한 빛이 된 교회이다.

사람다운 사람이 되는 비결

내가 대학 시절에 경험한 일이다. 어느 남학생이 여학생을 진심으로 사랑하여 오랜 시간 동안 만나 시간을 함께하였다. 극장에도 가고 공부도 같이 하고 캠퍼스 내에서 자주 대화도 하면서 다정한 사랑을 하였다. 그러다 여학생이 마음이 변하여 헤어지게 되었다. 헤어진 후 그 남학생은 그 여학생을 볼 때마다 "사람이면 사람인가, 사람다워야 사람이지."라는 말을 졸업할 때까지 반복하는 것이었다. 그런가 하면 어떤 사람은 내게 여동생의 중매를 부탁해 왔다. 그 조건은 '사람다운 사람이면 된다.'는 것이었다.

도대체 어떤 사람이 사람다운 사람일까? 사람다운 사람은 선한 양심과 아름다운 인성과 너그러운 덕을 갖춘 사람이라고 할 수 있다. 거기에 하나 덧붙인다면, 높은 이상을 가지고 사는 사람이 사람다운 사람이라고 강조하고 싶다. 왜냐하면 이상이 없는 사람은 죽은 사람과 같아서 희망이 없고 기대할 수도 없기 때문이다. 그런 사람은 죽은 사람과 같다. 사람다운 사람은 높은 이상을 가지고 살아가는 사람이다. 어떤 철인은 말하기를 "사람은 높은 하늘을 쳐다보고, 높은 태양을 쳐다보고, 높은 별을 쳐다보면서 살아가라."고 하였다. 이상적인 존재가 되기 위해 높은 태양, 높은 하늘, 높은 별을 보며 높은 이상을 가지고 살아가자.

　인간의 이상은 태양과도 같고 등불과도 같다. 해가 지면 세상은 어둡고 캄캄하다. 어두운 밤, 방 안에 등불이 없다면 사람들은 아무것도 할 수 없다. 그러나 시각장애인의 경우는 다르다. 시각장애인은 어두운 방 안에 등불이 없어도 모든 것을 할 수 있다. 그들은 눈이 아닌 발달된 감각으로 생활하기 때문이다.

　인생은 원대하고 높은 이상을 추구하며 살아야 한다. 인간의 이상은 행복의 깊은 터요, 행복의 주춧돌이며 성공의 대들보이고 승리의 길라잡이다. 그런 까닭에 인간이 인간다워지려면 이상을 추구하고 이상을 품어야 한다.

　국가와 사회, 회사와 단체, 그리고 교회도 원대하고 높은 이상을 가져야 한다. 이상이 없는 나라와 민족, 이상이 없는 개인과 가정, 이상이 없는 기관, 이상이 없는 학교와 교육, 이상이 없는 교회는 잘될 리 없다. 이상이 없다면 망해 버린다.

　우리나라 삼국시대를 돌이켜 볼 필요가 있다. 왕들은 나라를 다스리지 않고 화려한 궁전에서 저녁마다 술을 즐기며 수많은 궁녀들을 거느렸다. 그 결과 백성은 굶주려 죽어 가고 수없는 외세의 침략을 받아서 나라를 잃어버릴 뻔하였다. 그 영향이 지금까지도 남아 있다.

　나라나 단체나 개인은 원대한 이상이 없으면 타락하고 망한다. 그러므로 인간은 마음속에 높은 이상의 태양을 가지고 성공과 행복을 추구하면서 살아갈 때 보람 있는 인생을 살아갈 수 있다. 이상은 숭고하고도 간절한 염원이다. 그러므로 우리는 마음속에 높은 이상과 간절한 뜻을 세우고 그것이 내 가슴에, 내 손에 들어올 수 있도록 노력해야 한다.

　과수원에 있는 사과나 배, 감, 포도나무에 열매가 주렁주렁 열려 있다고 생각해 보자. 그런데 사람이 그 과일나무 밑에 누워서 바람에 의해 그 열매가 저절로 내 입으로 떨어지기를 바라는 것은 참으로 어리석은 생각이다. 내

손으로 따서 내 입에 넣을 때 내가 먹을 수 있다.

아무리 훌륭한 이상을 가졌다 할지라도 그 이상을 향해 노력하지 않을 때 그 이상은 하나의 망상에 불과하다. 논밭에 곡식을 심어 놓고 가꾸지 않으면 좋은 열매를 결코 얻을 수 없다. 철학자 칼라일은 말하기를 "인간의 이상은 인간의 마음속에 있다. 또한 인간의 이상을 망가뜨리는 것 역시 인간의 마음속에 있다."라고 하였다.

이상을 달성하기 위해 내가 나를 이기고 땀과 눈물과 피를 바칠 때 인간의 이상은 달성된다. 인생이 성공하느냐 실패하느냐는 내가 얼마나 큰 이상을 가지고 노력하느냐에 달려 있다. 그러므로 내 마음속에 게으르고 나태하고 불성실하고 무책임한 핑계의 요소들은 제거하고 이상을 향한 강한 마음을 가지고 살아가야 한다.

솔로몬의 잠언은 기록한다.

"그것을 네 눈에서 떠나게 말며 네 마음속에 지키라 그것은 얻는 자에게 생명이 되며 그 온 육체의 건강이 됨이니라."

이 세상에 남겨야 할
아름다운 이름

사람은 저마다 자신의 이름을 남기고 싶어 한다. 하지만 모든 사람이 원하는 대로 이름을 남기고 가는 것은 아니다. 주어진 이름값을 하며 선하고 아름답게 삶의 흔적을 남길 때 사람들의 인정을 받아 세상을 떠난 후에도 이름을 남기게 된다.

얼마 전 일본 「아사히 신문」에 이러한 내용이 실렸다. 어떤 사람이 아들을 낳았는데 이름을 짓기 위해 고민하다가 결국 '악마'라고 지었다는 것이다. 이름이 특이하여 세상 사람들이 기억하기 좋게 하기 위해서라는 것이다. 얼마나 아들의 이름을 남기고 싶었으면 '악마'라고까지 하였을까?

그런가 하면 반대의 경우도 있다. 기숙사에서 함께 공부하던 나의 친구는 '주' 씨 성을 갖고 있었다. 결혼하여 아들을 낳으면 '주의 영광'이라 이름 짓고 딸을 낳으면 '주의 은혜'라 지으리라고 미리 생각해 두었다. 아이가 태어나자 원하던 대로 '주영광'과 '주은혜'라 지었고, 아들 주영광은 현재 우리 실로암안과병원의 의사로 있다.

한번 태어나 자신의 이름을 아름답고 자랑스럽게 남기고 가는 것은 매우 중요하다. 부끄럽고 추악하고 허황된 이름을 남기고 간다면 그와 같은 불명예는 없을 것이다. 이왕 남기려면 세상을 향해 자랑스럽게 빛나는 이름을 남겨 놓아야 한다.

스위스의 교육자 페스탈로치는 세상에 왔다 가면서 멋지게 이름을 남기고 갔다. 그는 이 세상에 없지만 다음과 같은 글이 그의 비문에 쓰여 있다.

"이 무덤에는 하인리히 페스탈로치가 누워 있다. 그는 빈민의 친구이고, 민중의 선교사였으며, 부모 잃은 고아의 아버지였고, 초등학교를 창설한 인격의 교육자였다. 그는 자신을 비우고 모든 것을 나 아닌 어려운 사람들을 위해 삶을 바친 훌륭한 분이었다. 오! 그의 이름에 축복이 있으라."

이 얼마나 성스럽고 아름다우며 영광스러운 이름인가! 참으로 멋지고 떳떳한 이름을 페스탈로치는 남기고 갔다.

좋은 환경에서 많은 것을 가지고 있으면서도 이름값을 못하면 그것은 치욕이며 불명예이다. 이름은 있으나 알맹이가 없는 수치스러운 이름이다. 자신의 이름에 낙인과 오점이 찍히지 않는 인간이 되어야 한다.

사람은 모름지기 그 이름만 들어도 존경심이 가고, 이름의 향기가 느껴지고, 만나 보고 싶어지는 이름을 남겨야 한다.

나는 괴테를 참 좋아한다. 언젠가 독일에 가면 괴테 하우스에 가 보겠다는 생각을 항상 해 오다가 드디어 그 꿈을 이루었다. 독일 어느 곳에 초라하게 남아 있는 괴테의 집을 방문하였다. 그의 생애는 검소하였다. 그는 이제 세상에 없지만 그가 남긴 작품은 많은 사람들에게 큰 영향을 주고 있다. 독일을 비롯한 서양에는 많은 학자와 철학자들의 이름이 빛난다. 영국의 존 밀턴, 셰익스피어의 이름은 또 얼마나 아름답고 위대한가! 미국의 헬렌 켈러는 온 세계 만민에게 희망을 주고 갔다.

우리나라에는 이순신, 유관순이 있다. 그들의 이름은 역사를 통해 얼마나 빛나고 있는가! 나라를 판 이완용과 성서 속의 배신자 가룟 유다는 부끄러운 이름이다. 복음의 사도 바울은 지상의 영원한 생명의 복음과 더불어 자신의 훌륭한 이름을 남겼다.

　이름은 그 사람의 인격을 표현한다고 한다. 이 세상에서 이름을 남기고 가려면 덕과 희생, 선을 베풀 때 그 일이 가능해진다. 인간이 명예를 잃어버리는 것은 모든 것을 잃어버리는 것이다. 돈은 잃어버려도 다시 노력하여 벌면 되지만 명예를 잃어버리면 회복이 힘들다.

　희랍 철학의 시조 소크라테스는 오명을 남기지 않기 위해 죽음을 앞에 놓고 비겁하지 않았다. 생명의 연장보다 차라리 죽음을 택하여 선한 이름을 남겼다.

　한국 교회 백주년을 맞던 해의 일이다. 당시 가톨릭에서는 200주년을 맞이했는데, 수만 명의 시각장애인들에게 생명의 빛을 주자는 제목을 내걸고 운동을 하였다. 그때 한 교회의 이정순 교수라는 가난한 여인이 아들의 결혼자금을 갖다 바치며 시각장애인 개안수술비에 쓰라 하여 그것이 실로암운동의 계기를 불러일으켰다. 그러나 중간에 방해 공작이 생기자 한경직 목사님이 주야로 눈물을 쏟아 기도하셨고, 그렇게 해서 병원을 세우기 위한 선한 사업이 다시 이어졌다. 그래서 실로암안과병원이 이 땅에 최초로 문을 열었고, 날로 발전을 거듭하여 오늘의 실로암안과병원 아이 센터 건립까지 이르게 되었다. 한경직 목사님과 이정순 교수님은 참으로 아름다운 이름을 이 땅에 남기고 가신 분이라고 생각된다.

　주님의 부르심을 받고 이 땅을 떠날 때 나에게 소원 하나가 있다면, 부르고 불러도 다시 불려질 수 있는 이름을 남기고 가는 사람이 되었으면 한다. 나의 이름 석 자, '김선태'는 이 세상에 왔다 가면서 비문에 "자신의 절망을 믿음으로 이기고, 타인들에게 희망을 주며 살아온 사람이다."라고 자그맣게 기록될 수 있었으면 한다.

무릇 모든 사람들은 전 생애를 통하여 후회가 없는 삶, 의미가 있는 삶을 축하하며 "한평생 참 행복하게 살았다!"는 환희를 유산으로 남길 수 있어야 할 것 같다.

인간은 이런 마음의
철학을 가지고 살면 성공한다
분명한 인생철학은 성공의 열쇠

인간이 성공하느냐 실패하느냐, 행복하게 사느냐 불행하게 사느냐, 기쁘게 혹은 즐겁게 사느냐 좌절하는 인간이 되느냐, 실패하는 인간이 되느냐 승리하는 인간이 되느냐는 인간이 어떤 마음의 철학을 지니고 사느냐에 달려 있다. 그래서 성경은 교훈하기를 "하나님의 나라는 너의 마음 안에 있다."고 하였다.

내가 속한 삶의 현장을 천국으로 만드느냐 지옥으로 만드느냐, 나의 가정을 평화로운 가정으로 만드느냐 불행한 가정으로 만드느냐, 직장을 행복이 넘치는 현장으로 만드느냐 불평과 불행의 현장으로 만드느냐는 사람의 마음가짐으로부터 시작된다.

역사 속에 살아 있는 사람, 이름을 남기고 가는 사람, 이미 이 땅에 없는 사람이지만 그리워하고 기억되는 사람이 되는 일은 다음과 같은 마음을 가지고 살아갈 때 가능하다.

첫째로 인간은 강한 마음을 가지고 좌로나 우로나 치우치지 않고 인생을 살아가야 한다. 그런 사람은 성공의 태양이 그 사람의 마음속에 떠오르게 되고, 불가능을 가능하게 만드는 위대한 창조의 역사를 이루게 된다. 그런 까닭에 인간은 강한 마음을 가지고 살아야 한다. 강한 마음은 인간의 의지를 바위같이 굳고 단단하게 한다. 반대로 연약한 마음은 작은 바람에도 넘어지기 쉽다. 나약한 마음은 불행의 원인이 되고, 자칫 잘못하다가는 죄악으로 빠질 수 있다. 세상의 모든 죄는 의지와 결단력이 약하기 때문에 짓게 된다.

마음이 연약한 자는 고난의 시련을 이겨 낼 수 없다. 인간이 행복을 창조하며 모든 일에 승리하는 멋진 인생을 살려면 강한 마음을 가지고 살아야 한다. 성서에서 여호수아는 백성들에게 마음을 "마음을 강하게 하고 담대히 하라 두려워 말며 놀라지 말라 네가 어디로 가든지 네 하나님 여호와가 너와 함께하느니라"고 하였다.

둘째로 인간은 바른 마음, 진심이 담긴 마음, 성스러운 마음을 가지고 살아가야 한다. 돈이나 명예나 권력을 보고도 사심을 버리고 만인의 유익과 공을 위해 물리칠 줄 알아야 한다. 마음이 강한 것만으로 완벽할 수 없다. 마음이 올바르고 진실하고 깨끗해야 한다. 일찍이 공자는 "악한 생각을 품지 말라."고 하였다. 그리고 맹자는 "인생은 의인이 되어야 한다."고 했다. 의인이란 올바른 길로 걸어가는 사람을 의미한다. 인간은 의로운 마음을 가지고 의롭고 참된 인생관을 가지고 살아야 한다. 소돔과 고모라가 하나님의 심판을 받고 멸망한 것은 바른 마음을 가진 의인이 단 열 사람도 없고 진실하지도 않았기 때문이다. 고대 희랍 철학의 시조 플라톤은 이상적인 나라, 이상적인 세상은 '정의'가 실현될 때 이루어진다고 하였다. 정의는 인간이 지켜야 할 원칙이다. 솔로몬은 "선한 눈을 가진 자는 복을 받는다."고 하였다.

셋째로 인간은 어진 마음을 가지고 살아가야 한다. 어진 마음은 어떤 마음인가? 사랑이 넘치는 마음이자 인자가 넘치는 마음이고 자비가 넘치는 마음이다. 인간은 착하고 따뜻하고 온유하며 인자한 마음을 가지고 살아갈 때 복을 받고 존경을 받게 된다.

어떤 철인은 말하기를 "착하고 온유하며 인자한 마음은 봄바람처럼 훈훈하고 나를 낳아 준 어머니의 사랑처럼 따뜻하다."라고 하였다. 너그러운 마음, 용서하는 마음, 관용을 베푸는 마음, 약자를 측은히 여기는 마음을 '인심'이라고 한다. 사람은 '인심'을 갖고 살아가야 한다. 어떤 철인은 "사람에게 자비한 마음이 없으면 사람이 아니다."라고 강조한다. 인자한 마음을 품는 것은 사람답게 살아가는 근본이 되며, 다른 사람의 아픔과 괴로움을 알아보고 도와주며 희망을 주게 한다. 그렇기에 인자한 마음은 사랑과 자비가 넘치는 마음이다.

미국인들의 약자를 돕는 마음은 어느 민족보다 크다. 대한민국이 6·25전쟁으로 인해 폐허가 되어 굶어죽거나 병들어 죽고 얼어죽을 때 먹을 것과 입을 것을 끝없이 보내 주어 죽음의 삶에서 생명의 삶으로 바꿔 놓았다. 그 덕분에 많은 사람들이 생존할 수 있었고 희망을 갖게 되었다. 인간은 한평생 살아가면서 인자한 마음, 사랑하는 마음을 품어야 한다. 사랑의 자비심이 없는 그런 가정, 그런 마을, 그런 사회, 그런 교회는 사망한 것처럼 황량하고 절박하고 허무할 것이다. 우리는 그리스도의 마음을 품어야 한다. 복음의 사도 바울이 외친 것처럼 말이다. "너희 안에 이 마음을 품으라 곧 그리스도 예수의 마음이니." 인자한 마음이란 섬기는 마음이다. 인자가 온 것은 섬김을 받으러 온 것이 아니요 섬기러 왔다는 주님의 말씀을 상기하자.

넷째로 인생은 바다보다 깊고 산보다 높고 하늘보다 넓은 큰마음을 가지고 살아갈 때 인간다워지며, 이러한 마음을 큰 마음, '대심'이라고 한다. 큰마음은 진리 안에서 자유로운 마음, 관대한 마음이고 활달한 마음이며, 개방적인 마음인 동시에 포용하는 마음이다. 소심하고 좁은 마음을 가지고 살아가는 사람은 옹졸한 사람이고 편협한 사람이다. 그런 사람에게는 사람이 따르지 않는다.

현대는 다양성을 추구하는 사회이다. 다문화, 다민족의 다양한 사람들이 모여 살아간다. 직장과 교회, 학교는 서로 다른 삶의 형태의 사람들이 모이는 곳이다. 그런 까닭에 큰 마음을 가지고 다양성을 인정하며 다른 이를 대하고 너그럽게 이해하는 마음으로 서로의 존재를 인정해야 한다. 중국의 어느 고전은 "인간의 넓은 마음은 몸의 여유를 준다."고 하였다. 인간이 큰 마음을 가지고 높은 도량을 쌓아 갈 때 그 사람은 대인이 되고 대심의 소유자가 된다. 소인은 마음이 좁고 덕이 부족한 사람이다. 우리는 세계화 시대를 살아가는 현대인으로서 대심을 품고 살아야 한다.

마태복음은 어리석은 부자 청년의 내용을 다음과 같이 기록한다. 그는 주님의 모든 계명을 온전히 행하였음에도 불구하고 영생을 얻지 못한 것으로 비쳐진다. 그의 착한 행동은 주님을 온전히 섬기는 것에서 나온 것이 아닌 '재물의 의존'에서 온 것이기 때문이다. 세상 그 무엇보다 먼저 주님의 나라와 의를 위함이 가장 우선시되어야 하며, 그러므로 사랑과 공의의 대심을 가져야 한다.

다섯째로 일심을 갖고 살아가야 한다. 인간의 일심은 변치 않는 한결같은 마음이다. 옳다고 한 번 뜻을 정했으면 끝까지 그 마음을 지키는 것이 일심이다. 실로암안과병원과 실로암시각장애인 복지관에는 젊은 남녀들이 많이 있다. 이들 중 결혼한 남녀도 있다. 어떤 이들의 경우는 대학 1학년 시절에 만나서 끝까지 변치 않고 사랑을 지켜 가정을 이루었다. 나는 그들을 일컬어 '일편단심'이라고 호칭한다. 인간은 마음을 한 목표에 집중시켜 인생을 살아가야 한다. 이 세상에서 변치 않고 꾸준히 지속되는 한마음, 일심처럼 중요한 것은 없다.

맹자는 이렇게 말한다. "방심은 헝클어진 마음이요 방만한 마음이요 방자한 태도이고 방탕한 정신이다." 이 세상의 모든 위대한 일은 한마음의 정신적 집중력에서 나오며, 그 산물은 놀라운 역사를 이루게 된다. 그런 까닭에 인간의 생각과 감정, 의지와 염원, 그리고 신념이 하나의 목표와 방향에 집중될 때 성공과 행복이 따르고 힘이 생긴다. 인간이 언제나 한 목표의 뜻을 두고 그 목표를 향해서 나간다면 큰 기적을 만들어 내게 되고, 감격의 역사를 이루게 된다. 인간의 초인적인 업적과 역사는 정신 집중의 결과이며, 모두 다 일심에서 나온 의리와 신의의 철학에 기인한다.

중국의 학자 주자는 말한다. "한 목표에 집중되면 어떤 일이든지 이루어 낼 수 있다." 그러므로 누구든지 한마음을 가지고 나갈 때 뜻을 이룬다. 만일 인간이 위대하고 당당하게 자주적 인생을 살기 원한다면 일심, 한결같은 마음을 가지고 살아야 한다. 고려를 위해 목숨 바친 정몽주의 '단심가'를 되새겨 본다.

> 이 몸이 죽고 죽어 일백 번 고쳐 죽어
> 백골이 진토 되어 넋이라도 있고 없고
> 임 향한 일편단심이야 가실 줄이 있으랴

현대사회가 타락하는 이유는 일심의 부재 때문이다. 남녀 간에 교제를 하다가도 마음이 변하면 쉽게 헤어지고 사회 윤리와 도덕과 성윤리가 무너지면서 사회는 점차 혼란스러워지고 있다. 나는 젊은이들이 일편단심의 철학을 가지고 한 번 만났으면 끝까지 신의를 지키는 격조 높은 인간이 되었으면 한다.

여섯째로는 용서의 마음을 갖고 살아가야 한다. 용서하는 마음은 아름다운 마음이다. 예수 그리스도는 자신의 몸을 십자가에 못 박고 고통을 가하는 그들을 위해 피범벅이 되었음에도 불구하고 하나님께 기도한다.

"저들의 죄를 용서해 주소서!"

얼마나 선하고도 큰 마음인가? 그 마음을 본받아 그리스도의 사랑을 실천하며 순교한 사람은 스데반이다. 그는 돌무더기에 파묻혀 죽어 가면서도 예수님이 가르쳐 주신 대로 "주여, 내 영혼을 받으시옵소서. 이 죄를 그들에게 돌리지 마옵소서."라고 기도하였다. 예수의 사랑의 정신을 본받아서 용서하는 마음을 가지고 살자. 그것이 바로 예수 그리스도의 십자가의 사랑이다.

나를 나답게 만들어 가는 비결

이 세상에서 제일 많이 쓰이는 단어는 어떤 것일까? 바로 '나' 이다. 그 까닭은 나라는 존재가 이 땅에 생성되면 세상 모든 일들이 나의 존재와 관련되어 의미를 갖게 되고, 설명이 되기 때문이다. 내가 가장 중심에 선 존재가 되기 때문이다. 천상천하의 가장 고귀한 존재가 나이다.

'나' 라는 존재가 이렇게 크고 중요하고 소중할진대, 그런 나라는 존재를 어떻게 형성시켜 가야 할까? 나라는 존재를 만들어 이 세상 속에 들여놓으신 창조주는 과연 나를 어떤 피조물로 만드셨을까? 즉, '나다운 나' 는 어떻게 갈고 닦아야 내게서 드러나 세상에 빛을 낼 것인가? 어떤 신앙과 어떤 자세, 어떤 정신과 철학을 가지고 살아야 '나다운 나' 가 될 수 있을까?

첫째로, '나' 라는 존재는 스스로를 사랑해야 한다. 하나님이 사랑으로 만들어 주신 소중한 목숨임을 깨닫고 내가 나를 사랑하고 내 생명을 중요시하며 살아갈 때 나는 나다운 나를 꽃피울 수 있게 된다. 도산 안창호 선생은 나를 사랑하고 남을 사랑하라고 말하였다. 그것이 사랑이 흘러가는 순서라는 것이다.

얼마 전 슬픈 뉴스를 보고 하염없이 홀로 울었다. 계모가 8살 된 의붓딸

아이를 인정사정없이 때려 갈비뼈 24개 중 16개를 부러뜨리고 욕실 물에 빠뜨려 죽인 사건이 보도되었다. 때린 이유는 아이가 친구들과 함께 소풍을 가고 싶다고 했기 때문이라는 것이다. 그 정도라면 그 계모는 인간으로서의 최소의 양심과 인정이 없는 악의 화신이 아닌가? 암탉도 병아리를 고이 품어 주고, 기르는 개도 새끼를 귀중하게 여기고, 야생동물들도 새끼를 소중하게 다루는데, 만물의 영장이라고 하는 사람이 아무리 본인이 낳지 않은 자녀라 하더라도 소풍 보내 달라는 부탁 하나에 악이 북받쳐 마구 때려 죽음에까지 이르게 한 것은 차마 사람이 할 짓이 아니다.

　이 뉴스는 나를 어린 시절로 되돌려 놓았다. 앞을 보지 못한다는 이유로 친척에게 방망이와 목침, 부지깽이로 사정없이 맞고 살았던 비참했던 시절을 생각하면 지금도 몸서리가 쳐진다. 나의 몸에는 아직 그때 맞아 생긴 흉터가 남아 있다. 계모에게 맞아 죽은 그 어린아이가 지난날의 나와 같다는 생각에 마음이 애처롭고 아파 하염없이 눈물이 흘렀다. 이 세상에 목숨을 둘 가진 사람은 아무도 없다. 인간의 생명은 소중하고 존귀하다.

　다윗은 땅에 있는 성도들은 존귀한 자들이기에 모든 즐거움이 그들에게 있다고 했다. 우리는 하나님이 주신 생명을 그 무엇보다도 소중히 생각하고 잘 가꾸고 사랑해야 한다. 그러나 이 세상에는 귀중한 생명을 스스로 단축시키는 예가 얼마나 많은가! 욕심으로 인한 과식, 과음과 흡연 등 한순간의 무가치한 쾌락을 즐기기 위해 자신을 절제하지 못하고 살다가 결국 자기 생명을 스스로 죽음에 이르게 하는 인간들이 세상에는 참 많다.

　내가 잘 아는 어떤 젊은 형제가 아깝게 목숨을 잃는 것을 보았다. 그는 어머니가 준 재산을 가지고 미국에 가서 아무 일도 하지 않고 무의미하게 인생을 살다가 하루의 생활이 지루하고 권태로워 술과 담배와 도박만을 일삼다가 단명하고 말았다. 나다운 나를 이뤄 가려면 내 자신을 절제하고 올바른 정신과 깨끗한 사상의 깊은 철학을 가지고 인생을 살아야 한다.

둘째로, 나다운 나를 이뤄 가려면 나를 이기는 인생을 살아야 한다. 다시 말하면 '극기'(克己)를 해야 한다. 나의 마음속에는 나의 '적'이 존재한다. 그 적이란 위에서도 언급한 지나친 욕심, 그리고 거짓된 마음, 악한 생각과 교만한 자세, 어리석고 허망한 생각과 비겁하고 게으른 나태함이다. 내가 만일 이런 것들에 얽매여 노예가 되면 불행한 패배자가 되는 것은 당연지사이다.

고대 희랍 철학자 플라톤은 자신을 이겨야 진정한 승리자가 된다고 하였다. 곧은 신앙과 인격, 그리고 냉철한 이성으로 나를 이겨야 한다. 예수 그리스도는 아무든지 나를 따라오려거든 자기를 부인하고 자기 십자가를 지고 나를 좇을 것이라 말하였다. 복음의 사도 바울은 나는 날마다 죽는다고 하였다. 이 말은 내 자신과 날마다 싸워 이긴다는 말이다. 또한 그는 속에 있는 죄와도 날마다 탄식하며 싸운다고 하였다. 올바른 나다운 나를 만들려면 이러한 나의 내부의 적들과 싸워 이겨야 한다.

셋째로, 나다운 나를 만들어 가려면 내 자신을 날마다 갈고 닦아야 한다. 나다운 나를 만들어 가려면 자신을 빈틈없이 알차게 만들어 가기 위해 부단히 노력하며 수양해야 한다. 날마다 부족한 부분을 채워 가며 살아야 한다. 선배들이 걸어온 발자취를 보고, 또 그들이 남긴 책도 많이 읽음으로써 많은 것을 배워야 한다. 나는 칠십 여 평생을 살아오면서 나 나름대로 열심히 나를 나답게 만들기 위해 노력하였으나 돌이켜보면 아는 것보다 모르는 것이 더 많았다. 그래서 지금도 하루에 세 시간 이상 독서와 공부를 한다. 하면 할수록 부족함을 느낀다. 인간은 자신을 부단히 갈고 닦을 때 정신이 맑아지고 바른 인격과 선심을 갖추어 내 자신을 아름답게 만들어 나다운 나를 형성할 수 있다.

넷째로, 나다운 나를 형성하려면 나에게 주어진 일을 성실하고 진실하게 수행하려는 기본자세를 갖추어야 한다. 살아가면서 모든 일에 정성을 다하고 진실을 바칠 때 내가 세운 목표가 이루어지게 마련이다. 사람은 큰일이든 작은 일이든, 누가 보든 안 보든, 유익이 있든 없든 다른 사람에게 희망을 주고 유익을 주는 일이라면 그 일에 최선을 다해야 한다. 그럴 때 그 사람의 인격과 성품, 삶의 자세가 다른 사람들에게도 보인다. 성경은 강조하기를 작은 일에 충성하는 사람에게 하나님께서 큰일을 맡기신다고 하였다.

결론적으로 나를 나답게 만들어 가는 비결은 이상의 네 가지 설명에서 본 대로 나를 올바르게 건설해 가는 데 있다. 이는 건축자가 집을 짓는 원리와 같은 것이다. 어떤 설계를 하고 어떤 자재를 써서 어떤 노력을 기울이냐에 따라 허름한 오막살이가 될 수도 있고 단단하고 훌륭하여 만인을 품을 수 있는 집이 되기도 하는 것이다.

「어린 왕자」의 저자 생텍쥐페리는 계획 없는 목표는 한낱 꿈에 불과하다고 했다. 또 미국 건국의 아버지 중 한 사람인 벤자민 프랭클린은 사람의 기운과 끈기가 모든 것을 이뤄 낸다고 했다. 프랑스의 수학자이며 유명한 「팡세」를 쓴 파스칼은, 불행의 원인은 항상 나 자신에게 있다고 하면서, "죽음 뒤에 영원한 삶이 있다고 믿어라. 그래야 참된 삶을 살 것이다."라고 했다.

인간은 훌륭한 건축자같이 신이 창조 시에 나의 속성으로 부여하신 가장 나다운 나를 건설해 가며 이 세상을 보람 있게 살았으면 한다.

| 시 |

아침 태양

효명 김선태

아침에 떠오르는
환한 태양은
희망과 행복의 종소리

만물을 잠자리에서
눈뜨게 하는
알람시계의 노랫소리

아침 태양 아래서
농부들은 밖에 나가
내일 양식 위해
행복의 땀 흘리고

집 안에서는
오늘의 식탁을 위해
아낙들의 아롱다롱
밥 짓는 냄새

인정 많은 사람들은
비둘기에게 모이 주고,
꽃밭에 물 주어
생명을 살린다

아침 태양은
사랑 많은
어머니 가슴

어여쁜 아가를 가슴에 안고
얼굴에 웃음 띠며
젖을 물리듯
태양은 세상 만물을 따뜻하게 품어 안는다

아침 태양은
어디나 차별 없이 비추어
그 강한 힘으로

오늘도 내일도
세상의 구석구석을
행복과 희망으로 만들어 간다

'아침에 뜨는 태양',
그 말만으로도
우리 영혼 깊숙한 곳으로부터
희망과 감격이 넘쳐흐른다
아침 태양이
서편으로 지지 않고
알래스카처럼 계속 비춰 준다면……
얼마나 좋을까……
혼자 생각해 본다

밝은 눈으로 저 밝은 태양을
볼 수 있다면 얼마나 기쁠까

밝게 떠오르는 태양
보고픈 마음이
가슴에서 솟아오른다

아침 태양은 모든 사람을
밝은 세상으로 불러 내는
희망의 종소리

오! 아침에 뜨는 태양이여!
당신에게서
졸졸졸졸
연이어 흐르는
냇물처럼
즐거움과 평화가 영원히
흐르고 또 흐르리

| 결시 |

푸른 물빛 아침의 기도

효명 김선태

유리빛 여명
동녘을 밝히는 등불
하나님을 향해 드리는 기도
나의 창문을 두드리는 하얀 손길
세상의 온갖 어둠을
한낮의 태양처럼 밝게 비추리라

감사와 희망으로 펴는 손길
눈 씻어 줄 때면
까맣게 꺼져 버린 두 눈
찬란한 빛 볼 수는 없어도
마음 깨워 희망 채워 주리라

긴 기다림의 새벽 태양
미소 짓는 동그라미 얼굴
푸르른 가슴 열어
물빛 사다리 수평선 위로 올리리라

다시 돌아오는 하얀 가슴
하늘처럼 높아서
대지처럼 넓어서
강물처럼 흘러서
온 가슴속 해바라기 그리리라

해맑은 사랑의 미소
아침을 깨우는 희망의 불덩어리여!
파도처럼 함께 춤추자
바람처럼 함께 노래하자
꽃처럼 함께 사랑하자
새벽을 깨우며 오늘이 최고의 날인 것처럼 살아가자

「인생은 아침 태양처럼 : 행복, 희망, 사랑을 먹고 사는 존재, 인간」
행복 · 희망 에세이를 내면서

　「인생은 아침 태양처럼 : 행복, 희망, 사랑을 먹고 사는 존재, 인간」이라는 제목으로 꼭 한 번 행복·희망 에세이를 내고 싶었습니다.
　태양은 모든 생명의 벗이며, 희망이고, 기쁨입니다. 인생이 아무리 절박하고 어렵더라도 아침에 뜨는 태양처럼 밝게 살았으면 합니다.
　저는 불행스러운 6·25전쟁으로 인해 절망의 구덩이에서 인간 최하의 거지 생활을 하며 살았습니다. 추운 겨울밤 가마니 한 장만 덮고 잠들어 밤새도록 꽁꽁 얼었던 몸을 따뜻하게 녹일 수 있었던 유일한 방법은 오직 아침의 태양볕 아래에 있는 것이었습니다. 양지바른 곳에서 몸을 녹일 때의 그 따스한 감격의 행복을 경험해 보지 못한 사람은 그 누구도 이해하거나 공감하지 못할 것입니다. 나는 그때를 생각하면 지금도 눈물이 쏟아집니다.
　이 책이 아침의 태양처럼 따스함을 줄 수 있기를, 그리하여 여러분들이 새 비전을 꿈꾸는 일에 조금이나마 도움이 될 수 있기를 소망하며, 독자 여러분이 이 세상에서 희망의 주춧돌을 쌓고 선한 씨앗이 되기를 바랍니다.
　의료법인 실로암안과병원에서는 1981년 개원 이래 줄곧 실명 위기에 있는 형제와 자매들에게 사랑의 빛을 찾아 주기 위해 선한 사역을 해 오고 있습니다. 실명 위기에 있는 농어촌 및 섬 지역의 500만 명 저시력자들에게 사랑의 무료 안과 진료를 하여 실명 예방을 하고, 한국의 25만 명의 시각장애인들을 위해 사랑의 개안수술을 실시하고 있습니다. 어둠에 있는 영혼들을 새 생명의 밝은 빛으로 인도하는 일에 여러분 모두가 동참하여 주셨으면 합니다. 한 사람에게 개안의 빛을 주는 데는 30만 원이 소요됩니다.

 만일 김선태 행복·희망 에세이 「인생은 아침 태양처럼 : 행복, 희망, 사랑을 먹고 사는 존재, 인간」을 읽고 감동받으셨다면 이 사랑의 선한 사역에 함께해 주시면 감사하겠습니다.

°후원계좌번호
 하나은행 577-910005-38004 (예금주 : 실로암시각장애인복지회)
°전화번호
 실로암안과병원 02-2653-5561~5565 / 02-2650-0772~4

김선태 목사 프로필

학 력
- 숭실중·고등학교
- 숭실대학교 인문대 철학과(B. A.) 문학사
- 장로회신학대학교 신대원(M. Div.) 목회학석사
- 장로회신학대학교 대학원(Th. M.) 신학석사
- 미국 시카고 매코믹신학대학원(D. Min.) 목회학박사
- 숭실대학교 명예철학박사
- 장로회신학대학교 명예신학박사

경 력
- 現 의료법인 실로암안과병원 설립 및 상임이사, 병원장
- 現 사회복지법인 실로암시각장애인복지회 설립 및 이사장
- 現 학교법인 숭실학원 이사
- 現 대학합창단 운영이사
- 現 명지성모병원 이사
- 現 미주 크리스챤 헤럴드 이사
- 現 대한예수교장로회 서울노회 공로목사
- 現 대한예수교장로회 왕십리중앙교회 협동목사
- 現 대한예수교장로회 선사교회 협동목사
- 現 숭실대학교 총동문회 고문
- 現 극동방송 운영위원
- 現 시카고 라디오 코리아 운영자문위원
- 의료법인 실로암안과병원 원목실장
- 의료법인 실로암안과병원 운영위원장
- 사회복지법인 실로암시각장애인복지회 사무총장
- 사회복지법인 실로암시각장애인복지회 상임이사
- 대판 라이트하우스 재활훈련 교육이수
- 정의여중 강사
- 장로회신학대학 신대원 강사
- 한일장로회신학대학교 겸임교수
- 숭실대학교 겸임교수
- 사회복지법인 홍파복지원 재단이사
- 한빛맹학교 법인이사, 운영위원장
- 청주맹학교 법인이사
- 학교법인 경안신학원 이사
- 학교법인 정신학원 이사
- 한국기독교연합회관 운영이사
- 사단법인 등대복지회 이사
- 성수동교회 교육담당 전도사
- 번동교회 교육담당 강도사
- 신광교회 교육담당 목사
- 연합세계선교회 전도목사
- 한국맹인연합교회 설립 및 담임목사, 협동목사
- 대한예수교장로회 총회전도부 맹인선교회 상임총무
- 대한예수교장로회 서울노회 부노회장, 노회장
- 대한예수교장로회 서울노회 교역자회 부회장, 회장
- 장로회신학대학원 62기 동문회장

수상경력
- 보건사회부 장관상
- 대통령 표창
- 국민훈장 동백장·모란장
- 제1회 한남대학교 인돈 문화상
- 장로회신학대학원 선정 장한 동문상
- 숭실대학교 선정 모교를 빛낸 장한 동문상
- 호암상 사회봉사상
- 숭실인상(사회복지대상)
- 제5회 박창원 선생기념 유집상 봉사부문 특별대상
- 숭실중·고등학교 숭실을 빛낸 동문상
- 숭실대학교 총동문회 자랑스런 숭실 동문인상
- 막사이사이상(사회공헌봉사부문)
- 경민학원 경민대상(실천부문)
- 대한예수교장로회총회 창립100주년 기념 공로상(사회봉사부문)
- 일본 라이트하우스 창립90주년 기념 이와하시 타케오상

인생은 아침 태양처럼

김선태
행복 · 희망 에세이

행복, 희망, 사랑을 먹고 사는 존재, 인간

초판발행	2014년 1월 20일
11쇄발행	2018년 11월 15일

지 은 이	김선태
펴 낸 이	채형욱
펴 낸 곳	한국장로교출판사
주　　소	03129 / 서울시 종로구 대학로 19, 409호(연지동, 한국기독교회관)
전　　화	(02) 741-4381 / 팩스 741-7886
영 업 국	(031) 944-4340 / 팩스 944-2623
등　　록	No. 1-84(1951. 8. 3.)

ISBN 978-89-398-4021-8 / Printed in Korea
값 13,000원

편 집 장	정현선		
교정·교열	이슬기	**표지·본문편집**	최종혜
업무차장	박호애	**영업차장**	박창원

※ 이 출판물은 저작권법에 의해 보호를 받는 저작물이므로 무단전재와 무단복제를 할 수 없습니다.

Like the

Light at

Daybreak

인생은 아침 태양처럼

김선태
행복·희망 에세이

행복, 희망, 사랑을 먹고 사는 존재, 인간